你会阅读吗

家长辅导孩子阅读的黄金手册

付跃安　著

·广州·

版权所有　翻印必究

图书在版编目（CIP）数据

你会阅读吗：家长辅导孩子阅读的黄金手册/付跃安著.—广州：中山大学出版社，2019.12
ISBN 978-7-306-06797-5

Ⅰ. ①你… Ⅱ. ①付… Ⅲ. ①阅读教学—儿童教育—家庭教育 Ⅳ. ①G623.23 ②G78

中国版本图书馆 CIP 数据核字（2019）第 291735 号

出 版 人：王天琪
策划编辑：吕肖剑
责任编辑：王延红
封面设计：刘　犇
责任校对：潘惠虹
责任技编：何雅涛
出版发行：中山大学出版社
电　　话：编辑部 020-84111946，84113349，84111997，84110779
　　　　　发行部 020-84111998，84111981，84111160
地　　址：广州市新港西路 135 号
邮　　编：510275　　　传　真：020-84036565
网　　址：http://www.zsup.com.cn　　E-mail：zdcbs@mail.sysu.edu.cn
印 刷 者：佛山市浩文彩色印刷有限公司
规　　格：787mm×1092mm　1/16　17.5 印张　300 千字
版次印次：2019 年 12 月第 1 版　2019 年 12 月第 1 次印刷
定　　价：48.00 元

如发现本书因印装质量影响阅读，请与出版社发行部联系调换

目　录

自序 / 1

一　阅读与儿童 / 1

1. 阅读的价值 / 3
   阅读能满足我们的兴趣 3　/　阅读能使我们获得知识 4
   阅读能磨砺我们的思考力 5　/　阅读有益于我们的身心健康 7
2. 阅读的类型 / 10
   阅读有哪些类型 10　/　儿童兴趣阅读 13
3. 兴趣阅读与学习 / 16
   兴趣阅读对学习的促进作用 17　/　兴趣阅读不能取代学习 19
   合理平衡阅读与学习的关系 21
4. 阅读发展阶段 / 22
5. 儿童阅读行为特点 / 26
   获得乐趣是主要目的 26　/　关注点与成人不同 27
   反复阅读 29　/　对故事感兴趣 30
6. 男孩阅读劣势 / 31
   男女孩的阅读差异 31　/　原因分析 32　/　应对策略 34
7. 青少年阅读下滑 / 35
   青少年阅读下滑 35　/　原因分析 39

二　阅读引导 / 43

1. 树立科学的阅读引导观 / 45
   尊重与要求并重 45　/　回归兴趣 46　/　保持信心 / 48

你会阅读吗
——家长辅导孩子阅读的黄金手册

2. 重视家庭在阅读引导中的作用 / 50

　　幸福的童年是最好的阅读引导 50　／　培育书香家风 51

　　营造家庭阅读氛围 52　／　家长要以身作则 56

3. 将亲子阅读进行到底 / 57

　　亲子阅读有何价值 57　／　亲子阅读应从零岁开始 60

　　亲子阅读不是母子共读 62　／　亲子阅读贵在坚持 63

　　不要太早结束亲子阅读 65

4. 激发儿童的阅读兴趣 / 68

5. 养成良好的阅读习惯 / 73

　　每天 30 分钟 73　／　计字日诵 75　／　劳逸结合 76

6. 塑造阅读性格 / 77

　　阅读性格之一：志 79　／　阅读性格之二：恒 80

　　阅读性格之三：勤 81　／　阅读性格之四：专 82

　　阅读性格之五：省 82

7. 制订阅读规划 / 84

8. 建立待读书目 / 87

9. 认识阅读的代际差异 / 90

三　图书选择 / 95

1. 谁来选——成人还是儿童 / 97

2. 选什么——选书的原则 / 100

3. 如何选——对图书进行考查 / 104

4. 分级阅读 / 109

　　何谓分级阅读 109　／　分级阅读标准举隅 111

　　分级阅读的局限 115　／　一点建议 117

5. 群文阅读 / 118

6. 多样化阅读 / 124

7. 情境型阅读 / 127

8. 推荐阅读 / 130

9. 经典阅读／134

　　经典需要用一生阅读 135 ／　　儿童阅读经典存在障碍 137

　　儿童阅读经典的原则——适宜性 139

10. 想象类与非想象类作品的阅读／141

　　阅读失衡 141 ／ 为什么要阅读想象类作品 142

　　为什么要阅读非想象类作品 144 ／ 平衡阅读 144

11. 绘本阅读／146

　　绘本是图文并茂的作品 146 ／ 绘本有哪些特征 148

　　绘本有哪些类型 150 ／ 绘本的读者首先是"儿童" 151

四　阅读方法／159

1. 读书离不开方法／161

　　读书离不开方法 161 ／ 蔚为大观的读书方法 162

　　形成自己的读书方法 164

2. 不求甚解式阅读／165

　　未晓莫妨权放过 166 ／ 不可泥著一字 167 ／ 减少回跳 169

3. 精深式阅读／170

　　精深阅读缘何重要 170 ／ 精深阅读的特点和要求 172

　　精深阅读方法举隅 174

4. 好书值得反复读／179

　　重读缘何重要 179 ／ 书读多少遍才"够" 181

　　全部重读还是部分重读 183

5. 快与慢的艺术／184

　　快阅读 184 ／ 慢阅读 186 ／ 快慢相间 187

6. 有所读与有所略／189

7. 读书是否要发声／192

8. 亲子阅读之"读"／196

　　家长自己要先读一遍 197 ／ 读还是讲 197

　　指读法 200 ／ 阅读中的互动 201

　　亲子阅读的"扩充" 205 ／ 亲子阅读的延伸 206

9. 不要忽视碎片阅读的价值 / 207
   碎片阅读有何价值 208 ／ 碎片阅读是浅阅读吗 209
   场所的意义 211 ／ 创造碎片阅读的条件 212
   不要将碎片阅读变成要求 213

五　阅读深化 / 215

1. 仅有阅读是不够的 / 217
2. 坚持做读书笔记 / 219
   记录哪些内容 221 ／ 笔记的形式有哪些 222
   主题笔记 225 ／ 笔记的两种组织方法 225
   双重笔记法 227
3. 积极开展阅读思考 / 230
   阅读思考的两种类型 231 ／ 寻找事物之间的联系 233
   随时随地思考 234 ／ 收集发散性思维 236
4. 用写作深化阅读 / 239
   写作对阅读的价值 239 ／ 写作对思考的价值 240
   实施"亲子写作" 242
5. 将阅读与实践联系起来 / 244
   读书与实践不可分 245 ／ 从实践中再识图书 247
   读万卷书，行万里路 249

附录 / 251

中国小学生基础阅读书目表 / 251
"中国小学生基础阅读书目"推荐书目表 / 253
中国中学生阅读书目推荐 / 257
影响中国历史的三十本书 / 261
国家新闻出版署全国青少年百种优秀出版物（2018年）/ 263

推荐阅读书目 / 267

自　　序

儿童的读书生活是丰富多彩的。1927年7月16日，鲁迅先生应邀到广州知用中学演讲（题为《读书杂谈》，后收入《而已集》），提出了两种形态的阅读，他说，读书"就有两种：一是职业的读书，一是嗜好的读书。所谓职业的读书者，譬如学生因为升学，教员因为要讲功课，不翻翻书，就有些危险的就是"；"嗜好的读书""是出于自愿，全不勉强，离开了利害关系的"。儿童的"职业"是学习，儿童的阅读首先表现为在老师的引领下，为学习而读书，包括对教材与教辅材料的阅读。但在功课阅读之外，儿童理应也有属于自己"嗜好的"读书，在个人兴趣支配下，利用课外时间自由自在地选择喜欢的图书阅读，本书称其为"兴趣阅读"。

从读书到工作，人的一生都离不开阅读，但能否成为一名终身阅读者，却植根于儿童时期的兴趣阅读。学龄前的儿童没有学业压力，阅读围绕兴趣展开；进入学校后，功课阅读成为主要的阅读形态，兴趣阅读所占比例减小，并且随着升入更高阶段的学习，兴趣阅读所占比例进一步减小；但进入大学后，兴趣阅读的比例会有所增加。在一个人进入工作阶段后，由于受外在因素制约读书的情况开始减少，兴趣阅读会重新占据成人大部分的读书时间，成为主要的阅读形态。因此，成人时期的阅读与儿童时期的兴趣阅读属于同一阅读类型的不同阶段，如果儿童时期没有对阅读发生兴趣，没有获得自主阅读的技能，就会影响其成人阶段的阅读，"孩子早期的经验对成长非常重要。当他们成人以后，他们是用孩提时代所获得的东西为根基，继续去构建内心的成人世界"（朱永新）。

尽管同为阅读，功课阅读与兴趣阅读在许多方面有相通之处，但两者在阅读目的、阅读内容、阅读方法上却存在着差异。在儿童的在校学习

你会阅读吗
——家长辅导孩子阅读的黄金手册

中,学习哪些内容、如何学习等基本由教学大纲和老师做出安排,儿童一般只需要按老师的要求做就可以了。但在兴趣阅读中,读什么,怎么读,这些都需要家长和儿童做出决策。由于长期以来课外阅读材料的匮乏和对兴趣阅读的漠视,课外阅读如何开展屡屡成为困扰家长和儿童的问题。如果引导不当,如简单地以功课阅读的方式对孩子的兴趣阅读做出要求,就可能给儿童未来的阅读埋下"隐患"。在阅读推广活动中,家长对孩子的阅读提出了各种各样的问题,反映了家长对儿童兴趣阅读的焦虑和不了解,例如:

> 面对书店和图书馆中的那么多书,我该怎么给孩子挑选?
> 课外书读多了,会不会影响学习?
> 我的孩子很喜欢读书,但是总感觉成绩提不上去,这是怎么回事?
> 我每天都给孩子读绘本,但是他总是左顾右盼,心不在焉,我该怎么办?
> 我的孩子已经到五年级了,大部分字都认识,我是不是不用再给他读书了?
> 我想给孩子找些能让他学点知识的书,有什么好书可以推荐吗?
> 我给孩子读书的时候,他总是问这问那,导致阅读进行不下去,我该怎么办?
> 他为什么总是反反复复地要求我给他读同一本书啊?
> 我的孩子从小就很喜欢读书,但是进入中学后,我发现他不怎么爱看书了,这是怎么回事?有什么办法吗?
> 为什么我把那么好的书放在他面前,他却好像不太喜欢呢?
> 能不能对孩子的阅读给予奖励?
> 给他买了那么多书,怎么不见他阅读?
> 孩子那么小,我给他读书他能听懂吗?
> 我的孩子看书有个毛病,一开始兴冲冲地看,但看不完就不看了,总是说"没意思",有什么办法吗?
> 现在社会上很多"读经班",我有必要让孩子阅读经典吗?
> 孩子很喜欢看漫画书,这样好不好?
> 孩子读了书之后,要不要写读后感?

自 序

……

近年来,阅读推广得到了社会各界的关注,但即便是专门的阅读推广人,也未必对儿童兴趣阅读有深刻和全面的认识。据媒体报道,在一次儿童阅读讲座中,主讲人分别从"眼到""口到""耳到""鼻到""心到""手到""足到"等角度阐述了儿童应如何阅读,但讲座结束经记者采访时发现,不少家长和孩子怀疑这位"专家"究竟懂不懂阅读。从感官的角度谈论阅读本无可厚非,不过,面对希望获得具体指导的家长和儿童时,这种有多少种感官就弄出多少种"……到"的泛泛而论的读书意见却不会有太大的实际意义。有些人要求孩子手边常备一本字典,以便在阅读中碰到不认识的字词时随时查阅,理由是孩子识字不多,如果阅读中碰到的生字过多,就会影响阅读兴趣。这一建议显然也是不了解儿童课外阅读的特点。许多阅读推广者在开展阅读活动时往往沿袭课堂教学的思路,推广策略和推广方式带有明显的"上课"性质,使学生们即使在参加课外阅读活动,也感觉像是进了另一个"课堂",如可能被要求归纳故事的"中心思想",或讨论从故事中"学到了什么"。有些阅读推广者在阅读活动中加入种种其他元素,以增加阅读的"趣味感",但这种表面上的热闹究竟能对孩子的阅读起到多大作用,则不得而知。

即使学者们讨论阅读,也存在着许多看似矛盾的看法。例如,陶渊明说自己读书"不求甚解",朱熹却将读书比作层层"剥皮",吉姆提出"大声朗读",但克拉生却提出了"自由自主的阅读"(主要指默读),尽管不少人提倡快速阅读,却也有人提出"慢阅读、慢生活"。随着数字阅读的出现,学界开始注意一个相伴而生的概念——碎片阅读,不过却形成了截然相反的观点:一派观点认为,碎片阅读是一种新型阅读形态,它可以增加人们的阅读时间,在工作和生活节奏日益加快的今天,对人们汲取知识和信息很有帮助;另一派观点则认为,碎片阅读使人们的知识和思想碎片化,属于非正常形态的阅读,不应予以提倡。事实上,这些方法都有其合理之处,但因着阅读目的、阅读材料、阅读情境等的不同而不同。由于目前该领域缺乏系统的研究,这一系列看似矛盾的看法给家长和阅读推广者在指导儿童阅读时带来了不小的困惑。

正是考虑到上述对儿童兴趣阅读研究的不足,为了给家长、阅读推广人和儿童提供具体的读书建议,促进儿童在阅读上的健康成长,笔者经过

你会阅读吗
——家长辅导孩子阅读的黄金手册

多年的努力,在广泛搜集资料和亲身实践(笔者为一名图书馆工作人员)的基础上,结合自己的研究和思考,终于熬成了这部小书。本书第一章以阅读为起点,探讨阅读与儿童的关系,引入儿童兴趣阅读概念,并针对儿童阅读发展、儿童阅读行为特点、儿童阅读的非均衡成长等进行了分析。第二章从家长引导角度入手,以阅读推广中家长的问题为线索,分别讨论了阅读引导原则、家庭阅读氛围构建、亲子阅读、阅读兴趣、阅读习惯、阅读性格、阅读规划、待读书目、阅读的代际差异等内容。第三章就图书的选择和获取进行了讨论,对选书的基本问题(谁来选、选什么、如何选)、分级阅读、群文阅读、多样化阅读、情境型阅读、推荐阅读等进行了分析,并就三种类型图书(经典图书、想象与非想象作品、绘本书)的阅读进行了讨论。第四章围绕人们普遍关注的阅读方法在兴趣阅读中的应用展开讨论,如不求甚解、精深阅读、重读、快速阅读与慢阅读、省略阅读、朗读与默读、碎片阅读等,同时就亲子阅读的"读"在应用方法上提出建议。第五章在前述讨论的基础上,就如何提高阅读效果,促进阅读向深入推进进行了探讨,包括如何做读书笔记,如何开展阅读思考,如何开展阅读写作,如何将阅读与实践联系起来,等等。

由于笔者学识有限,本书仍然存在着诸多不足之处,真诚地希望广大读者能不吝赐教。

付跃安
2019年3月24日

一　阅读与儿童

少而好学，如日出之阳；壮而好学，如日中之光；老而好学，如炳烛之明。

——师旷

一 阅读与儿童

1. 阅读的价值

　　阅读是人类的一种基本行为,古今学者都对阅读做出了自己的诠释。清代金缨在《格言联璧》中说:"读书即未成名,究竟人高品雅。"英国哲学家培根认为,"读书足以怡情,足以博彩,足以长才"。不论对个人还是对社会,阅读都发挥着重要的作用,特别是对于儿童,是否阅读往往影响着他们今后的人生走向。

阅读能满足我们的兴趣

　　从出生至成年,在人生的每个阶段,人们都能找到感兴趣的对象,如男孩子对车、对武器感兴趣,女孩子对小动物、对花草感兴趣;再如不论男孩还是女孩都会对故事发生兴趣,因而满足个人的兴趣成为一个人生活追求的一部分。哲学家罗素写过一部名为《走向幸福》的书,主要观点是通过追求多样化的兴趣,实现人生的丰满和充盈。兴趣的满足有多种方式,例如对车感兴趣的男孩可以在大街上观察川流不息的车辆,也可以观看与车辆有关的动画片,还可以翻看有车辆图片的画报,甚至可以阅读包含车元素的绘本故事。在满足个人兴趣的多种方式中,阅读是一种重要方式,即使对于喜欢玩游戏的儿童,阅读也可以为他们提供与游戏有关的信息和知识,使他们在玩游戏的过程中获得丰富的体验,甚至提升游戏技能。与其他满足兴趣的方式相比,阅读的受限较小,对时间和空间的要求较低,可以为读者提供丰富的信息,满足读者多方面的爱好。

　　在儿童多样化的兴趣中,对未知的好奇是驱动他们持续探究的不竭力量。爱因斯坦小的时候被人们怀疑为智力障碍,这一方面是因为他不善言辞,另一方面是因为他经常提出一些稀奇古怪的问题,让人觉得傻气,其实这正是他好奇心强的表现。在好奇心的驱使下,儿童会采取多种探求行为,甚至可能做出不被社会认可的举动,使学者产生"人性恶"的喟叹。读书显然是满足儿童好奇心的最佳、也是最"安全"的方式。在学校教学中,教科书需要对儿童的学习进行全方位关照,不可能在某方面过度深入,同时教科书面向的是儿童的平均智能水平,因此仅靠教科书很难满足孩子对未知的好奇。此时,可以在课堂学习之余,针对孩子的兴趣点,有意识地让他们读一些课外书籍,使他们从中体验到乐趣。否则,好奇心长

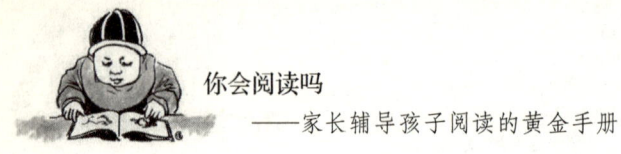

期得不到满足，儿童就会变得对什么都打不起精神，成为"冷淡一族"。

案例：小博读书

  小博是一名两岁半的男孩。小博的父母从孩子很小的时候就发现，小博对各种鱼保持着浓厚的兴趣。每当孩子不想吃饭时，只要爸爸或妈妈展示保存在手机中有关鱼的图片，孩子就能一边欣赏图片，一边将饭吃完。在乡下时，尽管很少看到鱼，小博却喜欢站在离姥姥家不远的水塘边，因为他知道，水塘里肯定有鱼，即使看不到鱼，知道鱼在近处也会让小博感到欣慰。针对孩子的这种情况，小博爸爸从网上给孩子买了一本鱼类图鉴。小博立刻就喜欢上了这本有着近300种海洋鱼类彩色照片的图书，一有空就翻一翻，甚至在睡觉时也要将书放在枕头边。

阅读能使我们获得知识

  人获得知识的途径有两种：一是通过亲身实践；二是学习他人的经验和总结。通过亲身实践获得的知识使人印象深刻，但由于一个人的时间和精力有限，不可能事必躬亲，每一样知识都由自己从实践中发现，因而人们必须学习他人的经验和总结，阅读就是一种学习方式。虽然书中的知识对我们的用处未必能立刻显现出来，但知识就像"种子"，只要遇到合适的环境，就会生根发芽。在笔者参加的一次网站设计研讨会上，主持人希望借助 Word 的绘图功能将大家的意见做成现场示意图，但由于主持人对 Word 的操作不是很熟练，致使讨论一度中断。笔者提出，可以采用在墙上贴便笺纸的方式构思，这一想法立即得到大家的积极响应。讨论结束后，大家纷纷拍照留念。这就是被称为"便笺墙"的构思方法，它是IT企业经常采用的一种方法，在许多书中都有介绍。正是由于在之前的阅读中看到过这一方法，所以在实际讨论中发挥了积极的作用。苏联教育家苏霍姆林斯基说："如果把学生参加工作那一年的知识水平作为一个单位，那么在他的劳动生活的过程中，他还必须为自己的精神财富增加五六个单位的知识，否则他就会落后于生活，无法顺利地工作。"（《给教师的建议》）这"五、六个单位的知识"只能通过课后的阅读去获得。今天，知识的淘汰率大大加快，即使在传统上凭"体力"完成的工作，对知识的

一 阅读与儿童

要求也越来越高，如果不以阅读补充迅速更新的知识，我们就会落伍于时代。

随着个人知识素养的提升，一个人的气质也会得到升华，即所谓"腹有诗书气自华"。三毛说："读书多了，容颜自然改变，许多时候，自己可能以为许多看过的书籍都成过眼烟云，不复记忆，其实它们仍是潜在气质里、在谈吐上、在胸襟的无涯，当然也可能显露在生活和文字中。"气质是一个人由内而外表现出来的形象，体现在人们的行为、言语和文字中，也反映在为人处事中。外表可以模仿，但气质是不能模仿的，只能靠个人的修养去积淀，而提高修养的唯一途径就是读书。黄庭坚说："人不读书，则尘俗生其间，照镜则面目可憎，对人则语言无味。"一个长期不读书的人，如果张口就是常识性错误，不论他或她在外表上多么引人注目，也很难得到人们发自内心的尊重。在一家收藏品店，一位穿着优雅的女士对笔者说："这是经过专家鉴定的钱币，出自北宋，距今有几千年的历史了。"笔者不由一怔，问道："北宋到现在有几千年了？"该女士哑然。店员在卖衣服的过程中，如果不是一口一个"你穿上好漂亮！"或"这件衣服很高档！"而是能根据衣服和顾客的特点就着装提出专业性意见，这样的店员在顾客心目中将拥有专业的形象，其建议被顾客接受的概率要大得多。

阅读能磨砺我们的思考力

人们在学习、生活和工作中会遇到许多问题，如果没有清晰的思路和准确的判断，就无法找到问题的症结，难以形成有效的解决策略，即使事情最终得到解决，也是在绕了一大圈、耗费了大量时间和精力后才解决的。根据苏霍姆林斯基的观点，在儿童时期，不仅要让孩子们掌握知识，更要让其学会思考，获得抽象思维的能力，这奠定了他们进入中学、大学乃至一生的基础。虽然思考力的培养需要多种条件，且不止一种途径，但读书毫无疑问是一条最便捷的途径。相关研究已经证实，阅读能改变大脑的结构。美国辛辛那提一家儿童医院的医生于2015年开展了一项研究：他们让19名3～5岁的儿童首先听一名女士朗读故事，然后听一段噪音，同时借助MRI技术对儿童的大脑进行扫描。结果发现，儿童在听故事时大脑中负责理解、语言处理和视觉想象的部分受到激发，那些平常在家庭中经常听父母朗读故事的孩子的大脑受激发程度更强。因此，通过大量阅

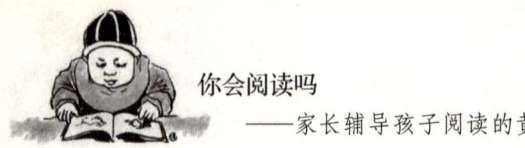

读,我们的思考力将得到提升,正如赫尔岑所说,"不去读书就没有真正的教养,同时也不可能有什么鉴别力",也如雨果所说,"各种蠢事,在每天阅读好书的影响下,仿佛烤在火上一样,渐渐融化"。

通过阅读训练和提高的思考能力能实现跨领域迁移和应用。思考能力体现了一个人对事物的洞察力,以及分析和概括能力,它可以从对特定领域知识的钻研中得到,但它更属于人的一种"元"能力,在应用于其他领域时也会产生效果。爱因斯坦在一次演讲中就说,当你把学校里学到的都忘掉以后,剩下的就是教育。这剩下的正是一个人的思考力和判断力。管理思想大师查尔斯·汉迪在牛津大学就读时主修专业为哲学,毕业后去壳牌石油公司面试,因为专业不合险些被拒,但交谈后面试官决定录用他,理由是他的头脑受到过良好的训练,内容倒无关紧要,由此开启了查尔斯·汉迪的管理之路。正如他回忆的,他自己后来把拉丁语、希腊语、历史和哲学的细节忘了个精光,但这并不重要,因为"我学会了独立思考,学会了将推理用于个人生活"。据说在日本的足球队,队员被要求做的第一件事是读书,其次才是训练,因为教练们认识到,面对场内、场外瞬息万变的形势,队员只有拥有敏锐的判断力和严谨的思考力,才能及时做出正确的应对,这对于球队的获胜至关重要。儿童阅读看似属于语文学科的范畴,但它借助对儿童思维的训练,对其他学科的学习也能产生正向影响。

思考力的提高还可以避免以偏概全地认识事物。一讲到书呆子,人们眼前会立刻浮现出一个整天泡在书堆里、两耳不闻窗外事的书痴形象。其实不然,笔者认为,只有那些读书不多的人才可能成为书呆子,大量阅读的人一般不会。正如霍尔布鲁克·杰克逊所说,"比如说,有一个人,只有小学教育程度,但他并不是一点教育也没有受过,然而恰恰是这种阶层,最容易被书籍和报纸打动和改变"(《书·阅读》)。在阅读中,读者能接触到多方面的观点和看法,而且这些观点和看法很可能彼此矛盾,需要读者做出自己的判断,而不是被某本书牵着鼻子走,这有助于读者养成全面看待问题的习惯。斋藤孝说,"书读得越多,看问题也就越相对化,也就越能够去冷静地咀嚼和思考各种各样的观点和主张"(《阅读的力量》)。相反,读书不多或读书偏狭的人由于知识面窄,用以对比和参照的智力储备不足,在读了一两本书后,很容易成为某本书的"俘虏"和"忠实信徒"。在中国历史中,许多做出过伟大成就的人,无不是饱读诗

一 阅读与儿童

书者。例如,曹操不仅自己读书,还要求子女读书,在曹操的几十个子女中,曹彰就是因为不读书、只会作战而丧失了作为世子的资格。

阅读有益于我们的身心健康

许多研究表明,读书可以保持人的心智,而不读书则会导致人的心智萎缩。同时,有证据表明,如果心智萎缩,很可能危及身体健康,甚至导致生命危险,"除此之外,似乎也没法说明为什么许多工作忙碌的人一旦退休之后就会立刻死亡"(莫提默·J. 艾德勒与查尔斯·范多伦《如何阅读一本书》)。来自英国非营利组织 Reading Agency 的一项研究表明,阅读除了可以对人们的成就发生影响外,还会给人们的身心健康带来益处,包括提高同情心、获得自尊感、与他人保持良好的关系、减少抑郁和焦虑、降低罹患老年痴呆症的风险等,"保持一定量的阅读,同时结合其他爱好,有助于降低老年痴呆症的发病率,特别是在阅读故事类图书时,效果更为明显,其效果优于阅读报纸和杂志"。古希腊医生甚至会开出"阅读"处方,让病人通过听别人的朗读来调养身心。对作家秦瘦鸥来说,读书不仅是一种休息,还能"祛病延年",他说,"我自小多病,但又最怕服药打针,几乎每次都是依靠看《西游记》《封神演义》《江湖奇侠传》《福尔摩斯大探案》等书,从而获得充分休息并恢复健康。近年则把金庸、梁羽生、琼瑶三位先生的巨作作为药物,以对抗伤风流感,乃至心脏早搏等,几乎百试百验"。

2016 年,国外一项关于阅读与寿命的研究被广泛报道。研究人员分析了 3635 名 50 岁以上的受试者,在长达 12 年的后续回访中,发现与不读书的人相比,每周读书最长三个半小时的人的死亡率要低 17%,每周读书超过三个半小时的人的死亡率则低了 23%,喜爱读书的人的平均寿命比一点书都不读的人要多两岁。虽然只多活两岁的研究结论多少有点让读书人失望,但只要看一下知名学者的年龄就会知道读书对身体健康的益处究竟有多大——孔子的寿命是 73 岁,孟子的寿命是 84 岁,墨子的寿命是 92 岁,虽然孔子和孟子的寿命在今天不算什么,但考虑到春秋、战国时期人们的平均寿命不过 30～40 岁,这样的寿命已属长寿。在当代学者中,长寿者可谓比比皆是,如齐白石 93 岁、马寅初 100 岁、巴金 101 岁、冰心 99 岁、杨绛 105 岁、季羡林 98 岁、钱学森 98 岁……虽然不能将学者们的长寿简单归结为读书,他们的长寿还与他们勤于动脑、思维开阔、

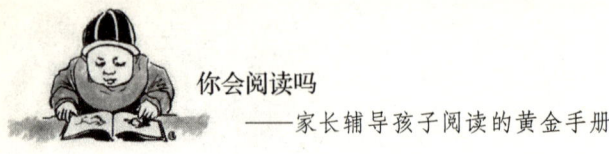

胸怀豁达等分不开，但阅读无疑是他们保持健康生活方式的积极因素之一。

宋末元初诗人翁森写过一首《四时读书乐》，将阅读至乐的情怀描画得入木三分：

春

山光照槛水绕廊，舞雩归咏春风香。
好鸟枝头亦朋友，落花水面皆文章。
蹉跎莫遣韶光老，人生唯有读书好。
读书之乐乐何如，绿满窗前草不除。

夏

新竹压檐桑四围，小斋幽敞明朱曦。
昼长吟罢蝉鸣树，夜深烬落萤入帏。
北窗高卧羲皇侣，只因素稔读书趣。
读书之乐乐无穷，瑶琴一曲来薰风。

秋

昨夜庭前叶有声，篱豆花开蟋蟀鸣。
不觉商意满林薄，萧然万籁涵虚清。
近床赖有短檠在，及此读书功更倍。
读书之乐乐陶陶，起弄明月霜天高。

冬

木落水尽千崖枯，迥然吾亦见真吾。
坐对书编灯动壁，高歌夜半雪压庐。
地炉茶鼎烹活火，一清足称读书者。
读书之乐何处寻，数点梅花天地心。

一个热爱读书的人会将阅读融入生活之中，从阅读中体验乐趣，这正是本书的研究切入点。"书籍是幸福时期的欢乐、痛苦时期的慰藉"（阿兰），没有阅读的生活是贫瘠的，没有阅读的社会是缺乏活力的，而"一个不读书的民族，是没有希望的民族"（布罗茨基）。阅读同吃、穿、住、行一样，应成为生活的一种要素，成为伴随人一生的行为，正如习近平总书记在 2009 年 5 月 13 日《领导干部要爱读书读好书善读书——在中央党

一 阅读与儿童

校 2009 年春季学期第二批进修班暨专题研讨班开学典礼上的讲话》中引用盲乐师师旷回答晋平公的话:"少而好学,如日出之阳;壮而好学,如日中之光;老而好学,如炳烛之明。"

案例:人行道书虫的故事①

最近,一位南非青年因为自己的阅读经历而风靡全球。这位青年名叫 Philani Dladla,27 岁。Dladla 出生在南非的一个普通家庭,但他从小就是一名问题孩童,跟着社会上一些游手好闲的人瞎混,最终在 2005 年被学校开除。后来,Dladla 进入职业学校,但由于旷课过多而不得不再次辍学。此后,他变得一发不可收拾,整日混迹于各种场合。他受过伤,吃光了母亲的积蓄,被自己的社区排斥。在逐渐失去对生活的信心后,他选择了自杀,不过没有成功。后来,他的家庭将他送到另一个城市,希望他能重新开始,但好景不长,他再度沉迷于毒品,浪荡街头,并于 2011 年二次自杀。

然而与其他流浪者不同,Dladla 一直带着五百本左右的书在身边,这些书是他母亲昔日的老板送给他的。自孩童时代起,这位老板就鼓励 Dladla 读书。目睹太多的堕落甚至死亡,Dladla 开始在书中寻找慰藉。他会同过路者谈论他的书,并为图书标上他认为合适的价钱,这样就可以卖掉部分图书,除了为自己和同伴购买食品外,还可以买到更多的书。有时他会将书免费送给儿童。2013 年 11 月,一位南非电影制作人发现并访问了他。Dladla 告诉这位电影制作人,他用阅读克服毒瘾,寻找慰藉,逃避沮丧。他希望其他人,尤其是孩子们,都能在阅读中找到希望。当访谈录像被电影制作人以《人行道书虫》为名上传到视频分享网站 YouTube 后,Dladla 很快成了一位"名人",被当地人奉作文化英雄。

进入公众视野后,Dladla 得到了大量的资助和机会。他拥有了一群固定客户,这些客户给他送来了更多的书。难能可贵的是,他没有趁机"扩大经营",而是建立了自己的图书俱乐部,后来该俱乐部成为专门为儿童服务的组织。俱乐部举办各种早期阅读活动,并给那些放学后等待家长来接的孩子辅导作业。俱乐部现有 250 名孩子,不少

---

① 本故事从互联网上搜集、整理而来。

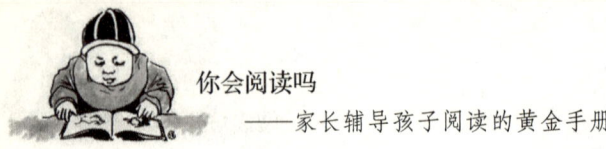

来自贫困家庭，这些孩子从未拥有过自己的书，俱乐部会将他们喜欢的书免费相赠。Dladla四处演讲，宣传阅读的价值，并被邀请前往美国，在TED大会上发言，由此给自己的事业带来更多支持。TED是technology, entertainment, design在英语中的缩写，即"技术、娱乐、设计"。每年春季，众多科学家、设计师、文学家、音乐家等各领域的杰出人物出席会议，在大会上分享他们的探索和思考。大凡有机会来到TED大会演讲的人均有着非同寻常的经历。

从美国归来后，Dladla开始筹集资金，以支持那些离开学校的孩子进入更高一级的机构接受教育。当一位记者问他对未来有什么打算时，他说："在我年老的时候，或许我会在电视上发现来自我的俱乐部的孩子，或者在书店里我会找到他们写的书……如果我能够看到这些孩子在人生中取得了成功，我就会说，我的工作还算出色。"

怀着一颗感恩的心，Dladla于2015年9月出版了一本书，名叫《人行道书虫：一个真实的故事》，记录了自己的街头生活和心路历程。

2. 阅读的类型

阅读贯穿于人们的工作、学习和生活的方方面面，可以依据不同的标准划分出不同的类型。美国学者莫提默·J.艾德勒与查尔斯·范多伦在《如何阅读一本书》中将阅读划分为四类：基础阅读、检视阅读、分析阅读与主题阅读。其中基础阅读指对文本的基本认知，如认识字词、理解句意等；检视阅读是阅读之前对图书的了解，以确定是否有进一步阅读的必要；分析阅读和主题阅读是对图书的深度解读，其中主题阅读属于研究层次的阅读。不同类型的阅读对读者、对文本和对阅读策略等的要求都不尽相同，阅读研究者和阅读推广人有必要对阅读类型有所了解，才能使自己的研究和推广做到有的放矢。

阅读有哪些类型

阅读类型的划分可以从构成阅读行为的诸要素——阅读者、阅读动机、阅读环境、阅读对象、阅读过程——展开，每一要素又可以细分为若

一 阅读与儿童

干维度（见图1-1）。例如，阅读者是阅读行为的实施者，阅读者可以从年龄、性别、数量、生理或心理特征等维度细分，从而区分出儿童阅读、成年人阅读、老年人阅读，男性阅读、女性阅读，独立阅读、亲子阅读、班级阅读等阅读类型。再以阅读动机为例，可以区分出研究型阅读、实用型阅读、学习型阅读、兴趣型阅读等阅读类型。

以对图书的理解为标准，可以将阅读区分为泛读和精读两种。前者是一种以知道、了解为目的的阅读，阅读中遵循的原则是"不求甚解"；后者是对图书的深入分析和认识，如朱熹所说，"须是今日去了一重，又见得一重；明日又去了一重，又见得一重。去尽皮，方见肉，去尽肉，方见骨；去尽骨，方见髓"。当代学者大都强调要将精读与泛读结合起来。散文家秦牧在《答〈中学生阅读〉编辑问》中说，"把泛读和精读结合起来，把尽量浏览和专题攻坚结合起来"，故秦牧的读书方法又被称为"牛嚼鲸吞读书法"。具体来讲，"鲸吞"指泛读，像鲸鱼一样一口吃掉很多小鱼，这一步的阅读力求多读，而"牛嚼"指精读，是在"鲸吞"的基础上，对一部分图书内容反复咀嚼，像牛反刍一样，达到充分吸收的目的。哪些书需要泛读，哪些书需要精读？他在《在探索学问的道路上》一书中说，"只需知道一个梗概的书报可以泛读"，"要求彻底明白记住细节的书报，必须精读"。英国哲学家培根认为，"有些书只需浅尝，有些书可以狼吞，有些书要细嚼慢咽，慢慢消化，也就是说，有的书只要选读，有的书只需浏览，有的书却必须全部精读"。梁启超提出，"每日所读之书，最好分两类：一类是精读的，一类是涉览的。因为我们一面要养成读书心细的习惯，一面要养成读书眼快的习惯。心不细则毫无所得，等于白读；眼不快则时不敷用，不能博搜资料……"哲学家冯友兰将他的读书经验总结为：精其选；解其言；知其意；明其理。并认为，要将古今书籍分为"精读""泛读"和"翻阅"三类，"我们现在称为'经典著作'或'古典名著'的书，都是经过时间考验流传下来的，这一类的书都是应该精读的"。

阅读类型的划分具有相对性。一方面，除那些基于阅读者年龄等硬性标准的划分外，如儿童阅读、成年人阅读与老年人阅读，多数阅读类型的界限都比较模糊。例如，以撰写论文为目的的阅读可以被归入研究型阅读，而当人们为了解决工作中的难题查阅资料时，其阅读往往被归入实用型阅读，然而在后一种阅读中，读者也会多方面查找和研读资料，做阅读

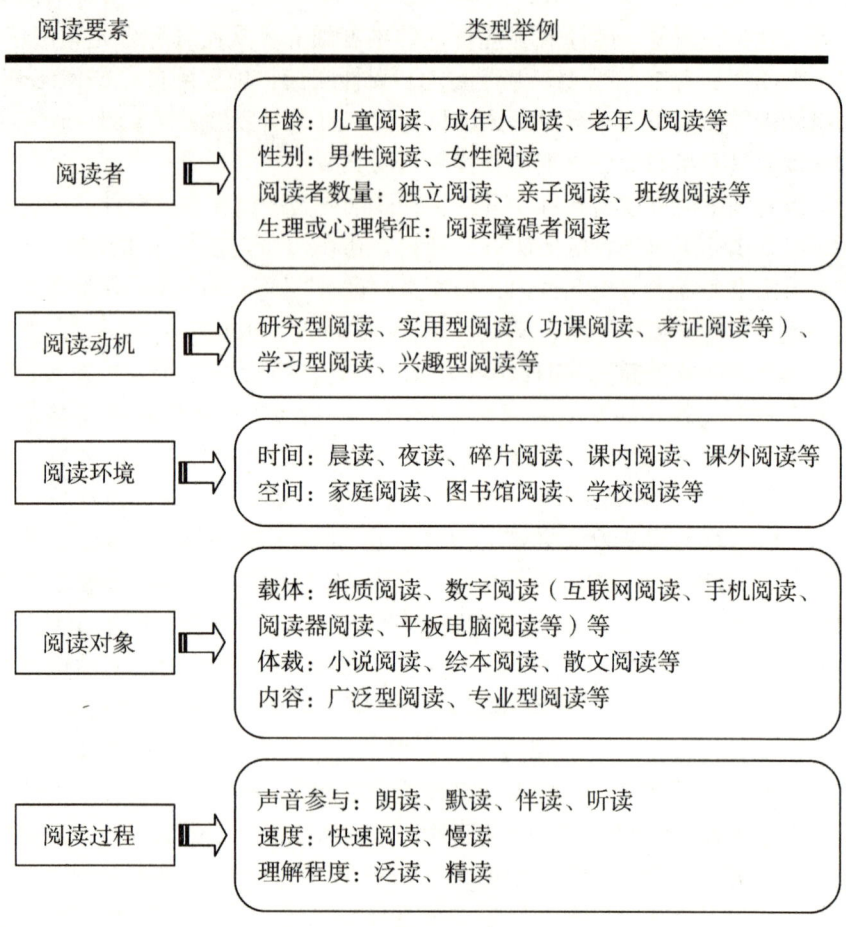

图1-1 阅读要素与阅读类型划分

笔记和思考笔记,最后形成解决方案,虽然未必撰写论文,但阅读过程与以撰写论文为目的的阅读还是有共同点的。在学习型阅读中,读者也会应用到研究型阅读的一些方法。对于某些特别感兴趣的领域,学习新知识的过程本身就能给读者带来乐趣,读者可以在消遣型阅读中获得知识,也可以在学习型阅读中愉悦身心。另一方面,同一阅读行为中贯穿着多种阅读类型。例如,尽管学者们大多认为,要将图书阅读划分为泛读和精读两类,但他们通常会在一本书的重点或难点处花费较多的时间和精力钻研,

一　阅读与儿童

而在泛泛描述处一目十行地浏览，一般不大可能对图书的每一句话都进行字斟句酌式的阅读，也不大会对所有的内容都采取不求甚解式的扫读。

对于不同类型的阅读，学者有不同的关注点。在基于阅读者年龄划分的阅读类型中，儿童或未成年人阅读受到较多重视，因为儿童阅读习惯的养成是需要引导的，而儿童时期能否塑造良好的阅读习惯、获得必要的阅读技能对于其一生的成长都会产生重要的影响。在数字阅读产生之前，纸质阅读很少成为研究对象，但在数字阅读出现之后，纸质阅读开始进入学人视野，但它不是作为一个独立的研究对象，而是作为与数字阅读的对照物被关注。关于纸质阅读与数字阅读孰优孰劣的比较研究近年大量涌现，尽管多数研究都有实证数据支持，但争议仍然持续不断。随着数字阅读的出现，学界开始注意与数字阅读相关的另一个概念——碎片阅读，学界对该概念也产生了截然相反的观点：一派观点认为，碎片阅读是一种新型阅读形态，它可以增加人们的阅读时间，在工作和生活节奏日益加快的今天，对人们汲取知识和信息很有帮助；另一派观点则认为，碎片阅读使人们的知识和思想碎片化，属于非正常形态的阅读，因而不予提倡甚至反对。

由于篇幅所限，本书不打算对所有的阅读类型进行探讨，仅对两种阅读类型——儿童阅读与兴趣阅读的交集，即儿童兴趣阅读展开分析。

儿童兴趣阅读

兴趣是最好的老师。孔子在《论语》中说过："知之者不如好之者，好之者不如乐之者。"只有儿童对所读的书抱有浓厚的兴趣，他们才可能形成积极、主动的阅读态度，由"要我读"变为"我要读"。如果缺乏兴趣，儿童是因家长和老师的要求才去阅读，阅读就可能变成应付性的。美国学者蒂·泰德罗克在《正确阅读》一书中将第二条阅读必备条件列为"强烈的愿望"，他认为，只要孩子保持强烈的阅读愿望和正确的出色阅读的概念，孩子会自己找到正确阅读的方法。当儿童带着强烈的喜好阅读时，图书会在他的头脑中留下深刻的印象，并保持很长时间，"如果一个人渴望读书，阅读的时刻给他带来欢乐，那么所读的东西就会深印在他的意识里"（苏霍姆林斯基《给教师的建议》）。而对知识的记忆是提高理解能力、掌握新知的前提，盲聋作家海伦·凯勒也说，"只需用深厚的感情去读，就能得到自己需要的东西"。

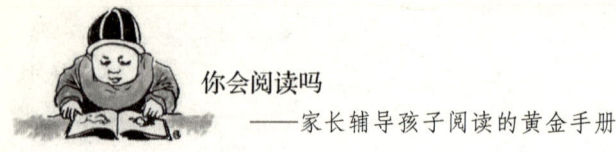

你会阅读吗
——家长辅导孩子阅读的黄金手册

本书以"儿童兴趣阅读"为主题，它是不同于课程阅读的一种阅读类型，是儿童在课余时间根据自己的兴趣选择和阅读图书的一种行为，本质上属于课外阅读的范畴。

第一，本书的"儿童"采用心理学的广义儿童期，即从出生到成年的年龄段，大约是18岁之前，包括传统上认为的学前期、学龄期和少年期，这也符合《儿童权利公约》与《中华人民共和国未成年人保护法》中对"儿童"或"未成年人"的界定，前者规定"儿童系指18岁以下的任何人"，后者规定"未成年人是指未满18周岁的公民"。

第二，本书的研究对象是以儿童为主体的"兴趣阅读"。鲁迅先生曾将阅读划分为职业的阅读与嗜好的阅读两类，前者属于"被要求"的阅读，如在职人员为获得资格证书或解决工作中的问题的阅读、儿童的功课阅读，后者指在没有外在要求的情况下，读者根据个人的爱好（兴趣）选择阅读材料和决定阅读策略，"是出于自愿，全不勉强，离开了利害关系"的阅读，本书将其称为兴趣阅读。

儿童兴趣阅读作为一种阅读类型，与课外阅读和阅读兴趣等概念既有共同之处，也有差异。第一，严格来讲，儿童兴趣阅读属于课外阅读的范畴，但兴趣阅读更强调因"趣"而读，抓住了阅读的动力机制，而课外阅读仅仅是基于时间维度对阅读所做的界定；同时，课外阅读中也有一些不属于兴趣阅读，如被老师布置要求课外完成的阅读。第二，本书之所以不采用"阅读兴趣"，是因为本书的着眼点在于阅读类型，虽然培养和激发儿童的阅读兴趣也是本书的重点，但除阅读兴趣外，本书还将就因兴趣而产生的阅读进行多方面探讨，涉及阅读引导、图书选择、阅读方法、阅读应用等，这些是很难用"阅读兴趣"涵盖的。

儿童兴趣阅读具有如下特征：

第一，自主性。尽管儿童兴趣阅读也需要成人引导，但总体来讲，与功课阅读相比，儿童兴趣阅读具有较强的自主性，儿童拥有一定的自主权决定读什么，怎么读。随着儿童年龄的增长，阅读的自主性会逐渐增强。斯蒂芬·克拉生在《阅读的力量》一书中提出了自由自主阅读（Free Voluntary Reading，FVR）的概念，指纯粹因为想读而读，不需要写读书报告，也不用回答章节后的问题，如果不喜欢某本书，也没人勉强一定得读完。自由自主阅读与本书的兴趣阅读有许多共同点，都强调了儿童在阅读中的自主性。阅读自主性的增强可以使儿童按照个人的意愿选择和阅读

一 阅读与儿童

图书,对于培养和保持儿童的阅读兴趣具有积极的意义。但由于儿童的社会阅历浅,对阅读的认知有限,因此如果完全交由儿童自行决定阅读,在某些情况下可能适得其反。因此,给予一定的引导就显得很有必要,但这并不否认兴趣阅读的自主性,引导必须在尊重儿童兴趣和个性的前提下开展。

第二,独立性。在学校里,儿童在老师的指导和要求下学习教科书,教师会对课文及知识要点给予详细讲解。但是,在儿童围绕兴趣阅读的过程中,尽管仍然会得到教师、家长或阅读推广者的指导,但这种指导远没有学习教科书时的指导全面和深入,大多数情况下孩子必须独立完成阅读,独自从图书中汲取知识和获得信息,特别是随着儿童年龄的增长及步入社会,独立阅读将成为他们的主要阅读形态。也许存在一些书友可以交流,但是没有独立阅读和对图书的个人理解,交流关系是建立不起来的。因此在儿童求学期间,帮助他们掌握独立阅读的技能,有助于为其一生的阅读和成长打下基础。

第三,低焦虑性。兴趣阅读是儿童围绕个人兴趣展开的阅读,不存在像功课学习那样的外在要求——他们不必担心是否需要参加考试,不必考虑如何回答老师的提问,也不一定要记住某些东西。孩子们是在一种压力较小或没有压力的状态下阅读的。如果在阅读中确实存在记忆,主要是由于印象深刻而产生了非有意识记忆,即使存在有意识记忆,也是由于孩子们自己觉得重要而主动去记忆的。三合一概念研究中心总裁高登·史多克斯说:"大部学生学习困难的原因,80%都来自压力,解除压力,就解除了困难。"在低焦虑状态下,孩子们可以释放身心,解除压力,完全将自己融入阅读中,充分享受阅读带来的惬意。

第四,以泛读为主。泛读与精读代表了对读物的两种不同理解,尽管本书认为,读者选择泛读还是精读,与是否开展兴趣阅读没有必然联系,但是对儿童来讲,兴趣阅读中使用最多的方法却是泛读。大量研究表明,我们不仅需要精读,也需要泛读,因为通过泛读对作品进行整体理解和确保一定的阅读速度,能起到扩大知识面的作用。著名教育家朱永新教授将精读比喻为婴儿吃母乳,将泛读比喻为补充辅食,如果一个小孩子到了一定年龄还只吃母乳,这个小孩就会营养不良。同理,如果一个人只读课本,只会钻研有限的几本书,他也会知识营养不良。因此,以泛读为主的兴趣阅读是对儿童课堂学习的有效补充。

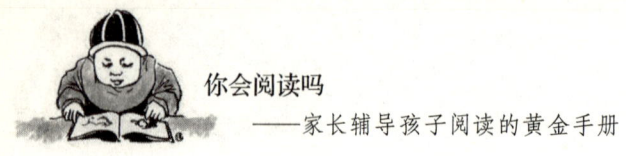

第五，周期性。学龄期儿童的首要任务是完成功课学习，能拿出多少时间开展兴趣阅读，往往要看学校的教学安排。由于学校生活的周期性，儿童兴趣阅读也具有周期性。寒、暑假阅读时间相对充裕，每一学期临近考试时阅读时间相对较少。与高年级相比，低年级儿童可支配的阅读时间多一些，而高年级儿童的阅读时间相对不足，特别是进入高中，由于国内高中生面临着激烈的升学竞争，能挤出的课外阅读时间非常少。考虑到儿童阅读的周期性，家长需要妥善安排好孩子的学习和阅读生活。

儿童兴趣阅读最大的价值就在于它的儿童本位。朱自强对儿童文学中的儿童观进行了总结，提出了两种儿童观：一种是将儿童当作成年人的准备，儿童的阅读和学习都要以成年人的标准去要求，要为自己将来成长为一名"优秀"的成年人做准备，但这显然是一种存在缺陷的儿童观；另一种是"为了童年自身而存在的童年"，它强调儿童就是儿童，不能将其当作未长大的成人，儿童有自身的生命价值，这是儿童本位的儿童观（《亲近图画书》）。笔者赞同后一种观点。正如周作人认为的，"儿童期的十几年的生活，一面固然是成人生活的预备，但一面也自有独立的意义和价值，因为全生活只是一个成长，我们不能指定哪一截的时期，是真正的生活。我以为顺应自然的生活各期——生长，成熟，老死，都是真正的生活"（《周作人论儿童文学》）。童年生活也是生活，有它独立的价值。鼓励儿童按照自己的兴趣阅读，正是对儿童时期独立性的承认，是教育、教学向儿童本位的回归。儿童通过兴趣阅读获得真正属于自己的生活。

3. 兴趣阅读与学习

关于围绕兴趣的课外阅读与学生在校学习之间的关系，存在两种截然相反的观点。一种是对课外阅读持摈斥态度，例如不论老师还是家长中都有一部分人认为，学生过多阅读与功课无关的书会浪费学习时间，分散注意力，影响学习成绩，个别老师甚至会没收学生的课外书。与此相对，部分学者则大力宣传非功课阅读的价值，甚至有以课外阅读取代在校学习的倾向：一些学者还开展了研究，将课外阅读与课内教学的效果加以对比，得出课外阅读的效果优于课内教学的结论，有人甚至认为，语文能力即使不教，学生通过随意的课外阅读也能掌握。

一 阅读与儿童

该如何看待兴趣阅读与学习的关系？阅读真的会影响儿童的学习成绩吗？抑或阅读可以取代传统教学？

兴趣阅读对学习的促进作用

毫无疑问，兴趣阅读对学习具有促进作用，这已得到学者的认可。朱永新教授曾在自己的著作中引用四川成都一所私立学校的案例。该校某班老师顶住各方压力，在教学中有意识地加入了大量阅读，像《夏洛的网》《波丽安娜》《山居岁月》《中国神话传说》《希腊神话》等，结果在考试中，班里的平均分数并没有因此而下降，反而比排在第二名的班级高出3、4分，比排在最后一名的班级高出10分，比年级平均成绩高出5分，这说明阅读确实对学习具有促进作用。文化关怀慈善基金在湖南开展了"阅读·梦飞翔"项目，以设立图书室、培训教师、开展阅读推广等活动促进中小学校儿童开展课外阅读。经过几年的实施，实施项目的中小学校儿童不仅在阅读能力上有了提高，其他科目的成绩也有了显著改善。苏州市教育质量监测中心发布的《2017年苏州市义务教育学业质量监测课外辅导情况专题报告》显示，家长经常陪伴孩子阅读，孩子各科（语文、数学、英语、科学等）成绩均会有所提高，而且陪伴越多，成绩提高越明显。这些案例说明，阅读对儿童的学习能起到积极的促进作用，其中后两个案例说明，阅读对儿童学习的促进不只是语文成绩的提高，阅读能力的获得还可以实现跨学科迁移，改善其他学科的学习。

阅读能力是学习能力的核心要素，不论是语文学习还是历史、地理、数学、自然科学等的学习都离不开阅读。如果一个儿童死记硬背地记住了某些知识，但没有掌握一定的学习能力，将导致其虽然知道一些定理、规则，但很难进行有效应用。苏霍姆林斯基认为，这种学习能力就是"流畅地、有理解地阅读"。例如，当孩子记住了某些数学公式，也能用这些公式按部就班地计算，但是在解决运用上述公式设计的应用题时，由于阅读能力不足而对题目理解不到位，影响解题效果，"某些学生之所以不会解答算术应用题，正是因为他们不会把题目流利地、有理解地读出来"。而要提高他们的数学解题能力，不是做大量练习，而是提高他们的阅读量，增强他们的阅读能力。在国内，一位家长曾在博客中记述过类似事件。这位家长想给自己的孩子请一位数学家教，但家教经过了解后认为，孩子的主要问题不是出在数学上，而是阅读量有限，并建议孩子大量阅

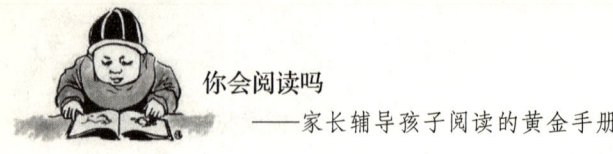

读，多动脑思考。

据《工人日报》刊载的一篇文章（冷荞麦《阅读抛开功利性 给"无用"之书一点时间》）介绍，一家基础服务业务集团打算提升员工的素质，但由于从事基础服务的员工大部分为初、高中学历，这些员工无论是自学还是入学深造都感到非常吃力，听不懂课、看不明白教材是常见现象。后来，企业采取了一个比较"粗暴"的做法，要求企业员工每个月都必须买一两本书读，但不限制类型，读完后交到公司的图书室以资证明；如不买书的员工公司就对其实施经济制裁。结果发现，虽然员工所买的书大部分都是"没用"的"闲书"，但入校深造的学员学习起来变得轻松和更有效率了，后来该企业甚至培养出了硕士和博士。

阅读还可以提供某种智力背景。苏霍姆林斯基认为，"必须识记的材料越复杂，必须保持在记忆里的概括、结论、规则越多，学习过程的'智力背景'就应该越广阔"，这种"智力背景"就是阅读量，"学生从对材料本身的兴趣出发，从求知、思考和理解的愿望出发而阅读的东西越多，他再去识记那些必须记熟和保持在记忆里的材料就越容易"。因此苏霍姆林斯基说自己准备了"两套教学大纲"，一套是必须掌握的材料，另一套是课外阅读和其他资料来源。尤其对于一些枯燥的学习内容，在学习之前让学生阅读一些相关书籍，了解背景资料，特别是能与孩子的生活经验联系起来的资料，对于提高孩子的感受力和兴趣是很有帮助的。这种背景知识也可以从阅读表面上不相关的材料来获得，因为好的作品往往是作者综合了多方面的资料和个人思想所写成的，能反映多学科的知识和信息。例如一部优秀的文学作品绝不只是情节的推进和人物的描写，往往还涉及心理学、社会学、民俗学、政治学、经济学甚至自然科学方面的知识，而且这种描写是通过形象化的手段再现的，更容易为读者接受。

兴趣阅读的另一个功能就是它的伴随学习效果。一提到学习，人们的脑海中就会浮现师长谆谆教诲、儿童俯耳聆听或认真操练的场景。这固然是一种学习。但儿童的学习中还有另一种方式——伴随学习（Incidental Learning），它指儿童通过一天天地观察周围人的言谈和行动而在潜移默化中学得经验和知识的过程，在这一学习过程中，并不存在一个明确的教导者。在儿童的成长过程中，伴随学习是一种基础学习方式，儿童早年语言能力的获得、社会经验的积累等都主要依赖伴随学习。在围绕兴趣的课外阅读中，并不存在类似课堂学习中的明确指导者，虽然在亲子阅读中也

一　阅读与儿童

有家长引导，但这种引导更多是共同分享，而不是"教"与"被教"的关系，儿童在满足自己阅读兴趣的同时伴随着各方面能力的潜在和逐步提高，如词汇、语言技能、理解和分析能力等，这些都会对儿童入学后的正式学习带来正向影响。

正是由于兴趣阅读对学习的促进作用，大量阅读不仅不会增加儿童的学习负担，反而会减轻他们的学习压力，如苏霍姆林斯基所说，"如果我们要减轻学生（譬如八年级学生）的学习负担，那么就应当让他所阅读的东西，比要求他记住的东西多两倍。在九年级和十年级，学生所阅读的东西，则应当比要求保持在记忆里的东西多四至五倍"，"阅读是对'学习困难'的学生进行智育的重要手段。学生学习越感到困难、在脑力劳动中遇到的困难越多，他就越需要多阅读。正像敏感度差的照相底片需要较长时间的曝光一样，学习困难的学生的头脑也需要科学知识之光给予更鲜明、更长久的照耀。不要靠补课，也不要靠没完没了的'拉一把'，而要靠阅读、阅读、再阅读——正是这一点在'学习困难'的学生的脑力劳动中起着决定性的作用。阅读不仅能使某些学生免于考试不及格，而且还会发展学生的智力。'学习困难'的学生读书越多，他的思维就越清晰，他的智慧力量就越活跃"。如果学生很少在课外开展阅读，他在课内的学习会感到吃力，学习会占用他大量的时间，导致课外自由支配的时间减少，进一步影响课外阅读，产生恶性循环。相反，如果儿童有开展课外阅读的习惯，他在课内的学习也会轻松，学习占用的时间会减少，从而给他节约出更多的读书时间，形成良性循环。国内有人认为，中学阶段成绩不好，都是小学阶段的阅读"欠账"所造成的，此话虽有所偏激，但也从某种程度上反映了阅读对于学习的意义。

兴趣阅读不能取代学习

尽管我们承认兴趣阅读对学习有促进作用，但也不认为兴趣阅读就可以等同于学习，更不会认为，兴趣阅读可以取代学习。

学习是有意识地掌握知识的一种行为，是一个包含多维心理和行动因素的综合过程，阅读在其中发挥着重要但并非全部的作用，这一点从国外关于"分析教学"与"整体教学"的百余年争执中可见一斑。分析教学即传统教学，主要是向孩子们传授各种被"拆解"的知识，并通过识记保存在记忆中。整体教学指将学生置于有意义的语义环境之中，通过对语

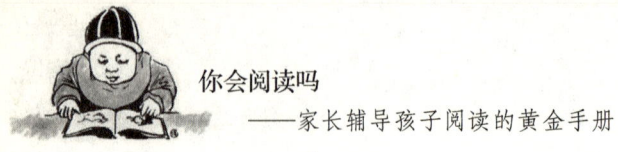

言的整体感受以达到潜移默化学习的效果,在这一过程中阅读是一个重要方式。18 世纪的法国学者 Nicolas Adam 对此有过一段描述:

> 当你给一个孩子展示一件物品的时候,例如一件连衣裙,你会不会依次展示褶边、袖子、前领、衣袋、纽扣等?当然不会,你会向他展示整个衣服,然后告诉他:这是一件连衣裙。这正是孩子们从他们的照料者那里学得语言的过程。为什么在教给他们阅读时不做相同的事情呢?把所有法语和拉丁语的 ABC 与指引都隐藏起来,用单词的整体去取悦他们,他们将能够理解,并且会比记忆字母和音节更轻松和快乐地记住这些单词。

在美国,整体教学法在一些州得到了实施,许多老师摒弃了基于拼读的分析教学法,只让孩子们大量阅读,但实施的结果却适得其反,孩子们的阅读成绩出现了下降。在 2017 年的国际阅读能力测试(PIRLS)测评中,新西兰五年级儿童的成绩位列 50 个参加国家的第 33 位,是所有英语国家中的最后一名。新西兰有关机构所做的分析表明,这同阅读教学方式有关,即与"整体教学"法有关。大量研究表明,单纯的整体教学并不是一个最优教学方案,没有对基础知识的理解和学习,希望直接通过应用就达到对知识的掌握,这违背了学习的规律。婴儿可以用 3 ~ 5 年的时间,仅靠观察和模仿就能学得一门母语,但婴儿的思维和学习方式与较大儿童乃至成人的思维和学习方式是有显著区别的,对婴幼儿适用的学习策略未必适合较大儿童。分析能力是儿童随着年龄增长所获得的一项基本能力,也是儿童精神成长的一种必需前提,教育者有必要顺应这一趋势,适时在儿童的学习中引入分析策略,否则,如果一味坚持用婴儿学习的方式要求年长儿童,无异于不允许已经长出牙齿的儿童咀嚼食物。自 2006 年起,英国教育部门即改变了"整体语言"教学模式,将对拼读法(Phonics)的教学纳入课程要求,使英国儿童的国际阅读能力测试成绩得到了显著提高,在 PIRLS 的测评中,测试成绩从 2006 年的全球排名第 15 名提高到 2016 年的第 8 名。近年来的许多研究都指出,综合了整体教学法和分析教学法的"平衡教学法"对教学的指导效果最佳。一方面,儿童需要通过"分析策略"把握知识的"原理";另一方面,儿童也需要借助包括阅读在内的"整体策略"将知识放在具体的情境中再认识,并借

一 阅读与儿童

此提高应用能力。只有经过这一过程，儿童才能真正将知识据为己有，达到学习的目标，阅读主要发挥着"整体策略"阶段的作用，却无法取代"分析策略"阶段的学习。

合理平衡阅读与学习的关系

围绕兴趣阅读与学习的关系，一方面，家长要意识到，必要的课外阅读不仅不会影响学习，反而会对学习起到促进作用。国内部分老师和家长对课外阅读的抵触是可以理解的，毕竟国内学生面临着巨大的考试和升学压力，但是这种抵触也反映了对阅读与学习关系的误解。从短期看，如果处理不当，大量阅读确实会影响考试成绩，但从长远看，如果能妥善处理好两者之间的关系，阅读对学习的推进作用将是显著的。同时，阅读对学习的推进作用也不是立竿见影的，课外阅读的效果需要一定时间才能显现，希望孩子在读了一两本书后学习成绩马上得到"兑现"，只是一种不切实际的幻想。另一方面，我们也要意识到，学习与兴趣阅读遵循着不同的规律，不能以阅读取代学习。鲁迅在《读书杂谈》一文中指出，虽然他要求青年人多读读"本分"以外的书，但并不是说只看课外书即可，他说："请不要误解，我并非说，譬如在国文讲堂上，应该在抽屉里暗看《红楼梦》之类；乃是说，应做的功课已完而有余暇，大可以看看各样的书。"在笔者主持的一次阅读推广活动中，有家长反映，她的正在读小学的孩子特别喜欢阅读，除故事书外，还广泛浏览文史、地理等方面的书籍，但令她困惑的是，孩子在学校里的成绩总是不理想，许多简单的语文题都答不上来。在国内其他机构举办的阅读推广活动中，类似问题也不时被人提出。笔者认为，孩子的阅读量大，但是学习成绩提不上去，首先要考虑的是学习本身是否存在问题，如学习方法不正确、学习态度不端正等，阅读能否促进学习，要以学习本身不存在问题为前提。综上所述，我们强调开展课外阅读，但要协调好阅读与课堂教学之间的关系，使阅读与学习形成一个互相促进的有机体。

资料：暑期下滑与阅读

在国外，有一个概念叫作"暑期下滑"（Summer Slide），指在暑假期间，如果一个儿童不接受必要的学习干预，他的学习能力会出现一定幅度的下降，即如果儿童在学期开始参加与上学期期末考试同等

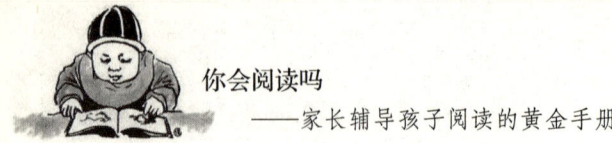

难度的考试,他的成绩会出现下降。根据国外将近一百年的观察和研究发现,这一下降幅度大约是1～3个月的在校学习成果。照此计算,在小学结束的时候,一个孩子的整体下降幅度可能达到1～2年。因此,如何防止成绩下滑,就受到国外学校、文化机构和家长的广泛关注,在防止"暑期下滑"的多种措施中,阅读受到格外关注。美国有一个称为"阅读是基本的"(Reading Is Fundamental)公益组织,自20世纪60年代起就一直向贫困家庭的孩子免费赠书,并于2012年实施了一项为期两年、专门针对"暑期下滑"的"阅读成功"(Read for Success)实验项目,据其2015年发布的评估报告显示,参与该项目的孩子明显提高了学习能力。另有研究表明,只要孩子们在暑假期间阅读5～6本书,他们在上学期获得的学习能力就不会丧失。

4. 阅读发展阶段

儿童从懵懂无知到掌握阅读技能是一个漫长的过程,在这个过程中,儿童的阅读成长并不是连续推进的,而是有着不同的发展阶段,了解各阶段的特点,有助于更好地理解儿童的阅读发育,并采取针对性措施。比较知名的阅读发展阶段模型是由阅读专家、哈佛心理学家Jeanne Chall 女士提出的六阶段模型,包括:前阅读阶段(出生至入学)、阅读与解码阶段(1～2年级,美国学制,下同)、巩固与流畅阶段(3～4年级)、阅读新知阶段(4～8年级)、多视角阶段(高中)、建构与重构阶段(大学及成人)。太平洋教育与学习资源中心(Pacific Resources for Education and Learning)将阅读发展划分为四个阶段:初始读者、早期读者、过渡读者、熟练读者。英国心理学家Uta Frith 则提出了儿童阅读发展的三个阶段理论:图形阶段、字母阶段、字形阶段。这些模型对于我们认识儿童的阅读成长具有积极的意义,但它们主要是基于西方拼音文化背景下提出的。本书以Chall的六阶段模型为基础,结合汉语言文化特点,将阅读发展划分为如下几个阶段:

阶段一:感受阅读阶段,0～6岁

该阶段属于前阅读阶段,主要特征是儿童对口头语言的掌握。他们基

一 阅读与儿童

本没有独立阅读的能力,需要借助成人的帮助如读故事来体验阅读。三岁左右的儿童会模仿成人翻书,知道从左往右阅读,但并不能真正阅读。在对故事的理解上,除了听大人讲解,他们还需要借助图片。在本阶段结束时,他们能根据图片描述所理解的内容,并能用简短的语言重述故事。在识字方面,四五岁以后,儿童逐渐对文字有了一定的意识,知道文字是有意义的,虽然能够理解一些字词,但真正能够识读的很少。通过接受早期教育,部分儿童能读出一些字的发音,会书写自己的名字。在西方,这个阶段的孩子对语言的发音结构有一定了解,例如,知道一个单词或短语由若干个字母或单词组成,这些字母或单词又可以重组成其他的单词或短语。

阶段二:解码阶段,一～二年级

在该阶段,儿童最主要的任务是建立对语言的构成单位——字与词的知识,他们需要掌握字的基本结构和写法,能正确发音,并学习基本词汇,在此基础上练习阅读。在该阶段结束时,拼音语言文化的儿童对语言的发音结构会有系统的理解。在阅读中,他们首先对文字进行解码,然后再对语句和段落进行理解。阅读中的解码环节影响了他们对文章意思的把握,不过如果文章中含有图片,会有助于他们的理解。在阅读内容上,主要是以简短的文章为主,对于稍微复杂的内容,仍然要借助成人的帮助。在阅读方式上,他们以出声朗读为主,阅读速度较慢,阅读能力低于听力。

阶段三:语言技能阶段,三～五年级

在该阶段,儿童在巩固上一阶段所学知识的基础上继续学习语言,并将学到的知识应用于阅读稍长的故事。他们对字、词的复杂性有了进一步了解,但掌握字、词仍然是最重要的任务之一,在本阶段结束时,他们需要掌握70%～80%的常用字词。同时,孩子们开始大量学习语言运用技能,如描写方式、语言的起承转合、段落和文章的结构等,这些都是他们理解文本必不可少的。他们也要学习一些基本的阅读策略,如意思推测、阅读检查、自我修正等。在阅读中,他们对字、词的理解进入一种自动化状态,逐渐由第一阶段的先解码再理解过渡到直接理解,他们能将更多的精力放在对文章意思的判断上。在该阶段结束时,他们基本具备独立阅读的能力,能熟练阅读简短的文章,基本不再依赖图片,他们的阅读方式也由朗读变为以默读为主,阅读速度有所提升,阅读能力与听力之间的距离

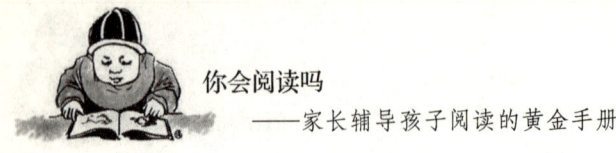

缩小，但仍然低于听力。

阶段四：熟练阅读阶段（六年级及初中）

在第四阶段，儿童能运用前两个阶段学到的知识熟练阅读图书和文章，阅读中对字词的理解、语言技能的运用进一步自动化，阅读中遇到的生字和生词已不再影响对文章意思的理解，阅读成为一种自然而然的过程。他们开始全面接触和学习阅读策略。在该阶段，他们掌握了通过阅读学习知识、获得信息、了解观点的技能，能体会不同的情感和态度。他们的阅读范围有所扩大（教科书、课外书、报纸、杂志等），涉及的主题也出现了多样化的特点（如历史、地理、科学等）。阅读的图书在复杂度方面有所提高，但大部分内容都比较具体。由于背景知识有限，阅读那些有着单一观点的材料比较有效。在该阶段结束时，他们要能将背景知识和阅读联系起来，学会初步的分析和批判性思维，能借助讨论和写作表达自己的观点。他们的阅读以默读为主，阅读能力与听力基本持平。

阶段五：分析阅读阶段（高中及大学）

在该阶段，学生们必须学会面对不同的观点，对多种事实的了解、对不同观点的理解、对多样化解释的分析使他们逐步掌握了如何对待复杂理论和观点的技巧，他们能从不同角度分析同一观点，也能对不同观点进行对比，并在此基础上形成自己的判断。在该阶段，必要的学习技巧和高效的阅读能力是比较有用的，他们能掌握一系列成人化的阅读策略，如略读、精读、重读、跳读等，并能根据阅读内容和阅读目的有所选择。他们的阅读对象进一步扩大，涉及人文科学、社会科学、自然科学等，阅读内容也更加复杂，如小说、诗歌、论文等，其中思辨性内容所占比重越来越大。他们此阶段的阅读能力强于听力。

阶段六：研究阅读阶段（大学及研究生）

在研究阅读阶段，学生阅读的目的性明显增强，他们能根据自己的目的选择不同的阅读材料，知道该读什么，不该读什么，并能根据目的和内容选取阅读策略。他们需要对图书进行分析和判断，通过将自己的知识和实践与他人的知识和实践联系起来，形成观点，以实现对知识的提升或创新。与前面的阶段相比，他们的阅读效率大幅提升，阅读领域日渐广泛，阅读内容的难度也开始加大。

上述每一阶段还可以划分为不同的亚阶段。学者王丹就将儿童学前阅读（即感受阅读阶段）划分为三个亚阶段：①分析阶段：儿童对图画的

一 阅读与儿童

理解常常是单个的、局部的，对图画内容的表达处在"给事物命名"的阶段，即说出这是什么，那是什么；②综合阶段：儿童能够将图画上的内容经过组织表述出来，能够表达事物之间的联系，并且表达带有情境性，但他们的表达还不连贯，对看到的东西尚不能准确和迅速地表达出来；③分析综合阶段：儿童能够完整地理解图画内容，并能够准确、迅速地把图画内容用带有情境性的语言连贯、流畅地表达出来。

阅读过程中存在着一个关键转变，就是阅读从学习的目的转变为学习的手段，即从学习阅读（Learn to Read）到阅读学习（Read to Learn）。在学习阅读阶段，儿童尚不具备熟练的阅读能力，掌握阅读技能成为他们的首要学习任务，但是到了阅读学习阶段，由于已经能够熟练阅读，阅读不再成为学习的任务，而成为学习的手段，孩子们通过阅读获得知识。根据国外研究，这一转变大约发生在三年级，但由于汉语言文字的学习难度较大，中国儿童的这种转变会有所推迟，一般在四五年级左右完成。

儿童的阅读发展带有明显的个人差异。第一，发展阶段与年龄或年级之间并非严格对应的关系，有些孩子有较好的学习条件，自身也比较努力，因而拥有较强的阅读能力，可能会提前进入下一阶段，相反，有些孩子的阅读能力较弱，进入下一阶段的时间会稍晚。第二，儿童在某一阶段的发展依赖于上一阶段的发展，如果上一阶段发展不好，会影响儿童下一阶段的阅读发展。第三，不同阶段之间并不是泾渭分明，而是彼此连续和有所交叉，但每一阶段都有自己的重点任务，例如，对字词和语言的学习虽然在第 1 阶段开始，但却一直持续到第四乃至第五阶段，因为复杂的语言构成并不是在短期内就可以掌握的。

虽然阅读发展要经历若干阶段，但阅读能力却不会自然获得，儿童不会自动经历这些阶段，达到较高的阅读水平。理查德·阿斯林提出了一个儿童成长模型，该模型将成熟（生理发育与基因影响）与环境影响的关系区分为五种类型：成熟、维持、易化/简化、协调、诱导。其中"成熟"指儿童的发育完全由生理成熟决定，"诱导"则指儿童的发育完全由环境和经历决定，其余类型落在两者之间。显然，阅读作为一种习得性行为，受环境和个人经历的影响较多，在缺乏有效的引导和自身实践的情况下，儿童是不可能自然而然获得阅读能力的，大量不具备任何阅读能力的文盲的存在充分证实了这一点。正如美国学者威廉·本德和玛莎·拉金指出的："跟视力、听力、认知和语言发展不同，阅读能力的形成并非一个

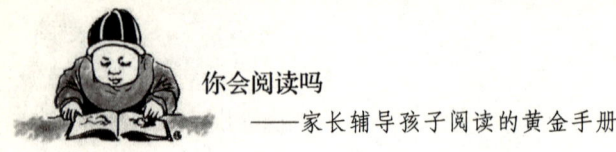

天然而成的过程。""虽然大脑各区域分别管理着视觉、听觉、运动及语言，但唯独没有一个区域能管理阅读。如果说口头表达或语言在大脑中与相关区域属于'硬连接'，那么阅读则不与其中的任何区域发生此种连接。这也是阅读能力无法天然而成的原因之一。"

正因为儿童不会自然而然地获得阅读能力，所以儿童的阅读成长需要外界的引导和儿童自身的努力，适度的干预在儿童的阅读成长中是必不可少的。对于一名阅读能力较弱的儿童而言，由于其阅读能力落后于同龄儿童，他在阅读中得到的乐趣较少，可能得到更多的负面评价，这将打击他阅读的积极性和限制他的阅读成长，并产生恶性循环。对于一名阅读能力较强的儿童来说，他的阅读更容易得到周围人的肯定，也更能从阅读中获得乐趣，这会激发他的阅读热情，产生良性循环。这种状况会导致弱者更弱、强者更强的"马太效应"。为了打破阅读能力不足者的"马太循环"，必须开展阅读干预。在不违背儿童身心发育规律的前提下，有效的干预一方面可以提高儿童在同一阶段上所达到的阅读水平，另一方面能推进儿童在阅读发展上的步伐。

将阅读划分为不同的阶段还可以为个性化干预提供支持。在一个阶段结束的时候，通过对该阶段儿童应掌握的技能进行测试来了解孩子在该阶段的发展状况，能使教育者掌握孩子在阅读阶梯上的位置，并给予必要的指导。例如，如果孩子在阶段二仍然没有掌握必要的发音和拼读规则，在进入更高阶段学习时，教育者就需要进行相应干预；再如，如果孩子到阶段三结束的时候还不能掌握足够的词汇量，这会影响他们的后续阅读和学习，因为他们不能从识读字词的"束缚"中解脱出来，没有足够的精力对内容做分析。

5. 儿童阅读行为特点

儿童阅读有着不同于成人阅读的特点，了解这些特点，有助于在开展阅读推广或安排儿童的阅读生活时，顺应儿童的身心规律，合理引导，促进儿童阅读习惯的养成和阅读兴趣的激发。

获得乐趣是主要目的

成人阅读往往带有功利性目的，如解决工作中的问题、了解最新资

一 阅读与儿童

讯、参加考试等。但对儿童来讲,除了完成大人安排的阅读任务外,在自己可支配的时间里,他们阅读的主要目的是获得乐趣。美国学乐集团(Scholastic)于2017年1月发布的双年研究报告《儿童与家庭阅读》(*Kids and Family Reading*)以翔实的数据表明,多数孩子(60%以上)喜欢为"乐趣"而读,这一比例从2010年开始基本维持不变。下表是有关机构于1998年对北京儿童阅读情况的调查结果(部分),表中列举了从青少年角度、家长角度和老师角度分别得到的阅读倾向排序(前五)(阿甲《帮助孩子爱上阅读:儿童阅读推广手册》),从该表可以看出,未成年人的阅读偏好更多从个人兴趣出发,而大人的建议多是从孩子成长和完成学业的角度考虑。尽管大人的要求不无道理,但在规划孩子的阅读生活时,大人一定要顺应孩子的阅读特点,允许孩子每天根据自己的爱好自由阅读一段时间,因为只有这样,儿童才能从阅读中获得属于自己的乐趣,也才能喜欢阅读。

表1-1 青少年阅读偏好与成人要求或建议对照表

青少年阅读偏好排序	家长要求、建议排序	老师要求、建议排序
幽默故事	作文辅导	作文辅导
冒险故事	学习辅导类读物	学习辅导类读物
科学幻想故事	古典名著	古典名著
漫画或卡通	奥林匹克数学	奥林匹克数学
侦探小说	名人传记	科学普及读物

关注点与成人不同

儿童阅读的关注点与成人有较大不同,不理解这一点,就不能明白儿童喜欢什么,不喜欢什么。在笔者主持的一场儿童绘本阅读分享会中,笔者与10余名4～5岁的孩子分享了方素珍老师翻译的《花婆婆》。绘本中的一个画面描绘了花婆婆在乡间小路上洒播花种子的场景,花婆婆身后跟着一只小狗。由于投影模糊,主持人在分享中不经意说了一句"花婆婆身后跟着一只小狗,不过看起来有点像小猫"。意想不到的事情发生了,孩子们立即就那是一只狗还是一只猫的问题展开了激烈的争论。对这一问

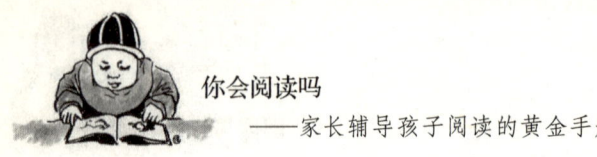

题的关注远胜过对故事情节的关注，显示了孩子们异于成人的思维方式。对于一幅图画，大人比较关心的是角色在做什么，画面传达出什么意思，画外之音又是什么，但孩子们可能会比较在意图画中的某个元素，如五颜六色的花朵、憨态可掬的动物等，这些都是他们熟悉和容易理解的事物。

影响儿童关注什么、不关注什么的一个重要因素就是儿童的心理发育特点。许多著名学者都对儿童的心理发育进行研究，并提出了不同的理论，如皮亚杰将儿童认知发展划分为四个阶段：感知运动阶段（0～2岁）、前运算阶段（2～6、7岁）、具体运算阶段（6、7岁～11、12岁）、形式运算阶段（11、12岁～14、15岁）。尽管不同模型对儿童心理发育有不同的认识，但总体而言，儿童思维是由具体思维向抽象思维推进，年龄越大，思维的抽象度越强。苏霍姆林斯基曾多次做过下述实验：将一幅描绘重大历史事件的图画分别拿给7～8岁的儿童和13～15岁的少年观看，儿童对画家所描绘的东西的感觉属性表现出最大兴趣，而少年则注意到引起某种运动、状态和斗争的内部动因。例如，在B. M. 瓦斯涅措夫绘制的《勇士》里，儿童最感兴趣的是骑士们的服饰和武器的细节，如挽具和长长的马鬃及那块地方荒凉阴郁的外观，而少年却能找出隐蔽的关系和因果联系，例如，在那个年代，人们是怎样制造出这样精细和耐用的物品？他们是否有专门的作坊来制造这些东西？为什么骑士们停在这样的开阔地带，敌人很容易发现他们并用箭射他们？究竟俄罗斯的领土和敌人的疆界在哪里？为什么画面上看不到乡村和城市？卡尔（Carl）于20世纪50年代做过一个实验，让3～7岁的幼儿记住三种不同性质的材料：第一种是幼儿熟悉的物体；第二种是幼儿熟悉的物体的名称；第三种是幼儿不熟悉的物体的名称。研究表明，幼儿对熟悉的物体的记忆效果优于熟悉的词，而对生疏的词的记忆效果最差，由此可见，幼儿记忆主要是形象记忆。

年龄较小的儿童可能会首先关注事物的具体元素，如颜色、动物的耳朵或尾巴、脚印等，随着年龄的增加，孩子们会关注到事物的整体，如主人公、妈妈或爸爸、苹果、小猫等，之后再发展到对事物联系的关注，如妈妈洗衣服、猫追老鼠等，最后是才是对情节、故事意义、角色心理等的关注。李林慧等人的研究也说明了儿童的这一特点，在其对儿童理解力的研究中发现，4～6岁的儿童在图画形象理解、事件行动理解、角色状态理解三者上表现出逐渐降低的趋势，这三种理解维度分别代表了对故事理

一 阅读与儿童

解的不同抽象程度,反映了4～6岁的儿童对绘本的理解"遵循由图画形象到事件行动再到角色状态的发展顺序"。

儿童的阅读既需要尊重,也需要引导。基于儿童关注点有别于成人的事实,我们在与孩子分享图书时,要注意发掘他们感兴趣的内容,激发他们的阅读热情。例如在组织读书会时,可以设置一些悬疑,引发孩子们讨论,以达到活跃气氛、促进参与的目的。当然,成人也要引导孩子逐步理解故事情节和故事传达的内涵。在涉及较为抽象的概念或道理时,大人切忌长篇大论,以说教的姿态教育孩子,而应该还原成儿童可感、可知的形式。例如,在告诉孩子要爱护环境、不破坏植物时,可以采用拟人手法,使孩子认识到不文明的行为会伤害花草。在为低龄儿童选书时,要注意避免过于抽象的书,如涉及大量对话或包含过多内心活动的书等。有些书存在着多条时间线索,回忆与现实交叉推进,这些书也不适合年幼的儿童阅读。

反复阅读

许多家长都有印象,儿童在五六岁之前均喜欢反复听同一个故事,虽然大人可能觉得很无聊,但孩子们却听得津津有味,他们甚至能指出其中的细微差别。为什么会出现这种现象?这也与儿童的心理发育有关。心理学把儿童的这种喜欢重复做同一个动作、听同一个故事、玩同一个游戏的行为称为"常同行为",属于儿童探索世界的一种方式。从成人的角度讲,阅读乐趣的来源之一是发现新旧知识之间的联系。在儿童成长初期,由于记忆储备有限,他们只能通过重复阅读来获得对故事的记忆,并在重听故事时将新获得的内容与保留在记忆里的内容加以对比和联系,从而得到乐趣。因此,儿童表面上是在重听一个故事,但他们每听一遍都会关注不同的内容,获得不同的感受。图1-2是沙振江等人采用眼动跟踪仪,对42～48个月的儿童在第一次和第五次阅读《阿莫的生病日》的同一页时的注视热点情况。从图中可以看出,儿童一开始关注的是与内容有关的关键信息,而在后面的阅读中,其所关注的除了关键信息外还包括细节信息,说明儿童每次阅读都会关注不同的内容。同时,儿童的心灵比较脆弱,对新事物的探索存在着畏惧心理,重复阅读增强了他们对故事情节的预期,这种预期使他们获得了某种安全感,也使他们获得了能"预测"故事的成就感。

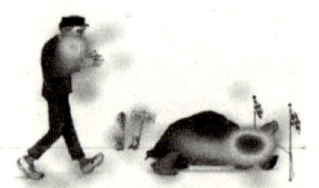 

图1-2　儿童两次关注同一画面时的注视热点情况

大人在引导儿童阅读时不要嫌麻烦，要尊重孩子的心理需求，可以适度给他们重复讲同一个故事，在每次重复时将注意点放在不同的内容上，如一次观看图片，另一次将焦点放在文字上，或者将故事与孩子的世界联系起来，即使是同一张图片，每次阅读都可以关注不同的细节，而在重复了一定次数后，再适时引入新的故事，进入新一轮"重复"。网上有帖子介绍如何降低宝宝对重复讲故事的需求，这种做法是不可取的。大人大可不必对儿童重复阅读同一个故事感到担忧，即使出生3天的婴儿在多次被展示了母亲的面部照片后也会倾向于看一张新脸，当孩子们从熟悉的事物中获得了足够的信息后，他们会将注意力转向新事物的。

案例：重复听故事

如心是一名4岁半的儿童。如心的姥姥是一个很会讲故事的人，诸如蛇精、鬼怪、奇遇故事等，故事虽然荒诞不经，却紧紧吸引着小家伙的心，使其百听不厌。一次，姥姥在讲故事时说到"穿着小花袄的男孩不见了……"如心马上纠正说"不对，是穿着小花袄的男孩跑出去了"。事后，姥姥抱怨道，同样的故事她已经讲过四遍了，自己都觉得腻了，但是小家伙好像听不够，整天缠着姥姥一遍接一遍地讲。

对故事感兴趣

康·季·乌申斯基曾写道，儿童是"用形式、声音、色彩和感觉"思维的。故事将不同角色的行为组织在一起，以情节为线索串联起各个场景，展示既源于生活又高于生活的事件，比较符合儿童的思维特点，有利

一 阅读与儿童

于将抽象的概念和道理以儿童可感、可知的方式呈现出来,易于为孩子们理解和接受。一旦孩子能够理解角色的动作及角色之间的联系,他们就会迷上故事这种形式。朱自强认为,"幼儿期是文学期","对于幼儿的成长来说,文学是帮助他们开拓情感世界、发现生活新大陆的最佳方式"。苏霍姆林斯基将数学应用题编成小故事,用以引导那些在解答应用题时感到困难的孩子,起到了不错的效果。在国外图书馆中,给儿童讲故事已经成为一种常规活动,图书馆会在网站上公布一周或一月中讲故事的安排,届时会有专业馆员或志愿者为孩子们讲故事。这些活动简便易行,往往一位馆员与十多个孩子席地而坐,馆员有时手里拿着一本书,有时什么也不拿,或读或讲,带领孩子们沉浸在故事的世界中。尽管形式简单,但这种活动还是深受家长和孩子们的欢迎。在学前和小学前段,儿童的阅读应以故事性图书为主,不要强迫孩子过早阅读能带来"知识"的图书,当孩子的阅读能力提高之后,他们会自己喜欢上不同类别的图书的。

6. 男孩阅读劣势

男女孩的阅读差异

许多研究表明,男孩与女孩在阅读能力上存在着差异,通常女孩在阅读上的成绩更佳。联合国教科文组织和世界经贸合作与发展组织(Organization for Economic Co-operation and Development,OECD)曾对43个国家的学生进行了调查,每个国家选取4500～10000名学生,最终形成了报告《明日世界之素养技能》(Literacy Skills for the World of Tomorrow)。根据该报告,在15岁之前,女孩比男孩拥有更强的阅读能力,这种状况在被调查的43个国家中均存在。由英国邓迪(Dundee)大学教育与社会研究学院的 Keith Topping 教授领衔主持的两项大型研究对儿童阅读的性别差异进行了调查,其中一项研究对3243所学校的852295名学生(超过英国儿童的1/10)进行了调查,另一项研究对967所学校的150220名学生进行了调查。研究发现,在5～18岁的未成年人中,男孩的阅读表现均不如女孩;不论什么类型的作品,男孩都没有女孩读得深入,他们花费较少的时间辨析单词,并不时忽略掉一些重要内容,后一点在女孩中比较少见;在阅读对象上,他们往往选择简单的图书,不愿意接触具有挑战性的读物；在阅读成绩上，男孩的表现较差，他们对阅读内容的理解不够理想。根据2016年国际阅读能力测试（PIRLS）的结果，在参与测试的数十个国家和地区中，所有国家和地区女孩的平均阅读成绩都高于男孩，其中绝大多数国家和地区的男女之差达到了统计学上的显著程度；女孩的全球平均阅读成绩为520，男孩的全球平均阅读成绩为501，成绩之差达到19个分值；即使像芬兰这样被公认为教育公平、教学优秀的国家，男女阅读分值之差也达到了22，超过男女之差的全球平均值。从不同国家和地区男女孩PIRLS成绩的历年（2006—2016）变化可以看出，虽然有些国家的差距有缩小趋势，有些国家的差距有扩大趋势，但具有统计学意义上的差距却一直存在。

男孩与女孩在阅读能力上的差异与其阅读动机有着密切的关系，大量研究表明，女孩自小就有着比同龄男孩更强的阅读动机。英国国家读写能力信托基金（National Literacy Trust）发布的研究报告《儿童与年轻人阅读》（2015）显示：61.2%的女孩表示喜欢阅读，只有47.8%的男孩喜欢阅读；49.5%的女孩在校外每天读书，只有36%的男孩做到了这一点。由全球知名童书出版公司学乐集团（Scholastic）推出的双年研究报告《儿童与家庭阅读》显示，相比男孩，女孩更喜欢阅读，从2006～2014年在美国开展的5项调查均显示，喜爱阅读的男女比例差异由最初的9%上升到2014年的20%，这一趋势在报告中所反映的英国、澳大利亚的调查数据中同样存在。上述联合国教科文组织和世界经贸合作与发展组织的报告也显示，男孩的阅读不如女孩流利，主要是因为男孩缺乏对阅读的喜爱。如56%的男孩的阅读目的是获取信息，而只有33%的女孩持有这一目的；差不多一半的女孩每天至少阅读30分钟，而只有不足1/3的男孩做到了这一点。根据笔者对广州图书馆2016年6～18岁儿童借书数据的统计，女孩的借书量比男孩高出24%，与上述结论基本一致。

原因分析

在当代，教育领域的"阴盛阳衰"现象引起了广泛关注，而且越是在教育平等方面做得较好的国家和地区，女孩的学习成绩和阅读能力与男孩之间的差距也越大。对这一现象的解释，学界一直莫衷一是。围绕阅读的性别差异，笔者搜集了部分材料，从中可以看出，阅读的性别差异既有生理学上的原因，也有心理和社会学的原因，并非单一因素造成

一 阅读与儿童

了这种差异。

第一,女孩的注意力发育早于男孩。拥有一定的注意力是成功阅读的前提。根据研究,在幼儿阶段,女孩的有意注意的稳定性优于男孩。如根据李洪曾等人的研究,5岁女孩和6岁男孩的有意注意持续的时间相近,可达10分钟,而6岁女孩可达10~15分钟。另根据学者王丹的研究,从婴幼儿至初中阶段,各年龄段女性的注意的稳定时间都高于男性。较好的注意品质使女性读者对阅读的专注度更高,阅读的收获更大,因而体会到的读书之乐也更多,阅读能力发展更快。

第二,女孩拥有更强的语言能力。阅读是以语言为媒介的,语言能力的强弱对阅读能力的高低有着直接的影响。从文秘、翻译等与语言文字有密切联系的工作中女性占多数的事实可以看出,女性在语言能力上似乎有着天然的优势。有研究表明,青春期女孩的雌性激素和后叶催产素不断提高左额叶的语言发展,导致女孩大脑中负责语言的区域比男孩大,使女孩在大脑中能存储更多的语言信息,女孩的语言掌握速度更快。女孩大脑拥有与男孩不同体积的胼胝体,使女孩能在大脑左右半球间进行更多交叉信息的处理,这是女孩在语词和直觉方面优于男孩的原因。

第三,阅读兴趣对阅读动机造成影响。研究表明,女性有更多的"镜像神经元",使她们拥有较强的体验别人情感的能力,因而女性对具有感性色彩的作品比较感兴趣,如小说、诗歌、散文、时尚杂志等。男性的阅读对象则具有较强的理性色彩,如推理性强的侦探小说、科学或哲学著作等。根据对美国、加拿大和英国图书市场的调查,在以小说为主的文学市场上,女性的购买份额占到80%。甚至有人宣称,如果女性不再买书,小说类作品将不复存在。一般情况下,人们阅读文学图书的速度更快,而且与非文学图书相比,文学图书对读者有更强的吸引力,这在某种程度上解释了女性为什么不仅喜欢读书,而且读得更多。

第四,传统教学体制对女孩较有利。传统教学以讲授为主,采用大班授课,学生在老师的带领下按部就班地学习并参加考试。似乎女孩比男孩更能适应这样的教学方式。根据研究,女孩的脑神经连接使她们对声音比较敏感,这使她们在接受授课时能获得比男孩更好的效果;大脑中负责长期记忆的区域在工作方式上也存在性别差异,使男孩需要花费更多的时间才能记住课堂上的内容,特别是写出来的文字;女孩较发达的胼胝体能容许大脑左右半球之间进行更多的信息交流和交叉信息处理,使女孩在完成

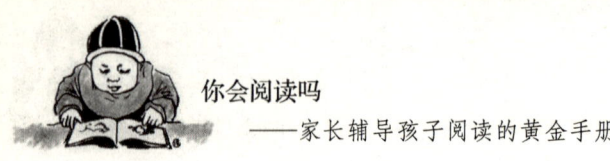

多任务方面优于男孩,而多任务是学校教学的一个基本特点。一言以蔽之,当前教育体制没有使男孩的学习潜力得到激发。

应对策略

在当前教育制度改革的大背景下,阅读受到了前所未有的重视,全面渗透到学校教学的各个环节,而阅读是学业的基础,一个阅读能力弱的人很难在其他科目上也取得较好的成绩,因此如果不扭转男女两性在阅读上的差距,男女两性在整体学业上的差距就会持续加大,最终影响到大学的入学性别比及未来的就业构成,产生深远的社会问题。家长与阅读推广者要了解阅读上的性别差异及其原因,不能简单地将男孩读得少、读得差归咎为他们懒惰,要采取有效的措施促进男孩阅读。事实上,只要方法得当,男孩的阅读成绩绝对是可以得到改善的,这在国外的一些教育机构中已有成功案例。上述研究表明,男孩的阅读策略影响了他们的阅读,如经常省略掉一些重要的内容,针对这种情况,我们需要对男孩进行专项训练,使他们掌握深入阅读的技巧,提供机会让他们专注于单一任务,或参加个人关注度较高的小组,给他们表现的机会和即时、循环的反馈。同时,男孩对阅读持有比较随意的态度也可能是由于他们没有找到真正感兴趣的内容。男孩大多喜欢富有动感的书,如充满空间-运动知觉活动的书,或机械类、科技类、科幻类图书等。成人要允许男孩选择喜欢看的书,而不是给他们规定一些成人认为他们"应该"感兴趣的书,这对提升他们的阅读兴趣是有积极意义的,如自哈利·波特系列图书推出以来,国外许多男孩开始迷上这套书,声称这套书使他们首次尝到了阅读的乐趣。国外一些机构针对男孩或以男孩为主要对象开展了专门的阅读推广,如加拿大魁北克省教育部和体育部合作推出的"男孩与文学"项目、英国读写素养信托组织发起的"阅读带头人"项目、英超俱乐部的"阅读之星"项目等。国外学校或图书馆会邀请警察、运动员、消防员甚至部队官兵等这些动感十足、堪称男孩子心目中"偶像"级的人物来给他们读书,通过提高儿童与阅读推广人的认同感来增强他们的阅读兴趣。另外,图书馆等文化机构在开展阅读推广时应保持推广者本身的性别均衡。目前阅读推广中普遍存在女性"一边倒"的现象,这在不知不觉中造成了女孩阅读的优势。图书馆等文化机构可以邀请男性馆员或家长担任"故事爸爸",定期为孩子们主

持读书活动，会给孩子们带来耳目一新的感受。

7. 青少年阅读下滑

青少年阅读下滑

从阅读的数量上看，随着儿童年龄的增长，阅读出现了下滑趋势。表1-2为历次全国国民阅读调查中未成年人阅读率汇总，从中可以看出，13岁之前，儿童的阅读率呈提高趋势，但是在14～17岁，阅读率出现了一定幅度的下降。不过，该调查采用的指标为阅读率，不能反映实际阅读量，因为一年阅读1本书与一年阅读10本书均被记录为读过书。为此，笔者对广州图书馆的外借数据进行了分析，统计范围为6～18岁的儿童2016年全年的借书数据（见图1-3）。可以看出，从小学后段开始，特别是进入初中阶段，图书外借量出现了大幅下滑，到高中阶段，图书外借量虽有所回升，但总体仍保持在低位状态。从2017年发布的《上海市少年儿童阅读报告》亦可以看出类似趋势。在2016年上海少儿图书馆流通的235万册次的图书中，小学段用户流通量超过120万册次，低幼段用户约为98万册次，中学段用户约为10万册次。低幼段和小学段用户的借阅量一直呈平稳上升趋势，但中学生的借阅量要远远低于他们。按上海市少儿图书馆2016年全年借阅书籍总数排名来看，低幼段第一名读者一年借阅了587册书，但随着年龄增大，排名第一的读者的借阅量也在递减，小学段第一名读者借阅量为575册，中学段为245册。

表1-2 第六～十五次全民阅读调查中未成年人阅读率

全民阅读调查	0～8周岁	9～13周岁	14～17周岁	0～17周岁
第六次	72.8%	93.5%	79.00%	81.4%
第七次	59.9%	89.4%	80.2%	79.00%
第八次	89.4%	92.1%	83.0%	82.7%
第九次	75.2%	93.5%	81.0%	83.1%
第十次	64.5%	96.5%	80.5%	77.0%

续表 1-1

全民阅读调查	0～8周岁	9～13周岁	14～17周岁	0～17周岁
第十一次	66.0%	93.5%	79.1%	76.1%
第十二次	59.2%	95.4%	88.3%	76.6%
第十三次	68.1%	98.2%	86.3%	81.1%
第十四次	76.0%	97.6%	88.2%	85.0%
第十五次	75.8%	93.2%	90.4%	84.8%

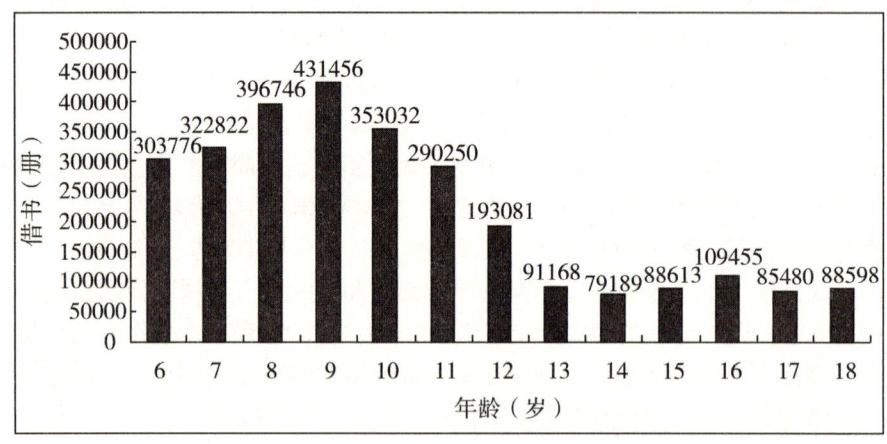

图 1-3 广州图书馆分年龄图书外借情况（2016）

  许多研究表明，随着儿童年龄的增长，阅读的动机水平也呈下降之势。自 2010 年起，英国国家读写能力信托基金会（The National Literacy Trust）每年发布一份《儿童与年轻人阅读》（Children's and Young People's Reading）研究报告，该报告将儿童的年龄划分为若干段，分别研究不同阶段的儿童在阅读行为和阅读习惯上的特点。2015 年的报告（2016 年发布）对 32569 名儿童进行了调查，发现第四阶段（14～16 岁）儿童中只有 40.2% 的声称非常或相当喜爱阅读，而第二阶段（8～11 岁）儿童中有 72.6% 做出同样回答。自 2010 年开始，这两个阶段的儿童在阅读喜好上的差异就一直存在，6 年间平均每年的差异都维持在 31% 左右。在对"阅读很酷"的选择上，第四阶段儿童与第二阶段儿童的选择率分别是

一 阅读与儿童

24.1%与70.5%。在阅读能力与未来就业的关系上，只有36.4%的第四阶段儿童认为良好的阅读能力有助于获得满意的职位，而第二阶段儿童做出同样回答的比例达到71.3%。在阅读习惯上，41.4%的第四阶段儿童保持着每天开展课外阅读的习惯，而45.5%的第二阶段儿童保持着这一习惯。由此可知，中学生对阅读的态度远没有小学生积极。知名童书出版公司学乐集团（Scholastic）的双年调研报告《儿童与家庭阅读》对美国、英国、澳大利亚和印度的调查均显示，8岁是儿童阅读的一个"拐点"，8岁之后，儿童阅读呈现显著下降趋势，例如2015年对澳大利亚的调查显示，5～8岁的高频次阅读儿童达到61%，但到15～17岁时，高频次阅读儿童的比例仅有17%。在国内，上海交通大学的李武教授对青少年的阅读动机进行了多维度研究，将阅读动机划分为7个维度（信息获取、情感抒发、兴趣爱好、个人发展、社会交往、他人认同、总体动机），研究发现，初中生比高中生具有更强的总体阅读动机，其中在"兴趣爱好""个人发展""社会交往"三个维度上，初中生的阅读动机水平显著高于高中生。北京师范大学心理系宋凤宁等学者的研究也发现，在阅读动机的各得分量上，初中生的得分都高于高中生，而在阅读时间上，初中生每天阅读时间为71.64分，高于高中生的每天阅读时间56.70分。虽然笔者没有发现来自日本的数据，但在日本，这一现象也同样存在，据日本学者斋藤孝说："上小学的时候那么喜欢书，可进中学以后不知为何就不再读书了，这在日本可谓一种普遍的倾向。"

综上，儿童从学前、小学到中学，阅读量和阅读动机并不是连续提高的，而是存在着较大的波动。具体来讲，小学前段儿童的阅读量呈逐年上升趋势，对阅读的喜好日益增加，但从小学后段开始，特别是进入初中阶段，阅读量出现了大幅下跌，对阅读的喜好不升反降，到高中阶段则出现了阅读分化：一部分人的阅读量维持了初中阶段的下跌趋势，另一部分人的阅读量出现了回升（见图1-4）。本书将中学生的阅读量下降、阅读意识淡化的现象称为青少年阅读下滑现象，这一现象普遍存在于世界各个国家、各种文化之中。如果缺乏对阅读的自我反思或外界的干预，那些阅读量持续下降、阅读动机持续减弱的中学生将会使这种趋势延续至成年，最终成为不爱阅读的人，只有那些出现阅读回升的学生才会养成阅读的习惯。

在不同国家或文化中，这种波动和分化基本类似，但存在着阅读基数

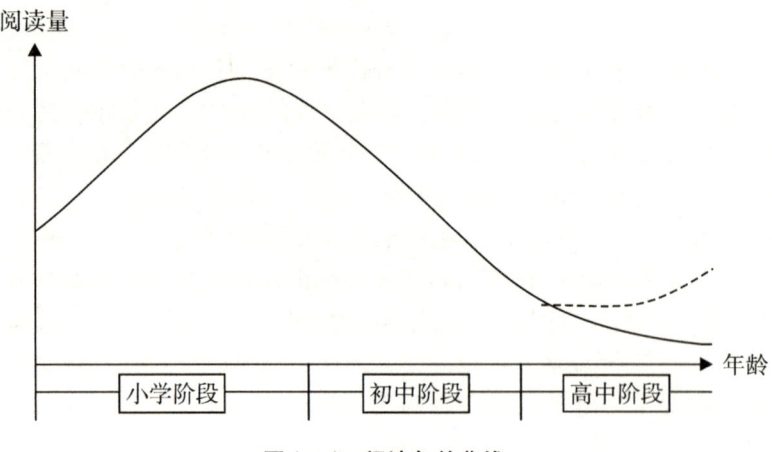

图1-4 阅读年龄曲线

和分化率的差异,即在某些国家或文化中,某些学生即使处于阅读动机的低位水平,但其阅读的绝对量仍可能达到或超过另一些国家或文化中处于阅读动机高位水平的学生的阅读量,而且这些国家或文化中出现阅读意愿回归的比例会更高;而在另一些国家或文化中的情况则刚好相反,某些学生即使处于阅读动机的高位水平,但与前述国家或文化中的学生的阅读相比,其阅读的绝对量仍可能不是很理想,同时在这些国家或文化中出现阅读意愿回归的比例会低一些。在中国,阅读基数和阅读意愿的回归均不是很理想——相当一部分国人在毕业后就很少再拿起书本。除了国内有关机构或学者对这种情况有所反映外,一些国外学者也对中国人的阅读状况有一定察觉。一位叫孟莎美的在华印度工程师在《令人忧虑,不阅读的中国人》一文中描绘了他在德国法兰克福机场见到的一幕:在候机时,中国乘客大多兴致勃勃地购物,而德国乘客却专心一意地阅读。夜间航行,机舱里灯光转暗,大多数旅客都休息了,一些中国旅客还捧着平板电脑,显然是在看视频、玩游戏,却没有一个人拿着书读。日本学者指出中国人平均每天读书不足15分钟,人均阅读量只有日本的几十分之一。虽然这些人的观点不乏民族偏见,但也在一定程度上反映了国民的某种真实读书状况。

一 阅读与儿童

原因分析

是什么原因导致在小学阶段养成的阅读习惯在大部分中学生那里被丢弃？儿童为什么会丧失阅读兴趣？许多学者认为，"填鸭式"的教育制度难辞其咎。萧伯纳就说过，许多英国人终身不看莎士比亚，就是幼年时被老师强迫背诵的结果。李霁野在谈到丧失读书兴趣时认为，当前教育制度负有一定的责任："拿死的知识填塞了之后，再拿考试来测量结果，不要几年，学生就变为完全被动的了，读书的兴趣也被消灭。"北京大学社会学系教授郑也夫认为，只有经过广泛阅读，人们才能知道自己读书和研究的乐趣在什么地方，而从中学到大学，我们教给学生的东西都太狭窄了，中小学生只能从有限的教材上汲取知识，而大学的专业化教育太早、太僵硬，学生们没有选择的自由，同时在这个狭窄的领域中又过度逼迫学生们，导致厌学现象的产生。国内教育制度比较强调对基本知识的掌握，建立了严格的考试制度来检验学生的学习效果，在这种学习和检验中，学生们体会更多的是辛苦，而不是乐趣。然而在教育制度上与我国迥异的欧美等国家，虽然儿童在读书期间拥有较多接触阅读的机会，但中学生的阅读动机同样处于下降趋势。同时，教育有其自身的规律，对儿童学习的某种"强制"存在于古今中外的教育体制中，但即使在僵化如中国古代私塾这样的教育制度中，仍培养出了不少嗜书如命的读者。因此，教育制度对青少年的阅读下滑负有一定的责任，但将责任一股脑地推给教育制度是不合适的，教育的可"压缩"空间是有限的。

中学生阅读兴趣的丧失更多的与他们的心理发育有关。中学生的阅读开始接近成年人阅读，然而成年人阅读具有一个显著的特征——阅读效应的缓慢释放，即读者在阅读过程中很难马上感受到图书对自己有什么用处，或阅读能给自己带来多么强烈的快乐，图书效用的发挥和对图书价值的认识是一个逐渐积累和再发掘的过程。清代法式善写了一首《读书》诗："读书如树木，不可求骤长。植诸空山中，日来而月往。露叶既畅茂，烟条渐苍莽。"意即读书如同植物生长，不可能一下子长大，需要日积月累。北齐学者刘昼也说过："夫还乡者心务见家，不可以一步至也。慕学者情缠典素，不可以一读能也。"写出《幽梦影》一书的清代文学家张潮也对阅读感受随阅历深浅而不同有过精辟的描述："少年读书，如隙中窥月；中年读书，如庭中望月；老年读书，如台上玩月。"对于一名十

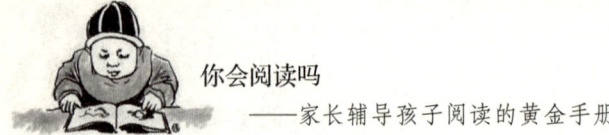

多岁的少年,他的思维活跃,精力充沛,对新事物保持着强烈的探究欲,勇于做出各种尝试,现实生活中存在着大量可以满足他们求新、求奇心理的事物,如影视作品、网络、电子游戏、明星等。阅读不仅需要他们将一颗躁动不安的心沉静下来,而且需要投入一定的时间和精力,因此阅读远不能提供他们所追求的那种新鲜感和刺激感,导致他们开始疏远图书。

中学生阅读兴趣的丧失还与他们的阅读能力不足有关。儿童升入小学高段及进入中学阶段后,基于字词的阅读障碍对大部分学生来讲已不复存在,但这并不意味着儿童就具备了良好的阅读能力,因为阅读能力是一个外延很广的概念,并不仅仅是认识字词。在小学及小学之前,儿童的阅读对象主要是一些篇幅短小、生动有趣的故事类图书,如绘本、童话故事等,这些图书图文并茂、情节简单,容易把握,而且在很多情况下,儿童是在成人的协助下阅读的,因此阅读能力不足不会体现得很明显。然而进入中学之后,图书不论在情节的复杂度还是在内容的抽象度上,都远非儿童读物所能相比,但此时的儿童刚走出小学,虽然拥有了一定的语文素养,但与成长为一名熟练的读者之间仍有一段相当长的距离,而且与小学生相比,许多大人认为,既然中学生已经不存在识字障碍,就可以让他们自己阅读。这导致中学生在阅读时面临诸多困难,如看不明白等。来自英国的一项调查《报告:孩子们在读什么》(*The What Kids Are Reading Report*)就表明,小学生对所读图书的理解率要远高于中学生。这些困难往往让刚跨入阅读之门的孩子措手不及,由于无法有效应对而对阅读心生畏惧。

另外,阅读推广普遍存在两头轻、中间重的现象也对中学生的阅读产生了不良影响。目前,在文化机构开展的众多阅读推广活动中,针对学前期(4~6岁)、小学前/中段儿童(10~11岁之前)的活动举办得较多,针对婴幼儿(0~3岁)与小学后段及中学儿童(12岁之后)的活动较少。面向儿童举办得最多、最有声势的阅读推广活动就是绘本分享,活动形式和活动内容不适合较大儿童和中学生参加,对较大儿童和中学生的阅读推广主要是图书推荐、征文比赛等传统套路,很少有能触及青少年心灵的活动。之所以出现这种现象,一是认识问题,即成人对儿童随年龄增长而出现的阅读波动缺乏意识。目前,在阅读推广界存在一个颇为流行的观点:只要在12岁之前没有养成阅读的习惯,儿童今后就很难成长为一名热爱阅读的人,因此阅读推广者多将12岁之前的儿童作为推广的重

一 阅读与儿童

点对象,而忽视了对 12 岁之后的儿童的推广。然而,从上述观点并不能自然导出:只要 12 岁之前养成了阅读的习惯,儿童就一定能成长为一名热爱阅读的人。但对此,却很少有人做过探讨。二是组织难度问题。与面向学前和小学前或中段儿童的阅读推广相比,面向中学生的阅读推广要难很多,它需要阅读推广者深入理解这一群体的身心发育和阅读特点,并具备与之互动的能力,而这正是目前阅读推广者所普遍缺乏的。

其他因素也对中学生阅读兴趣的下降产生了推波助澜的作用,如青少年很难找到针对他们这一年龄阶段的读物,中学生的学习压力较大,等等。因此,成人对于整个儿童期的阅读波动要有充分的心理准备,并采取有效的措施防止和减缓阅读下滑现象的发生。

二　阅读引导

三更灯火五更鸡,正是男儿读书时;黑发不知勤学早,白首方悔读书迟。

——颜真卿

二 阅读引导

1. 树立科学的阅读引导观

儿童的阅读如同一棵小树,既需要雨露的滋润和阳光的照耀,也需要园丁的呵护和修剪,如果儿童的阅读长期处于放任自流的状态,他们就无法成长为一名合格的读者。然而,如何引导才能使儿童的阅读少走弯路,沿着正确的方向前进?这首先涉及引导观的问题。

尊重与要求并重

成功的阅读引导要以尊重为前提。没有在个性上完全相同的人,也没有在阅读上完全一致的人,这种独立性早在童年早期就已经奠定,每个儿童都有着不同于他人的自我世界。表面上看,人从小到大,由不谙世事到世故老到,是一个不断成长的过程,但事实上,儿童不是未长成的大人,而是有着独特的审美世界和完整的感受视域的独立个体。阿甲说:"儿童阅读新观念首要关照童年的价值,它并不是说要简单地让儿童愉悦,而是要让孩子以其独特的兴趣和成长特征,在童年阶段获得充分的发展。因此,引导儿童阅读,不是站在成年人社会需要的立场上为孩子们设立标准和发展框架,而是充分观察和研究孩子们的成长,为他们尽可能提供机会,并尊重他们的选择。"(阿甲《帮助孩子爱上阅读:儿童阅读推广手册》)成人在引导儿童阅读时,首先要将儿童当成一个独立的个体,不能将儿童与成人在阅读上的不同一律看作是需要"纠正"的"弯路",成人应站在另一个独立人格者的角度去看待孩子的阅读。学者 Fletcher 与 Reese 对 30 年内出版的绘本研究进行了分析,发现儿童阅读绘本跟图书本身的特点和大人的阅读技巧并没有多大联系,只有在"愉悦、不强勉、以儿童的需求为中心"的前提下,在充分尊重儿童个性的基础上,才能让儿童的阅读发展成一种自发、内在和探索的过程,在大人和小孩都开心、舒服的基础上,亲子阅读才有效。

然而,尊重并不意味着放任。阅读作为一种习得性行为,必须借助后天的培养才能获得,而培养即意味着给予引导(包括提出要求),否则儿童阅读就会在自发状态下发展,儿童在阅读成长中就可能会走弯路。儿童文学作家、儿童阅读教育专家钱伯斯有一句名言:"读者是打造的,不是天生的。"吉姆在《朗读手册》一书中也认为:"人与书并不是先天相互

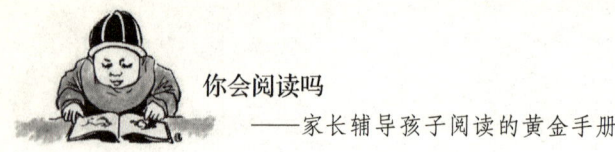

吸引的。开始时,必须有媒介——父母、亲戚、邻居、老师或图书馆馆员,将书带到孩子的世界。"苏霍姆林斯基则说:"读书是要教给学生的。"教育研究学者 Thomas G. White 与 James S. Kim 曾选取了 886 名三至五年级的学生进行暑期阅读实验。该实验首先对家长进行培训,使他们掌握陪孩子阅读、与孩子交流的技巧。实验以一个暑假为周期。被试被分作两组(每组又分为实验组与控制组),其中第一组实验组的学生不仅接受图书,也接受父母的指导,第二组实验组的学生仅接受图书。研究结果表明,第一组实验组的学生在阅读能力上有了显著提高,但第二组实验组的学生尽管在阅读量上有较大提高,但阅读能力却未得到显著改善。因此,仅将书交到孩子们手上而不给予引导是远远不够的。

正确的阅读引导应该在尊重和引导之间取得平衡。美国加利福尼亚大学教授、心理学家鲍姆令德(D. Baumrind)对父母的教养方式进行了长达 10 年的研究,研究结果表明,在四种教养方式即权威型、专制型、溺爱型与忽视型中,权威型父母的孩子在个性发展上具有更大的优势,这类父母既有对孩子适当的"高"和"严"要求,也不乏父母应有的温情和关爱,能耐心倾听孩子诉说,并晓之以理,动之以情。如果将阅读引导归入家庭教养的范畴,也可以得到 4 种阅读引导类型:权威型阅读引导既有对孩子的阅读指导(包括提出要求),也会尊重孩子的阅读愿望;专制型阅读引导要求孩子完全按照大人的意愿阅读;溺爱型阅读引导则尽量满足孩子对阅读的所有要求;忽视型阅读引导指对孩子的阅读采取放任自流的做法。在这四种阅读引导类型中,权威型阅读引导较为理想。在权威型阅读引导中,成人一方面会关注孩子的阅读成长,设定目标和提出要求,并给予必要的指导;另一方面,成人也会倾听孩子的阅读诉求,在合理的范围内予以满足。

回归兴趣

一些阅读推广者和家长不能区分课内阅读与课外阅读的关系,往往以功利态度对待孩子们的阅读。在引导儿童阅读时,成人首先想到的是:通过阅读,孩子能学到什么,或者认识了什么道理,什么样的课外阅读对孩子的成绩有促进作用。大人可能在孩子读完一本书后马上要求孩子谈谈自己的"认识"与"体会",或以不信任的姿态问这问那,或直接告诉孩子应从故事中掌握什么。这些做法使儿童在进行课外阅读时感觉像是进入了

二 阅读引导

另一个课堂,这种现象被台湾儿童阅读推广人林文宝称为阅读推广领域的"消费儿童"现象,即孩子本来在学校的学习负担就已经很重了,还要强迫他们进行所谓"有益"的课外阅读,混淆了课内阅读与课外阅读的界限。尽管我们不反对功利阅读,但是,人需要过一种完满的阅读生活,除了具有实际目的的阅读外,人还应该根据自己的爱好去阅读,要为兴趣阅读留出一份空间。在儿童阶段,虽然功课阅读是主要阅读形态,但不意味着可以取消兴趣阅读。如果总是要求孩子们为"学到什么"而读书,孩子就感受不到阅读的乐趣,在阅读时背上沉重的包袱,正如阿甲所说,"对于孩子而言,阅读的趣味性是最重要的,成人如果太功利,反而会影响孩子对阅读的兴趣"。

另一种成人经常采用的策略就是"贿赂"儿童读书,这在国外比较普遍,大人把读书当作一种交易,孩子每读完一定数量的书就会获得一定的"报酬","报酬"的形式可以是点数,当点数累积到一定数量后可以兑换奖品或现金,有些"报酬"干脆就是现金。这种奖励式阅读能否达到促进孩子阅读的目的?一般而言,奖励式儿童阅读在短期内确实能收到一定的效果。据媒体报道,苏州工业园区翰林小学五年级有位同学,一年的阅读量超过 3600 万字,她的家长在谈及促进孩子阅读时提到一点,即阅读初期给予物质奖励,如孩子在一开始读《木偶奇遇记》时,每读 3 ~ 5 页就给她买一个她喜欢吃的牛角包。但如果奖励金额过高,或者长期依赖奖励,或者奖励方式失误(如只奖励孩子读自己不喜欢看的书等),奖励就会适得其反。

学者 Ruth V. Small 在一篇文章中引用了一位美国学生的话:

> 我所在的小学做过一个阅读激励项目,在阅读完一定数量的图书后,阅读者会从一家披萨店获得一份免费披萨……我记得我的同学是如何尽量多地阅读(或者称略读)他们手边的书,以赢取奖励。但是项目结束后,阅读就变成一种令人厌倦和傻乎乎的行为。

学者 Jonathan Guryan 等人于 2016 年以实验方式对外在刺激与学生阅读的动机进行了研究,基本上否认了外在刺激能提升不爱阅读者对阅读的喜好程度的观点。首先,外部激励会减弱甚至取代内部激励。即使孩子们对阅读有些兴趣,但在物质奖励的诱惑下,对阅读的内在兴趣很快就会让位于对外在奖励的渴求。其次，奖励式阅读可能给孩子们传达误导性信息：阅读并不好玩，否则大人是不会采用物质报酬的方式让我们阅读的。同时，奖励式阅读会导致对目的（读完一本书）的关注取代对阅读过程（享受图书、理解图书）的关注，降低阅读质量。从儿童心理成长的角度讲，奖励式阅读有可能在他们的心理上打下烙印，形成与成人"交易"的心态，产生诸如"我今天上学了，我能得到多少报酬？"之类的想法。

所以，兴趣阅读的出发点和归宿点只能是兴趣，我们在阅读推广中，在管理孩子的阅读生活时，既不能用功利性目的取代孩子的兴趣阅读，也不能人为制造不合理的外部刺激，要始终以兴趣为核心，使孩子们通过阅读获得属于自己的精神愉悦。

保持信心

不少家长没有意识到儿童阅读能力的可塑性，有意无意地将孩子的能力定型为某种状态，如抱怨孩子笨。这种"能力定型"是有害的，它会对家长与孩子的互动产生负面影响，也会使孩子对自己产生错误的看法。许多以提高儿童学习能力为目的的父母培训项目之所以收效甚微，就是由于没有从观念上改变家长的"能力定型"心态，相反，如果父母能够意识到儿童的阅读能力具有可塑性，他们的孩子就会在阅读发展上取得显著进步。为了研究这两种心态对儿童阅读能力成长的影响，来自丹麦的一批研究人员实施了一项实验。他们从72个初中班级中选取了1500名学生，将这些学生随机分配为两组——实验组与控制组。在长达7个月的实验中，研究人员对实验组学生的父母进行了培训，贯穿培训的一个理念就是孩子的学习能力仍处于发展之中，他们的阅读能力会不断进步，研究人员教给实验组学生的父母如何开展亲子间的建设性互动，如何表扬孩子的努力。实验结束后，研究人员对所有儿童进行了阅读能力测试，结果发现，与控制组相比，实验组儿童在阅读能力的各个维度上都获得了显著提高，尤其是在理解文本、语言表达技巧方面，对于那些在实验之前被家长认为阅读能力已经定型的儿童，他们的阅读成绩进步最为显著。

当代社会，成人对儿童能力的定型认知受到了一系列心理和行为标签煽风点火似的强化。随着对儿童身心发展的研究，各种儿童心理和行为问题被冠以不同的"症"，涉及社会问题、学习问题、情绪问题、行为问题等，如学习问题就包括读写困难症（Dyslexia）、数学学习困难症

二 阅读引导

(Dyscalculia)、书写困难症（Dysgraphia）、非语言学习障碍（Nonverbal Learning Disability）、听觉处理障碍（Auditory Processing Disorder；非失聪，作者注）、语言处理障碍（Language Processing Disorder）等，甚至出现了"上学恐惧症"这样的心理"疾病"。在网络信息触手可及的情况下，成人很容易就能了解到不同"症"的表现并在缺乏专业人员指导的情况下对自己的孩子做出判断。而且据学者解释，很多"症"都有某种生理和心理诱因，导致孩子一旦被贴上"症"的标签，就会使人产生能力定型感，在潜意识中对孩子形成某种期待，这不仅无助于对孩子的问题进行纠偏，反而造成对孩子心理和行为问题的强化。多数儿童的发展都不是一帆风顺的，都会在某个阶段产生这样或那样的问题，除非存在明显的器质性问题，我们一定要让儿童意识到自己并不是与别人有某种不同，通过自己的努力，所有问题都可以得到克服。据说曾国藩小的时候非常笨，最后连他的父亲都放弃了他，然而曾国藩却没有放弃自己，终其一生都在对自己进行反省并刻苦改进，最终成就了一番事业。如果曾国藩从小被诊断得了某种"症"，并接受各种"干预"，很可能就此一生默默无闻。因此，在面对孩子的阅读困难时，我们只需要了解孩子有哪些困难，需要采取哪些措施就可以了，切不可随意给孩子贴标签。

不论老师还是家长都应该相信，儿童的能力具有无限的可能性，只要引导得当，大多数孩子都可以成长为熟练的读者。美国文学批评家苏珊·桑塔格在10岁时开始阅读《星星监狱两万年》与《天语》等图书，前者是一本厚厚的记述美国司法状况的书，后者是一本讽刺小品文集。国内也有一位9岁的女孩在家长的引导下开始阅读心理学学术著作。心理学家罗伯特先后多次重复下述实验：学期开始，实验人员随机挑选几名学习成绩不好的学生，告诉老师这些学生近期在智能上会有突飞猛进的变化，使老师增强对这些学生的信心。学期结束，与其他学习成绩不好的学生相比，这些孩子的成绩确实得到了提高。因此，大人对孩子能力和潜力的期待对他们的行为和最终的成就存在着不算绝对但颇为显著的影响。在儿童心理学中，儿童的思维能力高于语言能力的现象已经成为共识，老师和家长首先要对孩子保持信心，并采取切实有效的措施，促进孩子的阅读成长。

即使一个孩子阅读能力的提高确实比其他孩子慢，家长也不应灰心丧气。首先，某些孩子的确存在着反应慢的现象，儿童心理学上将这类儿童归入"缓慢型"，但是反应慢并不意味着反应程度低，即面对同样的任务,有的孩子需要花费较长的时间完成,但在时间允许的情况下会达到与反应快的儿童一样的水平,甚至更高。其次,如果孩子的智商处于中等偏下,家长也不必丧失信心,因为大量阅读可以使孩子获得专业知识,而专业知识可以弥补智商不足,即专业知识能使一个人的认知能力更强。学者丹尼斯·博伊德在《儿童发展心理学》中记录了一项心理学实验,该实验表明,擅长足球的学龄儿童相比不擅长足球的儿童在回忆与足球相关的知识上表现更好,低智商的专业人士跟高智商的初学者在同样的任务中完成得一样好。即使对于那些存在生理缺陷的儿童,家长也不必太失望,"上帝关上一扇门,同时也为你打开一扇窗",只要留心,总能发现孩子擅长的领域。

2. 重视家庭在阅读引导中的作用

家庭是儿童的第一所学校,父母是孩子的第一任老师,孩子最初的语言、习惯及品德的养成都要在家庭中完成。苏霍姆林斯基在《关于全面发展教育的问题》中说:"学校里的一切问题都会在家庭里折射地反映出来;学校的复杂的教育过程中产生的一切困难的根源都可以追溯到家庭。"《羊城晚报》曾对多名广东省高考状元进行采访,发现这些高考状元的背后都有家庭的因素。和谐的家庭氛围、积极向上的家庭风气、父母的言传身教等都是儿童阅读习惯养成不可缺少的。

幸福的童年是最好的阅读引导

作为儿童最为信赖的成人,家长有责任为孩子们营造一个和睦的家庭氛围,使儿童从小度过一个幸福的童年生活。关于婴儿与照看者的关系,儿童发育心理学中有一个著名的理论——安全依恋理论,该理论将儿童与父母的关系划分为三种:安全依恋型、回避依恋型与矛盾依恋型。其中安全依恋型最为健康,儿童会将父母视作安全港湾,并大胆地探索周围的世界。在后续成长中,安全依恋型儿童表现最佳,认知能力最强,对阅读和学习表现出更大的热情。心理学家发现,是否获得来自照看者的情感支持是能否养成安全依恋关系的关键因素之一(另一个因素为反应性),成长在充满温暖和关爱的家庭中的儿童在出生后头两年里比较容易发展出安全依恋关系。前述 Fletcher 与 Reese 对 30 年内出版的绘本研究的分析也表

二 阅读引导

明，儿童对母亲的安全感越强，对阅读的兴趣也越高，阅读的质量也越佳。

如果儿童从小生活在一个关系紧张的家庭，很大程度上他不会成为一名热爱读书的人。苏霍姆林斯基对大量学习落后儿童的分析表明，除了先天智障等生理因素外，造成儿童学习跟不上的最重要的原因来自家庭，包括不健康的家庭关系、家庭智力生活的局限、家庭情感生活的匮乏、不完满的母亲教育等。因此，要让孩子喜欢上阅读，从阅读中体验到快乐，儿童首先要拥有幸福的家庭生活，只有这样，他们才能拥有从阅读中发现美的眼睛和感受美的心灵。一个整日生活在关系紧张的家庭中的儿童，生活带给他的只能是无尽的烦恼，是否阅读已经不是他首先要考虑的问题。可以说，没有健康、和睦、积极的家庭氛围，孩子就不会有健康的阅读习惯。

培育书香家风

正如一个国家需要有共同的价值观凝聚全体国民，一个企业需要有共同的使命为企业发展指明方向，一个家庭也应培育自己的家风。家庭是社会的细胞，家风是社会文化的遗传密码，家风的建设和传承深刻影响着年轻一代的成长和社会文化的延续。中华民族是一个热爱读书的民族，自古以来，耕读传家就是中国人的安身立命之本，"耕"不仅是谋生的手段，更体现了对社会的责任，"读"可以使人维持尊严，彰显价值。被誉为"家训之祖"的颜之推在《颜氏家训》中说："谚曰：'积财千万，不如薄技在身。'技之易习而可贵者，无过读书也。"被誉为"治家之经"的《治家格言》认为，读书不分资质，不论男女，凡人皆可以也应该读书："子孙虽愚，经书不可不读。"跨越明、清、民国三个时代的河南巩义康氏家族富甲一方，对子弟的文化素养要求甚高，在遗留下来的康百万庄园里有许多劝谏子弟读书的楹联，如"暗暗思量百计不如阴骘好，明明检点万般惟有读书高""处世无他莫若为善，传家有道还是读书""志欲光前惟是读书教子，心存裕后莫如勤俭持家""入户闻家声，礼乐诗书孝悌千秋岁；卷帘看春色，椿萱棠棣芝兰满庭芳"。康氏庄园建有私塾、青年馆、藏书楼等，专门用于对家族子弟进行文化教育，即使是女子，也从小请老师教她们读书识字，以培养秀外慧中的气质。晋商、徽商大都是亦商亦儒，家族中因读书而出人头地者比比皆是。许多商人在生意成功后往往

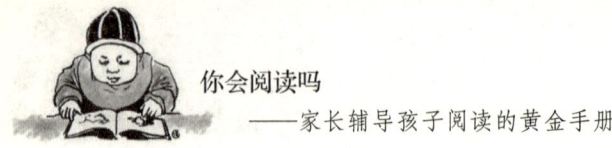

建学馆，倡文教，鼓励子弟多读书，如山西乔家大院的《家教家规》中就有"十年树林百年树人，抓好教育才有前程；要想发家尊师重教，要想致富教育先行"的条规；在《家塾》中也有"只要认真读好书，子孙才能有前途"的要求。"读"可以使人保持良好的素养，延续家庭文化血脉，提高家族对社会的适应能力和社会对家族的接纳度，这正是许多世家大族数百年不衰的法宝。

目前，国内大多数家庭都属于核心家庭，即由父母与子女构成，一般不存在古代那种数十人、上百人的大家庭，也不必制定专门的家训、家规。不过，小家庭有小家庭的优势，父母可以通过言传身教与子女共同建立良好的书香家庭文化。国外研究表明，当一个家庭将阅读融入家庭文化，体现在家庭价值之中，对儿童阅读能力的促进将是积极和明显的，"耕读传家"在今天的意义不亚于过去。一方面，大人应教育孩子积极参与社会劳动，用自己的双手为社会创造财富；另一方面，在日常生活中要形成热爱图书、尊重知识的风气。例如，当家庭生活与阅读发生矛盾时，家长的态度就反映了阅读在家庭中的位置。一个星期六的晚上，笔者看到一位奶奶与两个朋友准备出去吃饭，在大楼门口与孙子上演了一场"拉锯战"：奶奶扯着孩子往外走，孩子却拽着门框不肯出来，大声喊："我还要看书呢！"奶奶却说："回来再看。"家长对阅读的漠视会潜移默化地影响孩子对阅读的态度，造成家庭文化的"去图书化"和市井化。家长一定要树立起"阅读优先"的观念，特别是"儿童阅读优先"的观念，在安排家庭生活时，首先要满足家庭成员对阅读的需要。

营造家庭阅读氛围

环境在儿童的成长中发挥着特殊的作用。从生理发育的角度看，不同刺激水平的环境会影响儿童大脑的结构，进而影响孩子的心理和行为。美国加利福尼亚大学学者马克·罗森茨威格将刚出生的老鼠放在三个环境中：标准环境、丰富环境和贫乏环境，其中，丰富环境中的老鼠能接触到大量的刺激，如不同的玩具、各种"活动"等，结果发现，生活在丰富环境中的老鼠在大脑的多个指标上都表现出优势。从心理发育的角度看，儿童心理和行为具有较强的可塑性，建设性环境有助于儿童形成良好的心理素质和行为模式。孟母三迁的故事就反映了一位母亲为了给孩子寻找有益的成长环境而做出的努力。因此，家长要重视环境在促进儿童阅读成长

二 阅读引导

方面的作用,努力为孩子营造一个良好的家庭阅读氛围。舒华等人的研究结果表明,在构成家庭文化的四个维度中,家长本身的受教育程度对儿童阅读的影响较小,因而即使家长的受教育程度有限,家长也不必担心,只要能为孩子营造出一个良好的家庭读书氛围,孩子也能在阅读上获得长足进展。

第一,建立儿童图书专藏。

家庭中拥有丰富的藏书对于儿童的阅读成长和文化素养的提升具有潜在但却长远和显著的影响。从小生活在周围都是书的环境中,儿童会在不知不觉之中形成亲近书的习惯。童书出版公司学乐集团于2017年1月发布的双年研究报告《儿童与家庭阅读》(*Kids and Family Reading*)显示,那些阅读量大的孩子(每周阅读5~7本书)平均家中藏有141册儿童图书,那些阅读量小的孩子(每周阅读不足1本书)平均家中仅藏有65册图书。随着阅读量的增加,儿童的学业也会受益。根据浙江省教育厅2016年对全省8万余名中小学生的测试和调查,对于"家庭状况一般"的学生,家庭藏书量达到100册及以上的学生要比家庭藏书量在50册及以下的学生在阅读成绩上高出31.45个标准分,不仅如此,他们已基本达到甚至超过家庭状况良好的学生。美国内华达大学社会学家Maria D. R. Evans等人对全球27个国家、7.3万人的阅读及教育所做的调查显示,在排除父母受教育程度、职业与社会阶层等因素的影响后,家中藏书较多的孩子比家中无书的孩子平均在校时间多出三年;其中,中国的数据表明,家中拥有500本以上藏书的孩子比家中没有藏书的孩子平均多受6.6年的教育。即使由于各方面的原因,儿童的受教育出现了波折,但如果家中拥有的藏书量足够多,对儿童的文化素养也会起到一定的弥补作用。由澳大利亚国立大学(Australian National University)的Joanna Sikora博士领衔的一个研究项目对来自31个国家、16万名成人数据进行了分析,在多项发现中有一项发现备受关注,即只接受过中学教育的青少年,如果家中有充足的藏书,在个人文化素养方面最后会在成年时达到与家中没有多少藏书的大学毕业生相当的水平。

在我国,家庭中普遍存在藏书量不足、儿童图书有限的问题。据北京师范大学中国基础教育质量监测协同创新中心等机构联合发布的《全国家庭教育状况调查报告(2018)》显示,在我国,近50%的家庭藏书量不超过25本,家庭藏书量多于200本的不足15%(在被调查的两个年级

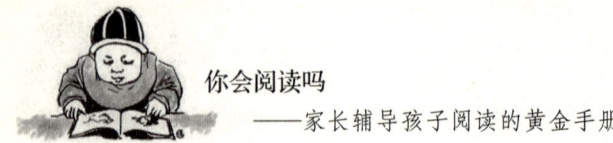

中,四年级为14.7%,八年级为11.1%)。另据相关数据统计,2014年国内少儿图书总印数为4.97亿册,3.67亿少年儿童人均不到1.4册,少儿期刊总印数为5.2亿册,人均只有1.4册。有限的家庭藏书影响了儿童的阅读,使他们对读书的渴求无法得到满足。在偏远地区,这一情况尤为严峻。家庭收入的不足,购书条件的限制,图书馆事业的不发达,都给这些地区的儿童接触图书制造了不小的障碍。在支教活动中,这一状况给许多支教者留下了深刻的印象。即使在经济和文化较为发达的城镇地区,一些家长也不愿意在购书上花费过多,因为他们觉得,既然图书馆里有书,何必还要购置?他们由于看不到家庭藏书与图书馆藏书所具备的互补性,以及家庭藏书所具有的图书馆无法提供的功能,而忽视了对家庭藏书的建设。

今天,由于家庭条件限制,我们已不可能建成如陆游那样在其中"迷路"两天的"书巢",但是为孩子设立一个独立的书架,或者在成人书架中辟出一部分空间,专门放置孩子的书,还是有可能的。"儿童专藏"的设置既反映了家长对儿童阅读的重视,也有利于儿童形成对阅读的向往和期待。苏霍姆林斯基就要求自己的学生都要建立"个人藏书架"。对于幼小的孩子,可以购置一些卡通型迷你书架(一般在网上就能找到,价格不贵,所占空间也不大)。最好选择那些能将书展开来放、一眼就看到封面的书架。如果儿童的图书较多,可以对图书进行组织,但不必拘泥于组织的逻辑性,只要孩子能理解,方便取阅即可。

第二,为儿童打造阅读空间。

家庭藏书的目的在于促进儿童阅读,这需要为孩子们打造一个舒适的阅读空间,"一个能让人专心而不被打扰的场所"(钱伯斯)。一位母亲曾忧心忡忡地求助于专家,说自己的孩子不喜欢阅读。专家经过了解发现,这位母亲的家中并没有给孩子准备专门的阅读空间:家里的电视机总是开着,冬天也没有温暖的地方看书,因为最温暖的地方就是电视机所在的地方,家里没有舒服的沙发可以蜷起脚来看书,因为唯一的沙发就在最温暖、明亮、有电视机的房间里。在这样的家庭环境中,很难让孩子们拿起书本。梁实秋在《书房》一文中说:"一个正常的良好的人家,每个孩子应该拥有一个书桌,主人应该拥有一间书房。"福建省晋江市晋江一中在学生中推广"家庭书屋",提倡每个家庭为学生准备"一张书桌,一个书架,一盏台灯,一批藏书",得到了家长的积极响应。在2017年全国两会

二 阅读引导

上,有政协委员提议在全国推广这一做法。条件好的家庭可以为孩子辟出独立的书房,条件不好的家庭可以将孩子的卧室与书房合二为一,或者在某个共用空间如阳台、窗边或墙角等设立读书阁,方便孩子在此安静读书。阅读空间所占面积虽说不大,但功用却不容小觑,如梁实秋所说:"书房不在大,亦不在设备佳,适合自己的需要便是,局促在几尺宽的走廊一角,只要放得下一张书桌,依然可以作为一个读书写作的工厂,大量出货。"可以给读书空间起一个响亮的名字,如鲁迅就给自己的书斋起过一个不同寻常的名字——"绿林书屋",其他如杜甫的"浣花草堂"、苏轼的"藤花馆"、陆游的"老学庵"、闻一多的"二月庐"等,都体现了读者的个性。尽量将读书空间布置得温馨、惬意。Morrow 曾对幼儿园儿童使用图书角的情况进行了研究,发现当图书角中放置了枕头、舒适的椅子、地毯,空间有隔区以示安静时,孩子们会更经常地使用图书角。

第三,使阅读成为家庭生活的一部分。

对阅读环境的构建不只是购买足够的书与设置优雅的阅读空间,更应该重视心理环境的营建,要使阅读成为家庭生活的一部分。复旦大学历史系教授、百家讲坛主讲人钱文忠先生说过:"读书对我们的生活有什么影响?假如说生活是一个地球,那么读书似乎就是可以用来撬动它的杠杆。不!我要说的是,读书乃是生活的一个重要组成部分。不读书的生活固然也不失为一种生活,但终究不是一种圆满的生活,终究只能是一种有缺憾的生活。"在家庭生活中,要将阅读放在同吃、穿、住、行同等重要的地位,使其成为生活的"必需品",就像祈祷之于信徒一样,每天都应安排一定的时间阅读,可以是大人与孩子共同阅读,也可以是大人与孩子独自阅读,使孩子认识到,如果哪一天没有阅读,这一天的生活是不完整的。

在一般人的心目中,节假日是出去玩的时间,逛公园、看电影、吃大餐等都是大多数人在节假日里会做的事情,如果将逛书店或者图书馆当作与逛公园、看电影、吃大餐等一样的假日节目,孩子们就会将阅读与乐趣联系起来。目前,许多城市设立了书吧,这些书吧集阅读与休闲于一体,可以在节假日带孩子们去书吧,即使他们不读书,但是在书吧的温馨环境中,孩子们耳濡目染地接触到很多图书,看到很多醉心于阅读的人,能逐渐培养起对读书的兴情。在节日或孩子生日,孩子们大都期待得到礼物,如果大人选择孩子感兴趣的图书送给他们,同样会向孩子传达信息:图书是有价值的,因为只有有价值的物品才配作礼物。根据英国读写能力信托

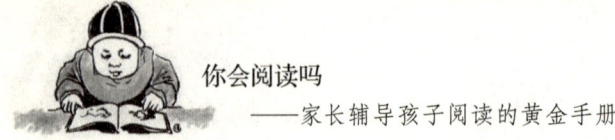

你会阅读吗
——家长辅导孩子阅读的黄金手册

基金（National Literacy Trust）于2015年对本国3万多名未成人的调查，每8名儿童中就有1名儿童未收到过图书礼品，这引起了一部分人的担忧，专家警告说，这种情况下可能发生小说《玛蒂尔达》（*Matilda*）中描绘的情景——孩子们会认为，大人不提倡在教室外读书。

家长还要为孩子们创造用书的机会。当一个人能够利用所掌握的知识解决现实问题，这些知识就会在他的脑海中留下深刻的印象，并且在应用中让他享受到快乐。例如，在外出旅游前，家长可以引导孩子阅读与目的地有关的书籍，提前了解当地的文化风俗和掌故逸事。如果在儿童阅读的书中出现了他们感兴趣的食物，还可以与孩子一起动手制作，虽然书中的信息未必对制作有用，但是将图书与生活联系起来的做法会使孩子对图书获得更深的体会。当然，并不是所有的图书都能解决实际问题，或能产生某种"实效"，在这种情况下家长要多留心，及时发现与阅读有关的话题，让孩子根据所读图书和自己的思考发表看法，或者在孩子主动与家长讨论某方面的话题时，有意识地引导孩子将思考与图书联系起来，如可以说："我想起之前读过的一个观点……"有条件的家庭还可以组织家庭读书会，家庭成员围绕阅读畅所欲言，达到相互启发和增进理解的目的。

家长要以身作则

美国儿童教育专家Radin认为，儿童早期在家庭中，个性和行为被塑造成某种稳固的模式，最主要的是观察周围人言行的结果，借助模仿建立自己的行为风格，其中，父母作为家庭中与孩子最为亲密的人，顺理成章地成为孩子模仿的对象。苏霍姆林斯基也说："人的全面发展取决于母亲和父亲在儿童面前是怎样的人，取决于儿童从父母的榜样中怎样认识人与人的关系和社会环境。"家长首先自己要成为一名读者，才能带动孩子阅读。Morrow的研究指出，如果父母喜欢阅读，孩子在闲暇时花在阅读上的时间也较多，如果父母对书籍不感兴趣，孩子也不常在闲暇时阅读。在国外，培养儿童阅读兴趣的三个最重要的办法之一就是让孩子们看到父母阅读。美国"阅读彩虹"电视节目创始人说，从他很小的时候起，他就发现母亲身边总有两三本待完成的书，这对他产生了很大的触动。童书出版公司学乐集团的双年研究报告《儿童与家庭阅读》显示，家长如果是高频读者，子女更有可能成为高频阅读儿童。例如，2006年来自美国的调查数据显示，53%的高频阅读父母的子女保持着定期阅读的习惯，而对

二　阅读引导

于低频次阅读父母,这一比例仅为15%;2010年来自美国的数据同样显示,51%的高频次阅读父母的子女也是高频次阅读者。

由于父母的阅读对孩子具有带动性,如果父母经常阅读,孩子也会有较高的阅读能力。据一些研究人员在加拿大安大略地区对四年级学生阅读能力的分析发现,如果父母喜欢阅读,孩子们的阅读能力比那些父母不喜欢阅读的孩子高出31个百分点。中国儿童少年基金会发布的《2017中国家庭亲子共读调研报告》显示,如果家长每天阅读的时间超过2小时,孩子的阅读时间也明显增加;相反,如果家长每天阅读不足半小时,仅有5%左右的孩子每天阅读时间超过1小时,而每天阅读不足半小时的孩子的比例高达69%。如果父母不阅读,他们就不能很好地指导孩子,因为他们对阅读了解不多,不清楚什么才是正确的阅读,在指导孩子时往往在他自己都忽略的细微处表现出对阅读的"无知"。有些父母对子女非常尽心,虽然白天累了一天,晚上还是会陪孩子读一会儿书,不过在读完之后就让孩子自己翻书,家长却蜷缩在沙发里玩手机、刷微信,这种做法不利于培养孩子的阅读习惯。正确的做法是,在孩子们翻书的时候,家长也拿起自己感兴趣的书,与孩子一道阅读。笔者发现,如果家里其他人都在阅读,即使孩子正玩在兴头上,也会停下来,主动从自己的书架中找本书翻一翻。父母在要求孩子阅读之前要反躬自省:我喜不喜欢阅读?如果答案是否定的,父母就要从改变自我做起,坚持每日读一段时间,久而久之,孩子就会以父母为榜样,踏上阅读之路。

3. 将亲子阅读进行到底

儿童从呱呱坠地到成长为一名合格的读者是一个漫长的过程,但儿童在获得一定的阅读能力之前,在家长的陪伴下就可以开启阅读之旅,即亲子阅读,它能让儿童提早享受到阅读的乐趣,为儿童的语言和心理发育及阅读成长奠定基础。

亲子阅读有何价值

与独立阅读不同,亲子阅读能使儿童提前接触阅读,它不是对儿童阅读的拔苗助长,而是具有多方面的价值。

第一,加快儿童语言和心理发育的进程。

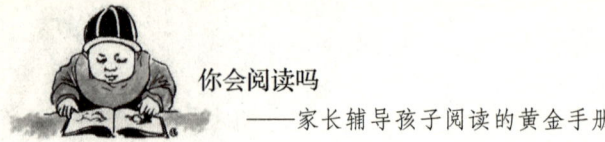

亲子阅读能加快儿童语言和心理的发育进程，为儿童的阅读生活奠定良好的基础。一方面，儿童的语言和心理能力构成了阅读能力的基础，借以对文本阅读发生影响；另一方面，阅读有助于儿童语言和心理能力的发育，如认知力、注意力、理解力、想象力、分析力等，这一点已得到学界公认。因此，儿童语言和心理能力发育与阅读成长之间是相互促进、相辅相成的。但是，我们不能对儿童的语言和心理能力发育采取听之任之的态度，待他们进入学校后从识字开始，再逐步接触阅读，这样的话，儿童的语言和心理发育与阅读成长都将处于缓慢推进的过程，而一旦错过了儿童身心发育和阅读成长的关键时期（即敏感期），将对儿童的生长和发育造成无可挽回的损失。因此，在儿童尚不能独立阅读或阅读的熟练程度有限的情况下，家长可以帮助他们克服阅读的障碍（如认字），使他们提前进入语言和心理发育与阅读成长的良性互动，加快身心成长的步伐，为未来的阅读奠定良好的语言和心理基础。一项来自哈佛大学的研究表明，美国中产家庭和低收入家庭的孩子在发展中产生的差异（33%），20%是由亲子阅读独立贡献的，即低收入家庭的父母如果能够有效地开展亲子阅读，可以弥补子女与中产家庭子女大部分的发展差异。这一研究充分说明了亲子阅读对儿童语言和心理发育的促进作用。

除亲子阅读外，还有其他能帮助儿童克服阅读障碍的方法，如听有声书、看动画片等。与这些方法相比，亲子阅读是否为最佳选择？虽然我们主观上觉得理当如此，但需要有研究数据的支持。学者 John Hutton 博士以 27 名 4 岁的儿童为研究对象，借助 MRI 成像技术，对他们在三种情况下的大脑变化进行了观测，即：仅听故事录音、一边看图一边听故事录音、仅观看动画片。研究显示，在仅听故事录音时，大脑中只有语言区域被激活，而且大脑不同部分的联系不多；在观看动画片时，听觉区域和视觉区域的活动较多，但跨区域的联系仍然不足；在一边看图一边听故事录音时，尽管语言区域的活动有所减弱，但大脑各区域内部和区域之间的联系明显增强。理解是大脑的一项综合功能，需要多个脑区的配合，如听到"花"的声音，通过联系记忆中"花"的影像得到理解。在仅听故事录音的情况下，只有语言区域被激活，说明儿童需要耗费较多的脑力处理接收到的语言信息，在某种程度上这是语言理解出现了困难的表征；在看动画片时，听觉和视觉活动较多，说明大脑必须加快"步伐"以跟上在短时间内接收到的大量信息，但联系不足说明理解仍然有限。只有在第三种情

二 阅读引导

况下,即一边看图一边听录音,儿童大脑中才会有较多联系,说明儿童在这种情况下的理解最佳,这一方式被 John Hutton 称为"刚合适"的听故事形式,它与亲子绘本阅读最为接近。不过,与亲子阅读不同的是,该实验采用的是录音,而不是来自家长的声音,显然后者的效果更佳,因为与冷冰冰的录音相比,与家长在一起能让孩子感受到温暖和幸福而更加喜爱阅读,而且家长可以根据儿童的特点采取最佳阅读策略。因此,在多种能帮助儿童克服阅读障碍的方法中,亲子阅读无疑是最优选择。

第二,提高儿童的阅读能力和阅读意愿。

钱伯斯说:"如果没有听过故事,我们将很难进入自行阅读的阶段。"有研究表明,如果父母每天给孩子阅读,孩子们在到达入学年龄时,他们的阅读能力要比同龄人高出 12 个月,即使每周只有三到五次的共读时间,孩子们的阅读能力也比那些较少共读的孩子多出至少 6 个月。这是因为,一方面如上文所说,随着亲子阅读的开展,儿童的语言和心理能力发展得到促进,而语言和心理能力构成了阅读能力的基础;另一方面,亲子阅读本身即是对儿童阅读能力的操练。阅读能力是一个外延非常广的概念,除掌握语文知识(认识字词等)外,还包括对阅读方法的掌握,对文本的情境再造能力,分析、判断和运用信息与知识的能力,等等,它需要儿童借助真实的文本进行大量练习。虽然儿童在学校中也学习各种阅读技能,但由于学校教学任务繁重,更多的练习有待儿童在课余完成,而亲子阅读则提供了训练儿童阅读的良好机会。在亲子阅读中,家长为孩子们示范必要的阅读技能,与他们一起在文本构筑的世界中畅游,让他们在潜移默化中接受阅读训练,提高阅读能力。

比提高阅读能力更为重要的是,亲子阅读可以提升儿童的阅读意愿,帮助他们走上热爱阅读的道路。据儿童出版公司学乐集团印度公司对印度 1700 多个家庭的调查显示,在预测 6 ~ 17 岁的儿童中是否属于高频次读者一项中,最重要的预测因素为父母是否每周为他们阅读 5 ~ 7 次。父母为孩子读得越多,越有可能让孩子喜欢上阅读。俗话讲:"授人以鱼不如授人以渔",但笔者认为,授人以渔没有授人以"欲"重要,因为只要拥有"欲",一个人自然会努力提高自己"渔"的能力,最终获得更多的"鱼"。知识没有能力重要,但能力没有读书的愿望重要。儿童在懵懵懂懂的童年生活中对世界充满好奇,图书是满足他们好奇心的一个重要媒介,特别是那些图文并茂的故事书,对孩子具有近乎无法抵御的诱惑力。

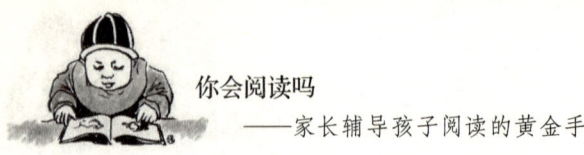

然而，阅读不同于品尝食物，后者通过简单尝试即可确定是否喜欢，阅读是有门槛的，直接将书交到孩子们手中而不做引导，很难让他们发现图书的妙处。因此，在他们尚不具备阅读能力之前，由家长引领他们进入图书的世界，协助他们"品尝"到图书的"甜美"，是激发他们的阅读兴趣，帮助他们爱上阅读的必由之路。

第三，有助于促进亲子感情。

亲子阅读能让儿童感受到与父母在一起的温馨。日本绘本作家松居直在一次演讲中提到，一位德国母亲经常给自己5岁的孩子读书、讲故事，有一次电视节目中播放讲故事节目，一位非常专业的阿姨给孩子们讲故事，虽然那个5岁的小女孩一开始很感兴趣，但是没过多久就失去了兴趣，而是要求妈妈给她讲故事，她妈妈说："电视上的阿姨不是讲得挺好、挺有意思的吗？"但孩子却说："可是电视上的阿姨不能抱着我。"这验证了儿童阅读推广人杨政所说的："小孩子一开始爱上阅读未必是爱上某本书，而是爱上和爸爸妈妈在一起的感觉。"亲子阅读作为父母与孩子之间的一种共同生活，能够使家庭成员从由电视、手机等造成的疏离中解脱出来，共度一段温馨时光。孩子们不仅能体验到与父母在一起的温暖，享受到图书带给自己的愉悦，更能感受到来自父母的关注，这不仅对孩子的成长不可或缺，也是成人持续社会化的一部分。

亲子阅读还有助于加强父母与孩子之间的沟通。自儿童降生之日起，代沟就开始存在。在青少年时期，代沟效应明显放大，亲子间的矛盾突然增多，父母与孩子的交流出现了巨大障碍。尽管亲子间的交流障碍不可避免，但如果父母能够从儿童很小的时候就与其开展有效的沟通，将有助于减缓未来的亲子障碍。亲子阅读为家长和儿童提供了一个良好的沟通机会。一方面，它能为亲子对话带来丰富的话题，但凡孩子的学习、生活涉及的话题及孩子感兴趣的内容，都可以找到相关图书，成为家长与孩子讨论的起点；另一方面，由于作者在成书过程中对有关主题进行了深入思考，因此与聊天相比，围绕图书的沟通能实现亲子间更为深入和全面的互动。

亲子阅读应从零岁开始

心理学家德卡斯伯（DeCasper）和斯潘斯（Spence）曾做过一个实验——"帽子里的猫"。该实验选择离产期有6周的孕妇为研究对象，要

二 阅读引导

求每位母亲在怀孕期间为胎儿朗读一本指定的儿童书籍（其中一本为苏斯博士的《帽子里的猫》，故本研究又被命名为"帽子里的猫"），婴儿出生后两天的测试表明，婴儿以更用力吮吸奶嘴回应他们在胎儿期间听到过的故事，甚至朗读声音来自陌生人也是如此，婴儿显然记住了他们在胎儿时期听过的故事。在另一项研究中，研究人员给1岁左右的孩子看许多画面，包括正常的和不可能发生的现象，孩子们每次看到按照常理不可能发生的画面时，他们的目光就会停留比较久，说明1岁左右的儿童就具备了基本的逻辑判断力。这些结论表明，儿童很早就具备了语言辨识能力和思考能力，这为他们自小接触阅读奠定了基础。

1992年，英国伯明翰大学的B. Wade教授和M. Moore博士对婴儿阅读进行了实验研究，以科学数据证明了"婴幼儿很早就具有阅读能力"的观点，这一成果成为风靡全球的"阅读起跑线"的起源和理论支撑。2017年，来自纽约大学的研究人员公布了一项跟踪研究成果，研究人员从一家公共医院新生儿护理中心选取了250名婴儿，从这些婴儿6个月大一直跟踪到4岁半（54个月），主要考察儿童在家庭中的阅读接触率与文化素养发展之间的关系。研究表明，婴儿时期的亲子阅读与4年之后的儿童语言和阅读技能发育有较强的正相关。因此，在孩子很早即0岁之时家长就可以与他们一起阅读，虽然婴幼儿由于语言表达等方面的原因，大人无从知道他们对故事的理解程度，但听过的故事将深入他们幼小的心灵，在潜移默化中成为他们成长的一部分。据学乐集团的双年研究报告《儿童与家庭阅读》显示，三成左右的美国、英国与澳大利亚的家长在孩子3个月前就为他们大声朗读，在孩子未满1岁前给孩子大声朗读的美国和英国家长比例为70%，澳大利亚家长比例为60%。但据资料显示，在我国，儿童要到2～3岁才开始阅读，这影响了我国儿童在阅读能力上的提高，延缓了儿童借由阅读所获得的身心发育优势。

案例：阅读起跑线（Bookstart）[①]

"阅读起跑线"最早于1992年由英国图书信托基金会（BookTrust）、伯明翰图书馆服务部（Birmingham Library Service）和基层医护服务信托基金会（Primary Care Trust）联合发起。该项目的

---

① 本案例从互联网上搜集整理而来。

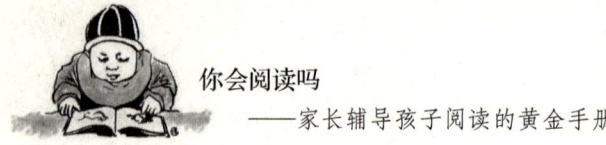

主要服务对象为学龄前儿童,特别是 0～12 个月与 3～4 岁的儿童,因为这两个年龄段被认为是学前儿童发育的两个关键年龄期。活动内容主要是为不同年龄的儿童发放免费读书包(针对 0～12 个月的"阅读起跑线"婴儿包、针对 3～4 岁的"阅读起跑线"高级包及针对特殊儿童的阅读包如以视障儿童为对象的触摸包等)和组织一系列的亲子阅读活动,使阅读深入儿童内心。以婴儿包为例,一般包括两本硬皮图画书、一本童谣书、一本介绍如何与儿童分享故事的小册子。目前,"阅读起跑线"已经成为全球项目,除英国外,美国、日本、韩国、泰国、澳大利亚、智利、意大利、墨西哥、波兰、南非、印度与中国等均已加入其中。

亲子阅读不是母子共读

尽管亲子阅读的"亲"既可以指"母亲",也可以指"父亲",但在现实中,"亲子阅读"通常是"母子阅读"的代名词。据英国图书信托基金会(BookTrust)的调查,母亲要比父亲在亲子阅读上花的时间更多:对于零岁以下的孩子,42% 的妈妈每天给孩子们读书,只有 29% 的父亲这样做;对于 3 岁的孩子,71% 的妈妈每天给他们读书,父亲中只有 62% 的这样做;在孩子达到 5 岁的时候,两者的比例分别达到 75% 与 60%。德国促进阅读基金会的一项调查表明,只有 8% 的受访儿童称,他们的父亲会定期给他们阅读。虽然国内缺乏类似的统计数据,但从对图书馆儿童阅读场所的观察不难看出,大部分孩子都是由妈妈陪着前来图书馆的,在举办的各种亲子阅读活动中,多数参与者也是母亲与孩子,即使有父母一起参与的,在活动中父亲也多会在旁边玩手机,很少与孩子一起参加活动。在传统观念中,丈夫外出赚钱,妻子在家相夫教子,与孩子阅读会被当作"家务"而交由女方承担,导致亲子阅读中父亲的缺位。

父亲角色的缺位会导致亲子阅读的"不完整"。澳大利亚 Murdoch 儿童研究机构选择了 405 名儿童进行相关研究:在孩子两岁时给他们提供图书,鼓励父母与儿童一起阅读,在孩子 4 岁时对他们进行文化素养和语言能力测试,结果发现,如果父亲参与到亲子共读中,儿童的测试成绩会更好,其研究结果与父母的受教育程度和母亲的阅读技巧无关。2005 年,英国读写素养信托组织的一项调查也表明,如果爸爸参与到男孩的学习

二 阅读引导

中,孩子就会进步很快。这些研究表明,在亲子阅读中,父亲并不是可有可无的角色,而是能切切实实地发挥作用。一方面,良好的家庭阅读氛围需要父母双方去营造,任何一方的缺位都会影响家庭阅读氛围的形成,甚至使儿童对阅读产生错误的认识——阅读是女孩子的事情,男孩子是不需要阅读的;另一方面,男性与女性在思维方式上存在着天然的差异,果断、勇敢、豁达、大气、有担当、敢于挑战自我、思维的逻辑性等品质更容易从父亲身上获得,在与儿童分享图书的过程中,爸爸能带给孩子不同于母子阅读的体验。尽管父母在阅读上的差异无孰优孰劣之分,却都是孩子的阅读发展和身心成长不可或缺的,任何一方的缺位都会导致亲子阅读的"不完整"。

因此,家长应该意识到,亲子阅读是父母双方的责任,任何一方将责任推给另一方都是不应该的。特别是父亲,应改变对亲子阅读的传统观念,积极与母亲配合,共同为孩子营造良好的书香家庭氛围。中国国家图书馆少儿馆馆长王志庚在一次讲座中明确指出,"爸爸的家庭阅读参与很重要"。在国外,为了促进父亲与孩子共读,一些机构先后开展了一系列工作。例如,德国阅读促进基金会针对0～12岁的儿童开展了"爸爸读书给我听"的阅读推广活动,主要面向职业父亲,并建设了网站,为父亲提供免费资料;美国读写素养基金会开展了阅读推广项目"爸爸和男孩——银河阅读项目",由志愿者提供上门服务,鼓励那些不喜欢阅读的男生和他们的爸爸一起阅读。父亲不应以工作忙、没时间为借口,而应该充分认识到,陪孩子读书也是自己应尽的家庭责任之一,每天都要为孩子留出一部分时间。如果父亲确实因为工作原因不能长期陪伴孩子,那就"在极少时间内用最高的质量陪伴孩子"(陶小艾,《让孩子爱上阅读的幸福密码》);或者改换陪伴方式,如在父亲没有外出的情况下由父亲陪孩子阅读,而在父亲外出时则交由母亲陪孩子阅读,或父亲将读故事的声音录下来,这样孩子就可以随时听到父亲给自己读的故事了,"相信这一切,孩子都会铭记于心。"(陶小艾,《让孩子爱上阅读的幸福密码》)。

亲子阅读贵在坚持

近年来,亲子阅读受到各界重视,一系列全国或区域性调查表明,亲子阅读率、阅读时长与数年前相比均有显著增长。尽管数据喜人,但是提升的空间也很大。根据《第十五次全国国民阅读调查报告》,在拥有0～

你会阅读吗
——家长辅导孩子阅读的黄金手册

8周岁儿童的家庭中,71.3%的家庭有陪孩子阅读的习惯,但这一数据也表明,仍有近30%的家庭没有陪孩子读书的习惯,约40%的家庭每天亲子阅读时长少于20分钟。据中国儿童少年基金会发布的《2017中国家庭亲子共读调研报告》[调查对象为0～12岁的孩子,数据来自31个省(区、市),调查样本近万份],大多数家庭有意愿在亲子共读上投入时间和精力,但是行为跟不上意识,有40.3%的家长了解亲子共读,但很少和孩子一起阅读,近一半(47.1%)的孩子每天阅读时长不足半小时,阅读时长超过一小时的孩子仅为12.8%。2015年,由当当网与艾索儿童研究咨询机构联合发布的《2015中国亲子阅读报告》显示,尽管90%的家长认为陪伴孩子阅读很重要,但只有37.3%的家长认为一定要陪孩子阅读,8.1%的家长几乎没有陪孩子读书的习惯,另有31.2%的家长只是偶尔陪孩子读过几次书,总体上有超过四成的家长基本不陪孩子阅读。另据美国哈佛大学教育学院终身教授凯瑟琳·斯诺、教育学院博士后研究员陈思领衔的研究团队对深圳1044个平均月收入超过3万元、孩子年龄位于0～3岁的中产家庭的调查显示,平均每个家庭拥有近60本图书,基本上达到专家推荐的图书量,但是每天能与孩子共读的家长仅占9%,一周读2～6次的家庭也只有8%,孩子每天看电视的时间却达到1.62小时。尽管上述不同来源的数据之间存在着差异,但均指向一个基本的事实:在国内,仍有相当部分儿童未能从亲子阅读中获益。

在国际阅读能力测评(PIRLS)排名中不是很理想的英国亦存在类似问题。2018年,英国图书出版公司艾格蒙特(Egmont)与尼尔森图书研究所(Nielsen Book Research)联合发布调查报告《理解儿童图书消费者》(Understanding the Children's Book Consumer),报告显示,在过去的5年中,与父母一起阅读的学前儿童的比例从69%下降到了51%。这一比例远低于同以英语为母语的美国。据美国教育部统计,仅在2012年,83%的3～5岁的儿童每个星期都可以得到3次以上与家庭成员共读的机会。另据英国图书信托基金会(BookTrust)于2017年对2000多名家长的调查,差不多一半的父母承认,在与儿童分享图书的过程中,他们或者频繁忽略一些页面,在故事结束前结束分享,或者在孩子要求读第二本书时予以拒绝。在与儿童分享图书的过程中忽略页面的家长中,一半的家长认为是由于太累。调查还发现,超过一半的父母只是将亲子阅读放在睡前,作为某种"职责"履行,而在白天基本上不给孩子读书。

二 阅读引导

上述调查表明,尽管家长们普遍认为,与孩子进行亲子阅读非常重要,但是许多家长只是偶尔为之,不能一以贯之地坚持下去。事实上,亲子阅读并不是一件很难做到的事情,不需要家长掌握多么复杂的技巧,只要陪孩子读读书、聊聊天,孩子们就会很开心,但关键在于坚持,偶尔与孩子读几本书或给孩子讲几个故事,并不能起到亲子阅读的效果。很多父母都感到困惑,自己满心期待地给孩子读绘本,但孩子就是不感兴趣。孩子对亲子阅读不领情有多方面的原因,但一个重要原因就是父母与孩子在一起阅读的时间不够长,如果父母能坚持与孩子在每天的固定时间里分享图书,过不了多久,就会看到喜人的变化。

在上述调查中,有相当一部分家长抱怨说自己没精力、没时间陪孩子读书。确实,家长们在忙碌了一天后已经身心疲惫,但仍然要对一个自己未必喜欢的故事表现出"喜爱"之情(尽管许多人认为,亲子阅读的图书最好是大人与孩子都喜欢的,但并不是总能找到这样的书,多数情况下家长需要迁就孩子的兴趣),并且这个故事很可能已经讲了多遍,因此很多家长对亲子阅读都有压力,使不少家长总是找理由推脱,或希望阅读尽快结束。然而,身为家长的我们必须意识到,"孩子优先"是我们考虑一切问题的出发点,不管是否愿意,家长都要硬着头皮"顶"上去,要将亲子阅读当成每天对孩子应尽的义务。阿甲说,"有时候,我们是否有时间做某件事,和我们对生活的理解、对这件事的理解有关"。"一册图画书,5～10分钟就能读完。所以最关键的是父母是否有给孩子读书的愿望"(阿甲、徐凡、唐洪《中国父母最该知道的儿童阅读100个关键问题》)。西方学者普遍建议每天亲子阅读的时长不少于15分钟。一天24小时,1个小时是4个15分钟,因此15分钟仅是一天的1/96,如果一天连1/96的时间都抽不出来,家长们就该反省一下,自己是不是不该生孩子?如果能找到时间刷手机、看电视、逛大街,我们就不该抱怨说没有时间陪孩子读书。

不要太早结束亲子阅读

与亲子阅读不能坚持下去相对应的问题是,亲子阅读还存在过早结束的现象。学者 Margaret Kristin Merga 曾对澳大利亚24所学校中参加了2016年西澳大利亚儿童图书阅读研究项目的997名4～6年级的学生进行调查,发现差不多3/4的学生家长都不再给他们读书。另一项同样来自

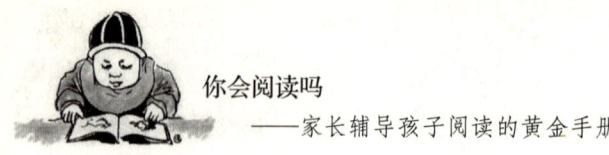

澳大利亚的研究由儿童图书公司学乐集团澳大利亚公司完成,其报告《澳大利亚儿童与家庭阅读报告》(*Kids and Family Reading Report-Australia*)显示,在0～5岁的儿童中,57%的儿童每周都有5～7天的时间得到父母给他们读书的机会,而在6～8岁,这一比例下降至41%,到9～11岁则跌至10%。北京师范大学中国基础教育质量监测协同创新中心等机构联合发布的《全国家庭教育状况调查报告(2018)》显示,"家长从不或几乎不和我一起读一本书"的比例,四年级为33.5%,八年级上升为65.4%;"家长从不或几乎不和我谈论正在读的书"的比例,四年级为25.6%,八年级上升为49.4%;"家长从不或几乎不和我一起去书摊、书店或图书馆"的比例,四年级为26.0%,八年级则上升为44.5%。从父母的角度讲,之所以开展亲子阅读,主要是因为儿童不识字,无法阅读,而一旦孩子升至小学高段、中学,阅读的语文障碍基本消除,阅读就可以交由孩子们自己完成了。从儿童的角度看,部分较大的孩子觉得,听父母读书是小孩子的事情,他们已经长大了,再像婴幼儿那样听父母读故事就显得有些幼稚,所以他们会主动要求父母停止阅读。

许多学者建议,要将亲子阅读延至小学结束甚至中学。钱伯斯认为:"一般人总认为只有年幼的孩子才需要大人为他们读故事,这个观念是不对的。从学习到建立阅读习惯的整个过程,可以算一个长期计划,我们实在太小看这个学习阶段所需要的时间了。因此,读故事这个活动,对于所有在学习阶段的孩子们来说,都有它存在的价值与需要。"美国国家阅读委员会认为,朗读是"孩子小学毕业之前都应该保持的一种习惯"。关于推迟结束亲子阅读,最著名的莫过于吉姆的论述,他建议将亲子阅读坚持到孩子初中毕业,为此,吉姆提出了"听力水平"的概念,指孩子在听他人阅读时所能达到的理解水平。根据吉姆的观点,在八年级之前,儿童的听力水平高于独立阅读水平,换句话说,家长可以选择七年级的图书读给五年级的孩子听,对于书中的情节、描述等,孩子们的理解情况要好于自己阅读。

过早结束亲子阅读,会使儿童借助亲子阅读快速发育的语言能力、心理能力、阅读能力等出现中断。如前所述,亲子阅读能加快儿童的语言能力、心理能力和阅读能力的发展,如果儿童自小就有与家长分享阅读的习惯,在儿童进入小学高段或中学之后,家长突然中断亲子阅读会导致儿童相关能力的成长出现停滞甚至倒退。由于阅读能力不足,儿童只能选择低

二 阅读引导

于自己实际所能理解的图书阅读，这会导致两种情况的发生：一是儿童会感到读书没有意思而放弃阅读，成为阅读下滑的受害者；二是儿童可能会把能带来即时快感的图书作为阅读首选。在这种情况下，儿童会以独自摸索的方式缓慢成长，很长时间后才能从亲子阅读中断的地方接续下去，但是被耽搁的时间是找不回来的，而在这一过程中他们会失去很多，其中就包括对阅读的兴趣。

亲子阅读还是家长陪伴孩子平稳度过青春期的良好方式。在上述学乐集团对澳大利亚儿童的调查中，6～11岁、父母已经停止给他们阅读的儿童中，有36%的希望父母能够继续陪伴他们读书。显然，这些孩子不是看重亲子阅读能带给他们知识，而是希望父母多一些时间陪陪自己，对他们来讲，不是所读的内容，而是父母的声音、与父母在一起的感受才是最重要的。青春期是一个断乳期，是儿童向成人过渡的关键时期，也是感情剧烈起伏的阶段，他们经常有一种强烈的孤独感，需要得到成人的陪伴。如果他们的感情需要得不到满足，他们就可能滑向问题少年的深渊，甚至走上违法犯罪的道路。在共同阅读的过程中，家长以一名师长、朋友的身份与他们携手走过人生的这一艰难时期，使他们正常的心理诉求得到满足，奠定他们未来成长的身心基础。同时，在孩子青春期，成人生活中的一系列问题，特别是负面事件和情感会逐步进入他们的视野，并给他们造成极大的困惑。在亲子阅读中，家长与儿童共同面对这些困惑，并给他们以指导，使他们尽快建立自己对社会和人生的认识和态度，而不必等到亲自经历后才获得，这是他们接受生活教育的最安全的方式。

总之，亲子阅读不宜太早结束，家长至少要将其延续到孩子初中毕业。当然，随着孩子年龄的增加，他们的阅读能力逐步提高，对独立性有一定的要求，家长需要从观念与行为上对亲子阅读做出调适，以适应变化了的亲子关系。在观念上，家长要从给孩子阅读变成与孩子一起阅读；在角色扮演上，从引导者向共读者转化，从师长向朋友转变；在行为上，家长要根据儿童的能力、个性发展等特点对共读频率、共读方式做出调整。例如，当孩子不喜欢大人读给他听时，大人可以适当减少共读的量，或不再追求某种仪式存在，而是变成一种不定期行为，如找到一本大家都感兴趣的书时，家长邀请孩子一起分享。为了改变部分儿童认为亲子阅读只是给小孩子读书的观念，家庭成员之间也可以相互分享，如爸爸读给妈妈听，或妈妈读给爸爸听，使孩子认识到，听别人读书并不只是小孩子的事

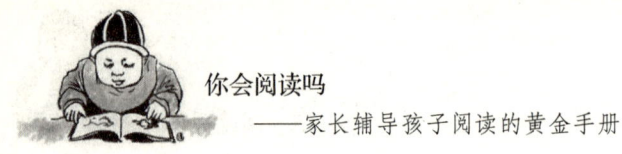

情。另外,随着儿童独立性的增强,他们迫切需要自己的"空间",阅读亦不例外。为此,在亲子共读之外,家长也要给孩子的独立阅读留出空间,允许他们独自在书的世界探索。

4. 激发儿童的阅读兴趣

　　随着社会各界对阅读越来越重视,丰富多彩的读书会和读书活动在各地如火如荼地开展起来,这些活动大多以绘本为载体,组织者在其中倾注了大量心血,通过多种元素,甚至多媒体和情景剧等演绎故事。阅读推广者对儿童阅读事业的热爱值得充分肯定,但是在这些阅读活动中孩子获得的乐趣主要来自成人对阅读过程的"趣化",未必是绘本故事内容带给他们的。儿童终将独自面对阅读,不可能永远依赖成人对阅读过程的"趣化",阅读中的困难将无可避免地出现在他们面前,等待他们去克服。在谈到阅读的时候,英国艺术批评家约翰·罗斯金(John Ruskin)有个形象的比喻。他说,在阅读之前读者首先要问一下自己愿不愿意像澳大利亚矿工一样工作?丁字镐和铲子是不是完好?身体行不行?袖口卷上去没有?呼吸正常吗?脾气好不好?"在你能聚集一小颗金属之前,你常常需要最锐利的、精细的镂凿和最耐心的熔解"。随着儿童年龄的增长,他们需要重新认识阅读,重新发掘阅读中的乐趣,否则,他们很难跨过阅读下滑这道门槛。

　　阅读是快乐的,这取决于读者如何从阅读中发现乐趣。如果儿童仅从阅读过程中体验快感,如阅读内容刺激、情节离奇或荒诞不经的图书,即有人所称的"过度娱乐化阅读",这类阅读乐趣就属于浅层次乐趣,"这些书也许是无害的,但却并不能提升他们的精神和灵魂。简单而轻松的快乐取代了一切具有深度的感受和思考。这种阅读的过程是片刻的、短暂的,没有阅读的延伸与扩大。这些书给予的,会在那个阅读者正在阅读的那段时间里全部结束,书合上之后,就像火熄灭掉一般,什么也没有了"(曹文轩)。真正的阅读乐趣来自对阅读价值的追求,"深阅读的愉悦来自于思索、品味与琢磨之后的刹那辉煌"(曹文轩),它是内容和读者的深层互动。任何领域的知识在走过初级阶段的"有趣"后,都会向读者展现自己近乎"狰狞"的一面。学者郭英剑就说过,历史上大多数经典都不会令人感到愉悦,阅读过程充满艰辛,而只有对深层阅读乐趣拥有强烈

二　阅读引导

的追求，人们才能勇于直面阅读中的困难，"在大多数情况下，这种间接的阅读兴趣还是形成坚持阅读的意志，从而克服阅读中的重重困难，帮助理解和记忆，获得满意阅读效果的一个很重要的内因条件"（徐雁、钱军《中华读书之旅·三星卷》）。虽然笔者并不反对娱乐化阅读，认为只要图书中没有有损儿童身心健康的内容，适度的娱乐化阅读可以起到放松身心的作用，但儿童不应止步于娱乐化阅读，应学会从阅读中获得真正持久的、能给自己带来一生感动的乐趣，这也是笔者撰写此书的主要目的。

如何使儿童从阅读中获得真正的乐趣，并且不被阅读中的困难所吓倒？这需要为他们的阅读寻找到一个明确的"目标"，一个能将阅读与兴趣结合起来的"点"，这个"点"就是他们所感兴趣的对象。在笔者主持的一次阅读培训中，一位中学生向笔者提出自身的阅读困惑——在图书馆里面对成千上万的图书时不知从何入手——她希望主持人提供一些有用的建议。主持人反问这位女孩，在不考虑阅读的情况下她对什么感兴趣？这位女孩列举了令她感兴趣的几项内容，其中就包括昆虫。于是主持人给这位女孩推荐了法布尔的《昆虫记》、达尔文的《物种起源》等著作，并建议她读一读生物学家的传记。只有从儿童感兴趣的对象出发，引导他们阅读相关的图书，才可能激发他们对阅读的爱好。英超俱乐部的"阅读之星"项目表明，许多本来不喜欢阅读的儿童对与足球有关的图书非常感兴趣，以此为起点，他们逐渐喜欢上了阅读。

对于与儿童朝夕相处的家长来讲，发现孩子的兴趣并不是一件难事。有阅读推广者要求孩子清空自己的口袋，其中可能有玩具、徽章、蜡烛等小物件，这些小物件往往能告诉大人孩子对什么感兴趣。有的阅读推广者会主动询问孩子一些问题，如他们希望将来做什么工作，或希望父母做什么工作，或自己最喜欢什么电视节目，从中也能了解到孩子的兴趣。在美国的一些学校里，老师们每学期开始都会让学生们说出自己感兴趣的问题，然后大家对这些问题投票，选出最受关注的问题，之后这一学期的阅读就围绕这些问题展开。家长要多留意孩子在言谈举止中表现出来的喜好，并做好搜集和积累工作，围绕他们的喜好引导他们阅读。

兴趣并不是凭空产生的，而是有其发生和发展的来源。2017年三八妇女节期间，《今日头条》根据该频道的基础数据推出了一份女性阅读报告，报告除了列举大数据统计结果外，还分析了影响阅读的因素，数据显示，"性格"占据靠前的位置，其他如收入、职业等同样影响女性的阅读

选择,这些因素都与阅历有关。在图书馆服务中我们发现,"职业阅读"与"兴趣阅读"有时存在交叉,如某些人已经退休,但在遇到与自己的职业有关的书报时仍然会予以关注,这也与阅历有关。儿童阅读遵循同样的规律,性格、年龄、经历、成长和教育环境、家庭背景乃至父母的工作等都会对他们的阅读兴趣产生影响,正如朱光潜所说:"通常所谓'兴趣'就是心中已有的知识萌芽遇到相关的知识而要去吸收它……那一方面的事物在我们的心里有至亲好友,进来时特别受欢迎,它们走的路(神经径)也是我走过的路,抵抗力较低。"绘本《爷爷一定有办法》讲述了爷爷将一块旧毯子做成了衣服,又将衣服做成了纽扣等一系列过程。对于中国农村的很多儿童来讲,这样的故事非常能打动他们的心,因为在农村,很多孩子的父母常年外出打工,爷爷和奶奶是陪伴他们一起生活的主要人员,爷爷一般不负责供养家庭,但是会给孩子做玩具,陪伴他们。对于与自己的年龄相仿的人或事,如成长类故事,孩子们即使不是特别喜欢,至少也会接受(阿甲)。有时阅读兴趣具有清晰的发生来源,有时来源比较模糊,可能由某个被遗忘的事件触发,也可能是对生活中某种缺憾的补偿,甚至可能与无法言说的生理或心理诉求有关。我们在分析儿童阅读兴趣时,需要全面考虑孩子的身心特点和生长发育经历,避免将阅读兴趣抽象化。

一些家长可能会担心,对于儿童感兴趣的主题,孩子在阅读了一定数量的书后,会不会面临下一步不知道读什么书的情况?其实这种担心是多余的,因为兴趣存在着近乎无限的可扩展性。一方面,对于同一个主题,可以从不同学科、不同角度选择图书。以昆虫为例,除了科普读物外,还可以从语言、文学、法律、艺术、哲学等角度选择图书,如由美国作家李·戈夫(Lee Goff)撰写的《案发现场的苍蝇:昆虫证据怎样帮助犯罪的调查》就是从法律角度探讨昆虫与案件侦破关系的图书。童书出版人三川玲的女儿很喜欢猫,只阅读与猫有关的图书,但她根据这个主题,像滚雪球一样把天文、地理、动物习性、文学、幽暗的人性、哲学等主题几乎都读遍了。另一方面,人的兴趣具有"乘数效应",即一种兴趣的满足会引发更多兴趣,如斋藤孝所说"阅读会产生连锁反应",读完一本书后读者会产生读下一本书的渴望。一位获得某地"阅读之星"称号的青少年在谈及个人阅读缘起时说,一次偶然的机会他从书中学到了烹饪方法,成功协助母亲改善了饭菜口味,自此以后一发而不可收,他以烹饪类图书

二 阅读引导

为阅读的起点不断扩展阅读主题,诸如饮食文化、民俗风情、社会地理等都进入他的阅读视野,"读过的书越多,应该读的书也会随之呈现等比级数的增长"(斋藤孝《深阅读——信息爆炸时代我们如何读书》)。美国马萨诸塞州的《共同州立核心标准》以"水"为主题进行了阅读案例分析,共推荐了21本书,构成了一个阅读兴趣的"进阶线路图":首先,从水带给人们的美感开始,引导孩子们探索水的特性、与水有关的资源;其次,引入与水有关的故事、水造成的灾难;最后,由水延伸至热带雨林,并引入相关联的主题,如热带动物,每一步都有若干好书推荐。

在引导儿童围绕兴趣开展阅读时,大人还要注意以下几点。第一,及时满足孩子的兴趣。孩子找到了兴趣点,大人要在孩子有较高热情的时候就予以满足,如苏霍姆林斯基所说:"只要一个少年刚刚发现他最喜爱的学科,就必须注意满足学生的求知欲和探索精神。"这样容易激发孩子的阅读欲,否则错过了热情期,孩子的兴趣减弱时,再引导他们阅读,效果未必理想。第二,对阅读效果要及时反馈。苏霍姆林斯基说,"非常重要的是,要让儿童始终能看到自己的进步。不要让任何一天使学生花费了力气而看不到成果","一个人想在某个好的方面表现自己的愿望越深刻、越诚挚,他在内心对自我纪律的要求就越高,他对自己身上不好的东西就越加不肯妥协"。要给孩子表现的机会,及时肯定他们的成就,满足他们在阅读上的获得感,因为任何孩子都希望看到自己的成就,期望得到大人的肯定。第三,营造阅读的"稀缺感"。家长可以刻意营造某种阅读的"稀缺感",通过"距离"引发孩子的好奇心和探究欲,即阿甲所说的让孩子在阅读时"饿一饿"。一位家长一次在与儿子分享绘本时,在关键情节处打住,然后说"妈妈要上洗手间,你等等……"但是当她回来时,儿子已经把剩余的篇幅翻完了。居里夫人从小就表现出了天资聪颖和对阅读的喜爱,但身为教育者的父母却在孩子达到读书年龄之前有意使孩子与图书保持一段距离,这引发了居里夫人对阅读的强烈渴望。这种看似对阅读的不经心却体现了家长的引导智慧。

还有一种情况,即儿童对图书有抵触情绪,孩子发自内心不喜欢阅读。面对这种情况,首先,家长要排除儿童是否有器质性问题,如有研究显示,儿童阅读能力低下,对阅读不感兴趣,可能与双目视觉有关,尽管视力测试结果正常。其次,家长要从自身或孩子的成长环境寻找原因。孩子对阅读有抵触,通常是家长自己对阅读持有不正确的态度,或阅读引导

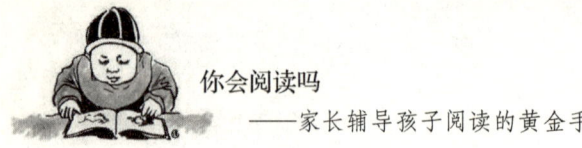

你会阅读吗
——家长辅导孩子阅读的黄金手册

方式不合适，或孩子受到过刺激，产生了心理阴影。家长切不可急于求成，而应按照孩子的接受情况一步步引导。先从引导孩子阅读轻松的读物做起，如漫画书，让他们从阅读的过程中获得乐趣，再逐步进入对图书深层乐趣的追求。对故事的喜好是人类的天性，特别是年幼的孩子，"天下可能有不爱读书的孩子，但却没有不爱听故事的孩子"（阿甲）。如果儿童不喜欢阅读，可以从讲故事开始，逐步过渡到对故事书的阅读。不论孩子是否喜欢阅读，孩子都会对娱乐感兴趣，将阅读融于娱乐之中，让他们在不知不觉中接触阅读，也不失为一项策略。例如，在公园玩耍时引导孩子阅读指示牌和景点介绍，在酒店吃饭时请孩子阅读菜谱并点餐，还可以围绕孩子喜欢的游戏选择图书，如有位家长通过孩子玩的电子游戏发现了孩子感兴趣的对象——孙悟空、诸葛亮等人物形象，于是为孩子提供了相关图书，吸引了孩子注意。如果上述措施都不奏效，可以在家里播放讲座或读书录音，让他们以非有意注意的方式阅读。

孩子不喜欢阅读，往往还是由于家长错过了孩子的阅读敏感期。曾获得诺贝尔奖的心理学家洛伦兹（K. Lorenz）提出了"印刻"理论（Imprinting），该理论认为，不论动物还是人类，在个体成长的某个时期，对特定的环境刺激较为敏感，这时的学习效果比更早或更晚的效果都好，即"发展关键期"或"发展敏感期"。根据意大利教育家蒙台梭利的研究，孩子4岁半到5岁半为阅读敏感期，有些智力较好的孩子会有所提前，但只要智力正常，一般不超过6岁，因此6岁之前被称为儿童阅读的黄金期。另外，14岁之前还有一次对阅读比较敏感的时期，一般为12岁左右，被称为儿童阅读的白银阶段。在阅读敏感期，儿童会不自觉地表现出一些对阅读的喜好，例如，无论什么书，不管看得懂还是看不懂，都会拿来翻一翻，对于能看懂的书会反复阅读；凡是到有书的地方，如图书馆或书店，孩子都会饶有兴趣地对各类书不断地翻来翻去；热衷于听故事，想象力丰富，有时会编故事给大人听；会指着书上的文字阅读，即使不认识也会自编发音。当家长注意到孩子表现出上述特征时，就要意识到，孩子的阅读敏感期来了，此时要及时做好引导工作，往往能收到事半功倍的效果。

关于激发儿童的阅读兴趣，国内有一个流行说法，即犹太母亲会在《圣经》上涂蜂蜜，让儿童从小就觉得书是甜的。对此，本书要做些解释。Alberto Manguel 在《阅读史》一书中对此有过详细记载。在中世纪犹

二 阅读引导

太社会，到达识字年龄的儿童会参加一种特别的仪式（类似中国古代的"开笔礼"），在犹太教的五旬节那天，参加仪式的儿童会被父亲用专门的披肩裹住，并被带到老师那里。老师会让孩子坐在自己的腿上，给孩子展示一块板，上面写着希伯来字母、来自《圣经》的一段话以及文字"愿律法成为你的职业"。孩子跟着老师诵念板上的文字，然后这块板会被涂上蜂蜜，孩子舔食蜂蜜，代表着将板上的神圣文字吸收为身体的一部分。同时，《圣经》中的诗歌被写在煮熟的鸡蛋和以蜂蜜做成的糕点上，孩子大声读后吃掉鸡蛋和糕点。上述过程很难看出舔食蜂蜜与"阅读是甜的"之间有多大关联。据笔者从互联网上了解的资料也表明，目前在以色列，在《圣经》上涂蜂蜜的情况已经很少了，但这并不妨碍犹太人成为世界上最爱阅读的民族之一。

5. 养成良好的阅读习惯

与阅读兴趣同样重要的是，一个人要养成良好的阅读习惯。巴金说过："孩子成功教育从好习惯培养开始。"古今中外，大凡有所成就者，无不从小养成了良好的习惯。英国哲学家休谟认为，习惯达到了最高程度，"会把它自身掩藏了"，而变成人们的一种本能，即习惯成自然。朱永新教授倡导的新教育提出了"每月一事"行动，目的就是用一至两个月的时间，培养孩子们每月建立一个好习惯。当手不释卷成为生活习惯的时候，阅读的发生也就成为自然而然的事情。

每天30分钟

阅读是需要时间作保障的。国内某调查显示，尽管80%以上的小学生认为阅读很重要，但是每周阅读3小时以上的人只有50%左右，而每周阅读5小时以上的人不到1/4。许多人不读书的理由是"没时间"。然而，时间就像海绵，只要肯"挤"就能找到，关键在于个人有没有读书的意识，正如朱光潜所说："中学课程很多，你自然没有许多时间去读课外书。但是你试抚心自问：你每天真抽不出一点钟或半点钟的功夫么？……你能否在读课外书，不是你有没有时间的问题，是你有没有决心的问题。"1988年，日本千叶县女子高中的两位老师发起了在教室中阅读10分钟的活动。即每天上课前10分钟，学生和老师自由挑选自己喜爱的书

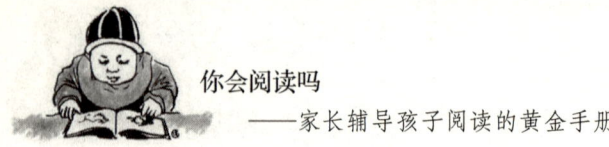

你会阅读吗
——家长辅导孩子阅读的黄金手册

进行阅读,得到了师生的广泛欢迎。目前这一活动已经扩大到了日本全国,并得到了来自政府层面的支持,文部省发起成立了"晨读推进协议会",号召广大学校开展晨读活动。在日本全国书店网络"晨读"运动网页中曾公布了这项运动的收效,如学生的"注意力集中了""知道理解他人了""理解能力提高了""迟到减少了"……不论儿童的学习是否紧张,每天都应安排适量的自由阅读时间,在这段时间里,孩子们可以放下学业,在个人感兴趣的领域中自由徜徉。

儿童每天应安排多少时间阅读感兴趣的图书?关于这一点,钱伯斯有一个观点,即"看孩子的专注力和兴趣能持续多久,再多加上一点点时间就对了。"一般来讲,每天至少要为孩子安排一次兴趣阅读,每次阅读时间应是孩子的一个稳定注意周期,少于这个周期,孩子会有阅读的"中断感"和"饥饿感",而超过这个时间,孩子就会感到疲劳。根据心理学研究,一般3岁以下儿童的稳定注意时间为6～8分钟,5～7岁儿童的稳定注意时间为15分钟,7～10岁儿童的稳定注意时间为20分钟,10～12岁之后,儿童的稳定注意时间基本接近成人,达到20～40分钟。根据美国学者莱利博士的研究,一个人(成人)能够集中精力的限度是25分钟,因此他建议人们每天拿出25分钟的业余时间专心读书。我国教育部规定,儿童每周阅读时间不少于3小时,基本相当于每天25～30分钟。本书取其整数——30分钟作为12岁以上的儿童每天课外阅读的时间。每天30分钟的时间不算多,即使对于高三学生也不会有太大困难,却能产生显著的效果。据吉姆在《朗读手册》中记载,1978年,持续默读的发起者麦克瑞肯说服了马萨诸塞州亨廷顿的盖特威区中学,在每个星期一和星期五早上留出25分钟的阅读时间,全校师生(包括行政人员)在这一段时间里,必须将工作放在一边,甚至电话都不接,专门阅读自己喜欢的读物,结果这一活动成为学校中最受欢迎的活动,每个星期大家都在盼着这两段时间的到来。

阅读时间安排在一天当中的什么时段,需要根据家庭作息、学校教学和个人特点综合考量。一般情况下,有两个时间段可以利用:早晨与睡前。唐朝书法家颜真卿写道:"三更灯火五更鸡,正是男儿读书时。""三更"指晚上,"五更"指早晨。幼儿的亲子共读宜安排在晚上,因为只有在这个时候,家长才有充裕的时间陪孩子读书。对于希望独立阅读的儿童,可以根据孩子的情况安排在晚上或早上。每个人的生物钟是不同的,

二 阅读引导

阅读习惯也会有差异。有人根据用脑特点把人分为三类：猫头鹰型、百灵鸟型和混合型，其中"猫头鹰型"的人喜欢"开夜车"，"百灵鸟型"的人喜欢早上工作，家长在安排儿童的阅读时可以考虑孩子的生物钟特点。在节假日，儿童可支配的时间增多，此时可以对阅读时间做更为细致的安排。俄国著名地理学家弗·阿·奥勃鲁契夫自称能把生命延长两倍，他将从早晨到下午两点的时间称为第一天，用于干最重要的工作，从下午两点到傍晚六点的时间称为第二天，用于干比较轻松的工作，如写书评、做笔记等，傍晚6点到午夜12点称为第三天，用于参加会议或看书。许多研究表明，人体的血糖、代谢、体温、大脑活动等在一天中的不同时间处于不同的水平，影响着人们的工作和学习效率。在一天中，大脑活动的能力会出现两个高峰和一个低谷——两个高峰中一个出现在上午10点左右，一个出现在傍晚7点左右，低谷则在下午1点左右出现，在两个高峰段学习与阅读的效果最佳，其中傍晚是一天中学习能力最旺盛的时间，不过却被多数人所忽略（曾祥芹《阅读学新论》）。只要合理安排学习和阅读的时间，孩子的阅读就会取得事半功倍的效果，朱永新教授提出"晨诵、午读、暮省"，既体现了阅读规律的要求，也有对时间效率的考虑。

值得注意的是，不论将阅读安排在一天当中的什么时间，都要保持阅读时间的恒定，并形成一种仪式，尽量不要在非必要的情况下做出第一天上午阅读、第二天下午阅读的安排。另外，无论如何安排孩子的阅读时间，在儿童时期保持充足的睡眠都是绝对必要的，晚上11点之前必须上床休息。

计字日诵

欧阳修在谈到阅读体会时说自己是"计字日诵"。由于欧阳修自小家贫，家中缺乏藏书，只能向邻居借书看，为了能按时归还，欧阳修在借到书后先统计书的字数，根据约定的还书时间分配每天的读书量，保证归还之前将书读完。后来，欧阳修发现这种读书方法挺好，就一直沿用下来。与每天安排半小时到一小时的阅读时间不同，"计字日诵"指读者并不刻意要求自己每天读多长时间的书，而是给自己制定一个每天必须完成的阅读量，如每天1万字或10～20页等。以时间为标准还是以阅读量为标准，不同人有不同的做法，后者更适用于那些作息不规律、难以抽出固定时间的人，方便他们利用碎片时间读书。宋太宗在日理万机的情况下仍坚

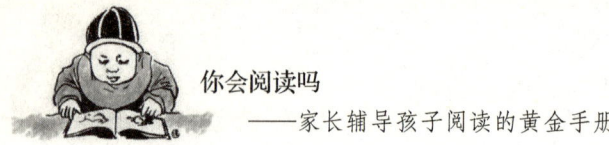

持阅读《太平御览》,他给自己定的标准是一日三卷。清代诗人程晋芳,"年六十,犹日有课程,温习经史。经或几章,史或几卷,浏览古人诗文几册,以小盂贮红豆,记其所读之数,夕则覆验之"。曾国藩早年两次考进士不第,回家后苦读史书,两年后终于如愿以偿,并被朝廷点了翰林,为此曾国藩一生坚持阅读史书,每天至少读10页。梁启超曾盛赞曾国藩说,"曾文正公在军中,每日必读书数页,填日记数条,习字一篇,围棋一局……终身以为常"。徐特立在学习和读书上特别讲究"定量有恒"。早年徐特立曾攻读《说文解字》,由于该书难度大,徐老每天只学两到三个字,晚上睡觉时就用右手食指在左手掌心默写白天学过的字。徐老说:"我读书的办法总是以定量、有恒为主。不切实际地贪多,既不能理解又不能记忆。要理解,必须记忆基本的东西,必须经常、量力才成。"人大附中语文特级教师于树泉从2010年起尝试在初中阶段推广经典阅读,三年下来,学生人均阅读30部图书,阅读量近千万字,每人写读书笔记两万多字。于老师对孩子们的要求就是:每天保证1万字的阅读量。根据语文课标对小学生第三学段(五至六年级)的要求,学生默读一般读物的速度不少于每分钟300字,按照每天阅读30分钟计算,大概就是1万字左右,中小学生可以参考这一标准,决定自己一天的阅读量。

劳逸结合

良好的阅读习惯还意味着阅读与休息的合理分配。一天当中除了学习和阅读外,一定要安排适量的休息和运动,可以起到恢复精力、增强体质的效果。只有当一个人处于饱满的精神状态时,他的学习与阅读才会有效果,而身体虚弱、萎靡不振是很难让人专心学习和阅读的。毛泽东在湖南长沙第一师范求学时坚持每天跑步、登山、洗冷水澡,这为他后来参加革命打下了坚实的身体基础。有一年,他七名同学不幸相继夭亡,毛泽东为这七名同学写过一副挽联:"为何死了七个同学?只因不习十分间操。"斯诺在《西行漫记》中说,正是由于拥有强健的体魄,毛泽东才能经历一次次挑战,带领中国人民在革命的道路上不断前行。列宁也曾写信给他的妹妹说:"你每天一定要抽出一两小时散步,这样埋头用心做功课,是会损害健康的。""头悬梁、锥刺股"的精神固然可嘉,但这种以牺牲睡眠换取学习时间的做法是不可取的。

连续两三个小时、一动不动坐在那里阅读,不论对所读的内容多有兴

趣，都是不健康的读书习惯。有研究表明，同样是100分钟，连续学习的效果反而没有中间休息10分钟、前后各学习45分钟效果好，即"90+10>100"。一般来讲，一次连续阅读的时间不宜超过一个稳定注意周期，超出这个周期就会导致阅读效率下降，由此弗朗西斯科·西里洛（Francesco Cirillo）提出"番茄时间管理法"（Pomodoro Technique），将每次连续工作的时间界定为25分钟。出于管理上的考虑，学校的教学活动不可能将时间切割得如此零碎，但有经验的老师都知道，在一堂课中，要将最重要、需要学生集中注意力的内容安排在前30分钟，但就个人的学习和阅读而言，则可以采取每25～30分钟休息5分钟的做法。

注释：番茄时间管理法

番茄时间管理法是由弗朗西斯科·西里洛（Francesco Cirillo）于20世纪80年代提出的一种时间管理方法，主要理念是将一整段时间划分为多个时段（一般每个时段为25分钟），不同时段间穿插短暂的休息。"番茄"一词源于Cirillo在读大学时在厨房中使用的一个番茄型计时器。番茄时间管理法主要由以下6个步骤组成：

第一步，决定需要完成的任务；

第二步，设置计时器（一般是25分钟）；

第三步，着手完成任务，直到计时器的铃声响起；

第四步，计时器响后，在纸上做一个标记；

第五步，如果纸上的标记少于4个，做短暂休息（3～5分钟），然后返回第二步；

第六步，如果纸上的标记达到4个，做较长时间的休息（15～30分钟），将标记还原为0，并从第一步开始。

6. 塑造阅读性格

对于阅读的意义，大多数人都会持肯定的态度，并且愿意尝试，然而在实践中并不是每个人都能坚持下来。正如台湾作家唐诺所说，"我始终相信人们是愿意阅读的，阅读所碰到最致命的麻烦，不在人们不想读书，而是起了头却进行不下去"（唐诺，《阅读的故事》）。"进行不下去"的

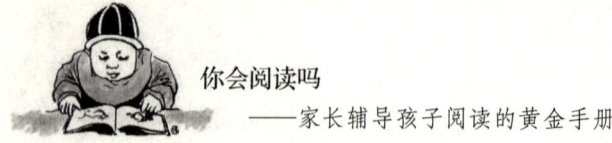

原因是由于碰到了困难。本章第四节在讨论阅读兴趣时已经谈及阅读困难，对于阅读经验不足的中小学生，这些困难往往是他们始料不及的。阅读并非如想象得那么简单，也很少能带来立竿见影的效果，阅读更多的是一种坚守，而坚守意味着对心理素质的考验，是否拥有健康、积极的性格在很大程度上决定了一个人能否成为一名终身阅读者。

　　家长一味地要求孩子做题、练琴、参加兴趣班，希望孩子掌握更多的知识，这种过于强调智能的做法其实是一种舍本逐末的行为。大量研究和实践表明，不是知识，也不是智商，而是孩子的性格决定着孩子的未来。美国两位心理学家特尔曼与西尔斯对1500多名超常儿童（智商在140以上）进行了连续数十年的观察，结果表明，智力与成就有一定关系，但不是完全相等的关系。特尔曼对800名男性被试者中成就最大的20%与成就最小的20%进行比较发现，这两组人最显著的差别是他们的个性心理品质，其中成就最大的一组人在进取心、自信心、耐力、毅力和谨慎等方面明显高于成就最小的一组人。有机构曾对比过中美两国数百名取得卓越成就的人的家庭背景，发现：在中国，通常他们的父母受教育程度不高，以小学、初中学历为主，甚至是文盲，然而，这些家庭有一个共同的特点，就是家庭和睦，父母积极乐观，肯吃苦，有毅力和耐心，孩子自小耳濡目染，培养了良好的性格。因此，与其不断地要求孩子多读书，不如从孩子的个性心理角度入手，使孩子从小养成良好的性格。本书前文"幸福的童年是最好的阅读引导"就是基于塑造良好性格的角度提出的。

　　本书提出阅读性格的概念，它不是一种独特的性格类型，而是性格中能对阅读发生影响的那部分，是性格在阅读中的具体化，规定和影响着人们的阅读动机、阅读目的、阅读注意、阅读情感、阅读意志等阅读品质。一个人只有养成良好的阅读性格，才能使自己的阅读获得持续的心理推动力。在塑造和磨炼阅读性格方面，曾国藩可谓典范，他提出了阅读性格的三项基本要求，即"志""识""恒"。他说："士人读书，第一要有志，第二要有识，第三要有恒。有志则断不甘为下流。有识则知学问无尽，不敢以一得自足，如河伯之观海，如井蛙之窥天，皆无识也。有恒则断无不成之事……学问之道无穷，而总以有恒为主……切勿以家中有事，而即间断看书之课，又弗以考试将近，间断看书之课。虽走路之日，到店亦可看书；考试之日，出场亦可看书也。"

　　本书借鉴曾国藩对阅读性格的阐释，结合笔者的研究，将阅读性格归

二 阅读引导

纳为五个方面：志、恒、勤、专、省。

阅读性格之一：志

"志"指立志。人们一般会将"立志"解释为确定目标，树立理想，这仅是对"志"的字面理解，事实上，"志"更多的是指一种心理素质。《新华字典》对"志"的解释是："意向，要有所作为的决心"。"立志"意味着坚定不移地实现所定目标。人们说某人"常立志"，即指这些人虽然经常给自己确定目标，但不具备坚持下去的决心，一碰到困难就退缩和放弃。没有任何事情的完成是一帆风顺的，都会碰到各种各样的困难或问题，苏霍姆林斯基就说过，要让孩子们从小就有一种意识，"生活中有一个叫作'困难'的概念，有许多事要付出极大的体力和脑力"，"遭遇困难才能给人打开通往幸福之路"，而要克服困难，必须有坚强的意志力。普希金在评价俄国化学家罗蒙诺索夫时，即把"非凡的坚持意志"摆在"非凡的理解力"之上。因为只有拥有坚强的意志力，我们才能穿越艰难，到达阅读的快乐彼岸，"读书的苦与乐是相辅相成的。从本质上讲，读书的乐趣在于读书的艰苦之中"（肖复兴）。如果缺乏必要的"志"，在遇到困难时我们会因为心理准备不足而退缩，"志"为我们筑起了一道坚强的心理防线。

"志"首先表现为坚忍不拔的毅力。阅读中遇到的困难包括两类：外部困难与内部困难。著名的"凿壁偷光"与"囊萤映雪"的故事就反映了阅读的外部困难——经济原因导致不具备晚间读书的照明条件。在阅读的诸多外部困难中，最难克服的困难来自图书本身，即无书可读，这在古代社会屡屡困扰着读书人。东汉王充在洛阳求学时，由于家贫买不起书，只能到书肆蹭书，被人们称为"倚门读书"。明初著名学者宋濂小时候也是因为家境贫寒买不到书，只能向别人借阅、抄写，并约定日期归还。今天，许多地方都建立了公共图书馆，向社会提供免费借阅服务，除部分边远地区外，无书可看的情况已经得到很大改善。在这种情况下，内部困难作为读者面临的主要困难就凸显出来。许多人都知道阅读是有益的，并给自己制订了读书计划，但就是坚持不下去，毅力主要体现为对自我的一种克制，"和自己的惰性斗，和爱闲适，这就是缺乏毅力的表现。爱懒散、爱聊天、爱游荡玩耍、爱看消遣性书刊的风气斗"（秦牧）。

"志"还表现为对阅读的信念。学生在校读书时，碰到不懂的地方可

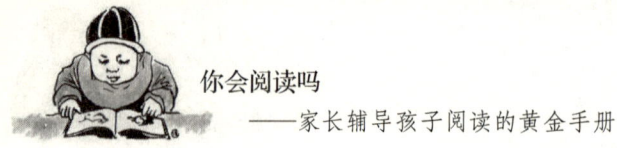

以向老师请教；学生从不怀疑所学知识的有用性，这源于对教科书和老师的信任。然而，在兴趣阅读中，孩子们将不得不独自面对这些问题：碰到看不懂的内容可能找不到人请教，或者看不出所读内容有什么意义。这些问题不像阅读条件不理想、书源不足或惰性等问题可以通过主客观的努力来克服，如处理不当这些问题很可能一直存在，而且会严重打击孩子们对读书的信心。例如，随着儿童年龄的增长，看不懂成为一种普遍现象。台湾作家唐诺说："书读不懂……极可能就是阅读的最大一个障碍，而且……总是在才开始阅读，既未让阅读成为习惯，又未在思维形成足够韧性和有效抵御纵深时就一斧头砍下来。"看不懂的原因是多方面的，并不一定就是读者的理解力不够。作家在完成一本书时要花费多年的时间反复研究和思索，对各种概念及关系具有深入的思考，但是在成书时作者未必会将自己的思索过程完整呈现出来，可能只阐释思考的结果，读者在短时间内要全面掌握作家多年的思考成果确实有一定难度。面对这些困难，读者一方面要采取科学的应对措施，另一方面不能丧失对阅读的信心，要坚信，尽管有些地方看不懂，尽管有些书看起来不那么有趣或一时看不出有什么用处，但只要坚持下去，我们就一定能有所收获。

阅读性格之二：恒

"恒"即恒心，指坚持到最后的决心。贯穿于"每天30分钟""计字日诵"的一个原则就是坚持。孟子说，"有为者辟若掘井，掘井九仞而不得泉，犹为弃井也"（《孟子·尽心上》），事情不到最后一刻，不要轻言放弃。人们在开始做一件事情的时候往往热情高涨，对未来充满期待，但是在事情做到一半时，有时甚至不到一半，热情就会消退，甚至为自己寻找各种不做的借口，这就是不能持之以恒。据说苏格拉底有一次在开学第一天要求他的学生每天将胳膊前后甩300下，一个月后90%的同学做到了，再过了一个月80%的同学坚持了下来，而过了一年，却只有一个学生坚持了下来，他就是伟大的哲学家柏拉图。一些同学看上去很用功，天不亮就起床，但如果只是考前用功，学习效果就不一定理想，如果他们平时能做到日日坚持，即使看上去不那么刻苦，也会取得比考前突击的同学更好的成绩。阅读也一样，只有每天坚持，经历岁月的积累，我们才能获得丰厚的精神财富。俗语说，"日日行，不怕千万里；常常做，不怕千万事"。荀子说："积土成山，风雨兴焉；积水成渊，蛟龙生焉；积善成德，

二 阅读引导

而神明自得，圣心备焉。故不积跬步，无以至千里；不积小流，无以成江海。骐骥一跃，不能十步；驽马十驾，功在不舍。锲而舍之，朽木不折；锲而不舍，金石可镂。"讲的都是这个道理。阅读如同长跑，每天坚持考验的是一个人的耐力，而不是爆发力。相对于一次读完半本书甚至一本书，或者要求自己的阅读达到某种速度，每天安排适量的阅读才更为重要。可以说，快速阅读的关键不在于阅读的速度有多快，而在于能否做到每天坚持。

阅读性格之三：勤

"勤"指做事情要保持一定的频率和强度。"业精于勤荒于嬉"，要让儿童从小意识到，聪明才智对于成功固然重要，但更为重要的是，要养成勤奋的习惯。即使一个天性愚钝的人，只要能保持勤奋和刻苦，同样可以成就一番事业。据说曾国藩小的时候比较笨，但他非常勤奋。一次夜间读书，一个小偷潜伏到其屋檐下，想趁曾国藩睡着后行窃，却发现曾国藩反复诵读一篇文章但始终背不出来，最后小偷忍不住了，跳出来大叫：就你这脑子还读书？并将那篇文章背了一遍，然后扬长而去，但曾国藩后来却成了晚清重臣，去世后获得了封建士大夫的最高谥号——"文正"，这得益于他的勤奋和努力。即使在成为一方大员后，曾国藩仍然刻苦读书，他曾给自己定出"日课十二条"，即主敬、静坐、早起、读书不二（一书未完，不看他书）、读史（每日至少读《二十三史》10页，即使有事亦不间断）、谨言、养气、保身、日知其所无、月无忘其所能、作字、夜不出门。曾国藩即使在右眼全盲，左眼视力严重受损的情况下，仍然坚持读书，通常是先静坐一会，然后看一阵书，再静坐一会，接着看书，如此不断反复。他甚至在得了眩晕病，不能起坐的情况下，仍然坚持看书。他在日记中写道，"余病目则不能用眼，病晕则不能用心，心眼并废，则与死人无异，是以终日忧灼，悔少壮之不努力也"，不能读书的痛苦溢于言表。他给自己的儿子写信，要他们在50岁之前将该读的书读完。直到去世的前几天曾国藩还在翻看宋代理学家的《二程全书》。时光如梭，韶华易逝，我们要抓住每一刻光阴读书，如董必武所说，"逆水行舟用力撑，一篙松劲退千寻。古云'此日足可惜'，吾辈更应惜秒阴"。三国时董遇提出"冬者岁之余，夜者日之余，阴雨者时之余。当此三余，人事稍疏，正可一意问学"。张潮则认为夏季也有三余，即"晨起者夜之余，夜坐者

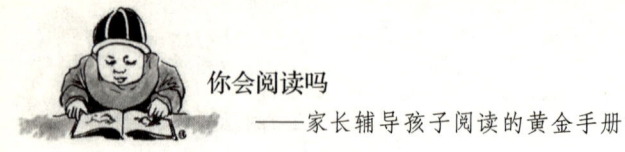

昼之余，午睡者应酬人事之余"。只要肯用功，随时都可以找到读书的时间，相反，如果对读书采取一曝十寒、随心所欲的态度，即使大好光阴放在眼前，也会视若无睹。

阅读性格之四：专

"专"指将注意力集中到正在做的事情上，"把精力集中在有价值的东西上面，把一切对你没有好处和对你不相宜的东西都抛开"（歌德）。读书作为一种脑力劳动，任何心神游移都会影响它的效果。孟子曾讲过一个故事：著名棋手奕秋同时教两人下棋，一人专心致志，集中注意力听课，结果进步很快，但另一人一边听一边想入非非，例如若有鸿鹄飞来，此人就想该如何用弓箭将它射下来。结果第二个人没有什么收获。难道是第二个人不聪明吗？不是的，原因在于"不专心致志，则不得也"。虽然一个人集中注意力的时间有限，但是在人的生理和心理允许的范围内，能否保持注意力集中还是需要个人做出有意识的努力。毛泽东年轻时就当街读书，以锻炼专注力。有的同学表面上看很用功，但只要认真观察一下就会发现，他在学习时经常心不在焉，如有同学经过，他会抬起头来跟对方打声招呼，或听到别人聊天，他也会放下书本插两句，这必然对他的学习和读书造成影响。杰出人物之所以取得成功，同他们的专注力是分不开的。东汉著名儒学大师郑玄曾拜师于马融门下，据说马融特意在自己的座位后设置了一道纱帐，帐后排列一班歌女，郑玄听课四年，始终未看歌女一眼，马融夸道："优生之众，真心向学而端坐未斜者，唯郑玄一人而已。"虽然读书是快乐的，但读书的过程却是枯燥的，而读书对于专注力的要求又远胜于其他用脑较少的事情，因此，能否在阅读时保持注意力集中也是对读书人意志和毅力的考验。我们游戏的时候要专心游戏，读书的时候就要认真读书，如朱熹所说，"乃应事时，敬于应事；读书时，敬于读书"，如果游戏的时候心怀愧疚，总想着自己还有书没读完，而读书的时候又想着如何去玩，我们就既不能从游戏中得到快乐，也不能把书读好。

阅读性格之五：省

"省"，指对自己的反省和批评。严格来讲，"省"是一种自我认知的方法，不属于性格类型，但它却反映了人们对自我的态度，即勇于承认自

二 阅读引导

己的不足并不断改进，这体现了积极进取、豁达大度的性格特征，为此本书将其纳入阅读性格范围。孔子的弟子曾子说，"吾日三省吾身"，因为他看到，每个人都有需要不断改进的地方，只有经常反躬自省，人们才能发现自己的不足并有所进步。正是靠着这样的方法，许多人成就了一番事业。三国时，地方军阀陶谦将曹操的父亲杀害，曹操为报父仇，对陶谦占据的彭城实行屠城政策，坑杀男女数十万人，这是曹操被称为"奸雄"的肇始。但是到了后来，仅仅因为自己的马匹踩踏了百姓的小麦，曹操就割发代刑，以示对百姓的秋毫不犯。虽然并没有确凿的文字证据，但从曹操前后两种行为我们可以看出，曹操在血洗彭城之后进行了深刻的反省，尽管未必是认识到自己犯了多大罪过，但至少也认清了这样的做法会给自己的统治带来很大的麻烦。尽管曾国藩自小很笨，也未得到什么名师点拨，但曾国藩有一个显著的特点，就是非常善于反省自己，从其遗留下来的日记中可以看出，他的反思是深刻的，改进是彻底的。毛泽东在延安整风运动中要求广大干部进行批评和自我批评，以反省个人思想中的问题并予以改进，这奠定了中国共产党的优良作风。如果说，自我批评的目的是保持思想的先进性，自我批评的价值却远不止于此，它也可以应用于对个人阅读的改进。儿童不仅要读书，更要养成善于反思的习惯，要经常想一想，自己的读书方法是否合适，阅读内容是否需要调整，如何才能取得更好的阅读效果……只有这样，儿童才能在阅读的道路上不断前进。

家长该如何培养儿童的阅读性格？比较简单的做法是在阅读中培养，即观察孩子的阅读行为，给予及时的提醒和必要的指导。然而，由于阅读性格是性格的一种具体化，因此除了在阅读中培养，还应当在生活中培养，使孩子形成完整、一致的性格特征。例如，毅力不只体现在对学习和阅读的坚持上，也体现在对生活习惯的坚持上，对毅力的培养应贯彻在所有希望孩子坚持下去的事情中。一方面，要给予孩子明确的语言引导，它会给孩子以清晰的方向，让孩子牢记在心，可能孩子未必马上接受，但父母的教导如同种子一般，迟早会在孩子的心中生根、发芽。另一方面，父母还要通过自己的身教给孩子提供性格示范，如果父母一方面要求孩子要有毅力，另一方面却在困难面前退缩，这样的教育对孩子是起不到作用的。

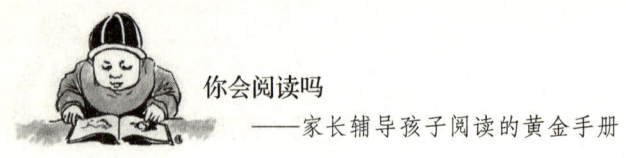

7. 制订阅读规划

  凡事预则立，不预则废。良好的愿望如果不落实为可执行的计划，愿望就只能是空想，而不是可实现的目标。成功不仅是站在智慧和自信的一方，更是站在有计划的一方。阅读也应按照计划行事，何时读什么书，如何读，均应谋定而后动。苏联阅读专家 C. N. 波瓦尔宁教授在"阅读者守则"中提出"按照一定的阅读计划（按大纲或专家的建议）读"。朱光潜也说过："一个人如果抱有成就一种学问的志愿，他就不能不有预订计划与系统。"

  制订阅读规划前首先要确定读书目标。即使是兴趣阅读，也可以因读者的需求不同和所读内容的差异而实现读者不同的目标，如扩大知识面、开阔视野、了解某领域的最新进展、获得审美享受、放松身心等。每一目标还可以具体化为不同的子目标，例如，扩大知识面就可以包括历史类、地理类、自然科学类等，而历史类又可以划分为对不同主题的了解，如对文景之治的了解、对鸦片战争的了解等。儿童在制订阅读规划前，应选择一个或若干个较为具体的目标，作为自己在一段时期内的阅读重点。

  在制订阅读规划前还要对自己的阅读条件做出评估。要根据自己的工作或学习日程，确定每天可以投入的阅读时间，如 30 分钟、50 分钟，确定每周可投入的阅读天数，再结合自己的阅读速度，计算出每周的可能阅读量。阅读条件评估非常重要，它决定了规划是否能够顺利执行。如果在某个时间内给自己选择的图书数量超出了自己在既定阅读条件下所能完成的阅读量，这样的规划就很难执行，相反，如果选择的图书少于自己所能完成的阅读量，又会造成时间的浪费。为此，在选定一本书后，一定要通过网络、书目等渠道对图书的篇幅等信息进行了解，并结合对自己的阅读条件的评估，考虑阅读难度等因素，估算出阅读该书所需要的时间。虽然上述估算未必准确，但至少可以给自己的阅读安排提供参考。

  每一个规划都应有一个时间范围，这一时间范围可以是一年，也可以是一个学期，甚至可以是针对寒、暑假制订的专门的规划。一般来讲，阅读规划所涉及的时间不宜太长，有人提出要做出终生阅读规划，这既不必要，也没可能，当然时间也不能太短，否则就起不到规划的效果。

  在完成上述步骤后，就可以围绕阅读目标查找能满足自己需要的图

二 阅读引导

书。在选书方面,本书下一章将会详细讨论,一个基本原则就是:在感兴趣的范围内,尽量选择高质量的原著,毕竟在学生时代,可供支配的时间有限,有必要提高时间的利用率。不必刻意要求自己在一段时期内读多少本书,而要根据自己的阅读能力和图书的特点,确定一个经过努力可以达成的目标。在国外,经常有人会在年初给自己制定一个硬性阅读数量目标,这有可能造成片面追求阅读量的情况。最好在每本书后注明图书的类型,英文称为"Genre",如图2-1所示,涉及历史的图书类型有白话史书、传记、科普历史等,这样便于读者从整体上把握自己的阅读情况。关于图书类型,既可以借鉴通用划分方法,也可以由读者自己设定。

××××年第一学期课外阅读规划

阅读目标:了解贞观之治的知识;欣赏19世纪俄罗斯文学
时间:2月(寒假后)—7月(暑假前)

书名/作者	类型	计划阅读时间	实际阅读时间	简评
贞观之治/司马光、柏杨	白话史书	2月	2.5—2.27	XXXXXXXX
贞观之治/孟宪实	讲座DVD	2月	……	XXXXXXXX
普希金读选/普希金	诗歌	3月	……	XXXXXXXX
战争与和平/托尔斯泰	小说	4月—7月		XXXXXXXX
唐太宗传/赵克尧等	传记	5月		XXXXXXXX
大唐帝国/秋雨	科普历史	6月	……	XXXXXXXX

图2-1 阅读规划示例

在确定好打算阅读的书后就可以安排具体的阅读时间了。不能仅给孩子规定一段时间内要阅读完多少本书,而不分配具体的阅读时间,最好为每本书都设定一个完成的时间,因为人们很容易受"当前偏见"的影响,即短期内可实现的目标容易引起人们的行动,而长期目标容易使人们拖延。关于阅读时间的分配,一般情况下有两种做法:第一种是集中式,即一段时间里(如一周、一个月等)集中阅读同一本书或同一种类型的书,在完成后再进入另一本书或另一种类型图书的阅读;第二是分配式,即每天在不同时间内阅读不同的书,这样可以将差异较大的读物交叉起来阅读,使大脑的不同区域都得到休息。通常情况下,我们可以考虑将两种阅

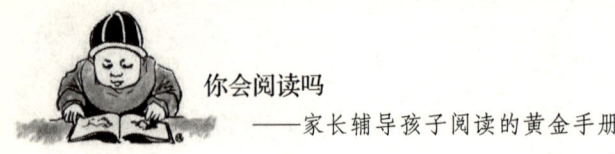

读时间安排结合起来，即在上学期间每天安排一种或一类图书的阅读，在寒、暑假每天安排两种或以上图书的阅读。

阅读规划可简可繁，最简单的规划甚至不必诉诸文字，家长与孩子有一个口头约定即可。闻一多就给自己制订过一个很简单的读书计划："枕上读《清诗别裁》。近决志学诗。读诗自清明以上，溯魏汉先秦，读《别裁》毕，读《明诗综》，次《元诗选》，次《宋诗钞》，次《全唐诗》，次《八代诗选》，期于两年内读毕。"不过为了提醒孩子遵守计划，最好还是建立书面规划，并将规划贴在醒目的位置。除图2-1所示的列表式规划外，阅读规划还可以做成其他形式。例如，可以寻找一份空白日历或从网上下载一个电子日历，在阅读规划的各个时间点标注打算阅读的图书、准备组织或参与的读书活动，并由孩子决定将日历挂在家里的什么地方。

在制定阅读规划时还要注意以下几点。第一，要将课外阅读与学校要求统筹起来考虑。随着对阅读重要性的认识，阅读在教学中的比重越来越大，例如根据《语文课程标准》，学生九年课外阅读总量应达到400万字以上，包括适合学生阅读的各类图书和报刊。在这种情况下，各地学校和教育机构纷纷采取措施鼓励孩子们阅读，并将阅读要求落实为不同阶段的阅读目标，向孩子们推荐图书，举办阅读活动。家长在制定阅读规划时不应绕开学校独立安排孩子的阅读，应考虑学校的要求，充分利用教育资源，实现家校互动。第二，加强对规划的审视。阅读规划不能一成不变，要根据儿童的学习和生活适时做出调整和优化，例如在规划执行了一段时间后，若发现某些书籍不适合孩子，或者发现了其他更好的书籍，应及时对原规划进行调整。在规划执行结束后，应对规划的执行效果进行回顾，总结经验和教训，并在下一阶段制定规划时予以参考，这就是为什么本书在图2-1阅读规划示例中添加了两项：实际阅读时间与简评。它们可以帮助家长和孩子了解规划的执行情况，对规划的有效性做出判断。第三，要避免假规划。有些人似乎很有"规划"意识，经常为自己的工作、生活和学习制定近乎完美的规划，一天当中的每一件事都有具体的时间安排，甚至像上厕所这样的事情都精确到几点几分。这样的规划看似完善，实则不然，因为规划缺乏弹性而实施起来困难重重，久而久之规划就形同虚设。

二 阅读引导

8. 建立待读书目

　　2013年11月30日,美国前总统奥巴马带着两个女儿前往位于华盛顿西北部的一家独立书店,照着书单买了21本书,这是为15岁的玛丽亚和12岁的萨沙买的。可以看出,奥巴马与女儿在买书之前就已经有了一个单子,而不是到书架之间浏览以发现感兴趣的书籍,即奥野宣之所称的"购书清单"。奥野宣之在《如何有效阅读一本书》中花了整整一章的篇幅介绍购书清单的价值、写法等。读者在日常生活中发现感兴趣或觉得值得一读的图书后,像做读书笔记一样,随时将这些图书信息记录下来,在前往书店或图书馆找书时按图索骥,直接选择清单中的图书,本文称这种书单为"待读书目","购书清单"是其中之一。

　　待读书目能有效解决家长与儿童找书难的问题。目前在国内,虽然家长很重视阅读,但不论家长还是儿童都有一个困惑,即在书店或图书馆选书时,面对着成千上万的图书不知从何入手。然而与此不同的是,国外却有一些人面临着另外一种困惑,即如何解决没有时间读,却有越来越多书想读的问题。造成这两种差异的一个原因就是这些国外读者大多建立了类似购书清单的待读书目,一发现感兴趣的图书或主题,即将这些信息记录下来,阅读时根据待读书目提供的线索找书。跟书有关的信息隐藏在日常生活的各种情境里,如看电视、与朋友聊天、走在街上触景生情的时候,或者在阅读报纸、杂志、图书的时候,浏览网络的时候(奥野宣之),例如看历史剧的时候记下感兴趣的人物或历史事件,听广播的时候记下现场报道的地点,这些都可以成为阅读的触发点。经过一段时间的积累,读者就会发现,原来有这么多的书值得一读,原来自己感兴趣的事物是如此之多,希望了解的内容是如此之广,根本不会出现不知道读什么的现象。

　　利用待读书目的另一个好处就是找到的图书大都有一定的质量保障。国外有学者认为,应经常去图书馆或书店走一走,浏览一下书架上的图书,或许会有意想不到的发现,国外学者甚至称这种找书方式为"Serendipity"(偶然发现珍宝的运气)。钱伯斯在教学中每天都会安排一段时间,例如5分钟,让孩子们在书架间浏览,他说:"为孩子们安排定期的浏览时间绝对是必要的"。尽管如此,在书架间浏览也是有风险的,在意外发现好书的同时可能"邂逅"某些名不副实的图书。对于待读书

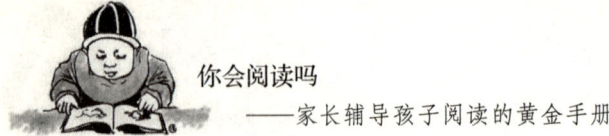

目上的图书,由于大都已被他人做过一次筛选,质量应有一定的保障,尽管并非绝对如此。因此对于感兴趣的图书,如果已经被列入待读书目,应优先考虑阅读。

笔者在开展专题研究之前,例如撰写博士论文或完成课题之前,一般都会在资讯聚合平台上订阅若干个关键词,如在谷歌资讯中订阅之后,谷歌会定期将相关的新闻发送到个人邮箱。笔者每天会花一定时间浏览这些资讯,在资讯中经常会发现一些与研究方向有关的图书,既有领域经典,也有最新出版的,笔者将这些图书信息记录下来,形成专业待读书目。经过一段时间后,如半年,基本上就可以将相关主题的主要图书收集齐全,从而使自己拥有了一个较好的阅读指南,可以快速掌握研究领域的概貌,为后续研究打下基础。家长可以就孩子的阅读在资讯平台上订阅一些关键词,如"绘本""童话""名著"等,也能从中发现有用的图书信息,因为只要是好书,总会被各种媒体报道和转载。

图2-2是一个待读书目样例。从该样例可以看出,待读书目既可以显示具体的书名,也可以显示想读的主题,还可以是作者。如果是书名,一定要记录下作者的名字,因为同名图书的现象比较普遍,如果不记录作者信息,很可能找到的书并非读者原本想读的书。如果想读的是某主题或某作者的书,可以通过网络、图书馆书目等查找,一般情况下,建议寻找相应领域或作者的代表性著作阅读。该待读书目样例没有列出版社,因为出版社并不难查,只要知道书名和作者,通过网络能很方便地获得出版信息,对于某些经典著作,出版信息的意义不是很大,因为很多出版社都有重印经典的做法,只要不是出版质量存在严重缺陷,一般由哪家出版社出版关系不大。在备注栏中,可以记录很多信息,如可以标注是否已经读过,还可以标注其他如"绝版""推荐自⋯⋯""与×科×课有关"等,方便读者对自己的读书做出安排。

图2-3和图2-4是另外两个待读书目样例,这两个样例一改列表式书目的单调,采用实体书架方式展示待读图书,图2-3在图书旁边还画上了书中的角色,提高了待读书目的趣味感,有利于激发孩子们的阅读欲望。

网络平台也提供了类似待读书目的功能,如豆瓣的"想读"标签、亚马逊的"心愿单",读者在网络书店浏览或通过网络书店提供的书目查询系统检索到感兴趣的图书后,都可以通过这些功能收藏起来,形成网络

二　阅读引导

感兴趣的图书			
书名&主题&作者	作者	类型	备注
爱丽丝梦游仙境	刘易斯·卡罗尔	童话类	
神奇校车	乔安娜·柯尔	科普读物	
关于热带雨林的书			
夏洛的网	E.B.怀特	童话类	
野兽出没的地方	莫里斯·桑达克	绘本	
安徒生的图书	米尔恩		
王尔德的图书			
《米菲》系列	迪克·布鲁纳	绘本	
……			

图2-2　待读书目样例（一）

图2-3　待读书目样例（二）

待读书目。一些网络平台还提供了分享功能，读者可以将自己想读的书目提供给朋友，也可以查看朋友的待读书目，以发现更多值得一读的图书。

图2-4 待读书目样例（三）

9. 认识阅读的代际差异

  代际差异即代沟（Generation Gap），指两代人在思想观念、价值认识、社会态度、行为习惯和思维方式等方面的差异，由20世纪60年代美国人类学家M. 米德在其所著《代沟》中提出。阅读作为生活的一部分，同样存在代与代的分歧。代际差异的产生可以归结为两大原因：社会变迁和年龄差异。社会处在不断发展之中，环境、文化、观念、技术、经济等的改变对生活于其中的每一个人都会产生影响，导致老一辈与年轻一辈拥有不同的社会阅历，对阅读产生不同的态度。同时，因年龄变化引起的生理和心理改变也会造成代与代之间在思想和行为上的差异。一般情况下，代际差异未必表现为冲突，两代人可以互相接纳彼此的思想和行为，但是在某些情况下代际差异则表现为冲突，特别是当人们无法区分代际差异与成长蜕变的关系时，这种冲突可能会变得异常激烈。在引导儿童阅读时，家长需要了解阅读的代际差异，既要尊重儿童的阅读习惯，也要给予必要的指导，使儿童沿着属于自己的阅读道路健康成长。

  不同时代，由于技术和文化等的差异，人们会发展出不同的阅读行为。根据Darton的研究，18世纪中叶以前，人们的阅读主要是"精深"阅读，但这之后，随着图书、期刊、报纸等的增多，阅读范围扩展，阅

二 阅读引导

读方式也相应由"精"向"泛"转化。进入20世纪,随着媒介形式的丰富,诸如收音机、电影、电视等进入人们的生活,纸质阅读已不再是人们获得知识和信息的唯一途径。自20世纪后半叶开始,有声书开始出现并日渐流行,人们可以通过MP3播放器、手机等设备在从事其他工作的同时收听图书。20世纪80年代末,互联网进入人们的视野,互联网以其丰富的信息、多样化的展示、信息之间的充分关联和人与人的交互的优势,为人们获取知识和信息提供了近乎无限的空间,对纸质阅读产生了前所未有的冲击,也对人们的阅读习惯产生了重要影响。为了从互联网提供的海量信息中尽快找到所需的信息,人们一般不会采用阅读一本书时的"沉浸"(Immersive)方式阅读互联网文章,更多采用浏览和查找的方式。同时,在互联网时代,人们注意力维持的时间也开始变短,不会长时间关注某一信息,因为有太多信息吸引人们的注意力,获得信息仅需动动手指而已。在这种情况下,人们更倾向于阅读短小精悍的文章,而不愿意阅读长篇大论的图书。

时代也会在人们的图书选择上打下烙印。不同时代都有占主流地位的"思潮",这一思潮裹挟着当时的政治理念、意识形态、文化观念及思维方式等,体现在人们生活的方方面面,而作为智力产品的最高形式——图书,自然成为代表时代思潮的标志。我国20世纪80年代之前,那段充满激情的斗争岁月在人们的记忆中清晰可辨,为作家创作提供了无尽的灵感源泉,一系列反映革命年代的作品被出版,如《红岩》《林海雪原》《青春之歌》《上海的早晨》《保卫延安》等,并引入了一大批反映苏联革命斗争的图书,如《钢铁是怎样炼成的》《暴风雨》《共产党员》《卓娅和舒拉》等。路遥的《平凡的世界》中孙少平对《钢铁是怎样炼成的》的钟爱就反映了那个时代的阅读特点。到20世纪80年代,各种含冤、拜师、复仇的书籍一度流行,根据这些图书制作了不少影视作品,如1983年由长春电影制片厂制作的《武当》即其一。曾几何时,以白描为主要创作方式的连环画让中国的孩子如痴如醉,在缺少娱乐媒介的年代,这些"小人书"成为孩子手中的主要读物,许多生长于20世纪七八十年代的孩子就是通过连环画接受了关于经典著作和重要历史事件的普及教育。但是当代,连环画已经成为一种稀缺品,虽然孩子们对图画书的兴趣仍一如当年,但图画的形式和内容均发生了变化,近年来风靡国内的绘本在社会各界的推动下,已然成为孩子们手中的新宠。

你会阅读吗
——家长辅导孩子阅读的黄金手册

年龄亦会对人们的阅读产生影响。在不同年龄阶段，人们都有属于该年龄阶段的"任务"或"矛盾"，任务的完成或矛盾的解决形成了这一年龄阶段的人们的思想和行为主旋律，由此对人们的阅读产生影响。如果不考虑时代变迁，仅从年龄角度看，阅读行为的差异与阅读能力的发展有较大的关系，如学龄前儿童的读图，小学低龄儿童的逐字阅读和大声朗读等，成人倾向于以"过来人"的姿态包容孩子的阅读行为，一般不会产生代际冲突。然而，年龄对阅读影响的更多证据源于孩子与成人在阅读选择上的差异，有些书籍从大人的角度看不一定有趣，但是儿童却读得津津有味。许多成人都有这样的经验，在儿童时期受到极大触动的书，成年后却奇怪自己为什么会迷上这样的书，而年轻时觉得无趣的图书，随着年龄的增加，则逐渐体会到它的深意。学者 Arthur Machen 曾经非常不解地说自己年少时如何"通过如此简陋粉饰的入口，看穿那'仙境般孤零零的大陆'的"。尽管《红楼梦》被大人视为经典，但是从孩子的角度看，那不过是讲家庭琐事而已。

在信息技术快速发展、社会急剧变迁的今天，阅读的代际差异越来越明显，对此有三种不同的态度：接纳或包容、不理解与冲突。对于儿童的阅读行为和阅读选择，许多成年人还是持开放的态度，给予接纳和包容，但有时也会有不理解。例如，对于流行于当代儿童手中的读物如《植物大战僵尸》《笑猫日记》《爆笑校园》《意林·小小姐》系列等，确实有一部分成年人表示不理解，甚至表示反对，国外就有人对哈利·波特系列中的魔幻提出不满。在家长与子女之间，这种不理解可能演变为冲突，不过这并不能简单归结为成年人对新事物有抵触情绪，而是体现了大人的一种隐忧——害怕孩子走弯路。隔代人由于时代变迁或年龄差异而在阅读选择上的不同与儿童随阅读成长产生的阅读变化之间往往是很难区分的，前者一般不会有太多的不良影响，后者则既需要尊重，也需要引导。例如，儿童大多喜欢漫画书，但是许多家长认为，漫画书不利于儿童的阅读成长，因此，漫画书成为国内外家长与儿童阅读冲突的焦点。

面对与孩子在阅读选择上的不同看法，父母首先要意识到差异的存在是正常的，要学会尊重孩子，不宜根据一些过时的观点或成年人小时候的经验限制孩子，正如希伯来谚语所讲的："不要把你的孩子局限在你自己的知识世界中，因为他们出生在另一个时代。"一位美国作家在博客中引述自己儿子的话："尽管我也喜欢阅读，但图书需要讲我自己的语言，而

二　阅读引导

且是我感兴趣的。"一些阅读推广机构请儿童给儿童开列推荐书目，就是考虑到成人与儿童在阅读选择上的差异。不过，家长的担忧也不无道理，孩子如果选择不当确实会走弯路，因此对孩子阅读的尊重并不代表着放任不管，科学的引导还是有必要的。

三　图书选择

凡读书须识货，方不错用功夫。

——陆世仪

三 图书选择

1. 谁来选——成人还是儿童

在我国古代一些学者看来，阅读似乎不存在选书的必要，如西汉儒生倪宽遇书而读，晋代学者葛洪逢书便抄，北齐李铉见书就翻。自近代以来，虽然也存在一些读书"从未考虑过挑选"的个案，但对大多数学者来讲，阅读前的选书都是一项必不可少的功课，"是任何一个读者免不了的，因为它是读书的开端"（赫尔岑）。法国学者拉马克正是在卢梭的指导下有目的地读书，才写出了著名的《法国全境植物志》，他说："假如没有卢梭的指导，我决不会懂得选择有用的书来看，更不能有所创造了。"

在古代，由于图书的生产难度大，人们所能利用的图书数量有限，除个别学者外，对于大多数学子来说，有书读已属不易，遑论选择，学子们普遍存在着"阅读饥渴"，任何有字的书都可能成为他们的阅读对象。随着机械化印刷技术的出现，图书、报纸、杂志等读物的数量快速增长。在当代，网络使信息的产出量出现了井喷式增长。一直处于阅读"饥饿"状态的人类突然发现，自己被海量的信息所包围。一个人的精力是有限的，如果从10岁开始阅读，到80岁结束阅读，平均每周阅读1本书，一年阅读52本书（在许多阅读调查中，这样的读者被归入高频读者），一生的阅读量也不过3600本左右。面对浩瀚的人类文化典籍和当代社会海量的信息资源，人们已不可能逢书便读，必须有所选择，要能从大量的图书中寻找到最适合自己需要的书籍，正如明代学者陆世仪所说，"凡读书须识货，方不错用功夫"，亦如著名文学家茅盾所说，"善于选书，才能够善于读书"。

法国哲学家笛卡尔说过："读一本好书，就是和许多高尚的人谈话。"书有高下之别，自古亦然。近代以来，图书被大量出版，其中夹杂了不少品质一般的书籍，给读者选书带来困惑。著名文学家和哲学家塞缪尔·斯迈尔斯说过："古往今来，好书总是人们最好的朋友，这关系永远不会变，因为它是最有耐心、最令人愉快的良伴。"好书值得反复品味，坏书不仅浪费时间，还会造成误导，阅读一本不好的书，就像交了一个"不好的朋友"（亨利·菲尔丁）。面对良莠不齐的图书世界，一名合格的读者必须学会辨别真伪，品评优劣，能从众多图书中找到最值得一读的书。

你会阅读吗
——家长辅导孩子阅读的黄金手册

正如俄国哲学家别林斯基所说:"我们必须学会这样一种本领,选择最有价值、最适合自己所需要的读物。"孙犁中年以后用稿费大量购书,有一部分就是以鲁迅的书账为目逐一购买,体现了其对鲁迅眼光的信任。

根据选书主体,本书将选书策略划分为三种:第一种是儿童自主选择,成人不干预或很少过问,选择的决策权掌握在儿童手中;第二种是成人指定图书,儿童按照大人的要求阅读,决策权掌握在成人手中;第三种是成人向儿童推荐图书,但不予强制,儿童自己决定是否阅读。

大量研究和实践表明,只有让儿童自己决定读哪些书,他们才会拥有持续的阅读意愿,强迫他们读不喜欢的书会使他们丧失读书兴趣。学者 Carlsen 与 Sherrill 曾引用了一位受访者的话,用以证明读者自己选书的重要性:"正当我的小学成绩越来越进步时,我记得有件事让我突然不爱阅读了,那是因为我妈强迫我读一些我不喜欢的书,它们不是太难,就是属于我不喜欢的学科。我姐姐非常喜欢跟马有关的故事,而我一点也无法忍受。"来自学乐集团(Scholastic)的研究表明,如果儿童能够自由选书,他们更可能成长为高频读者,该公司发布的双年研究报告《儿童与家庭阅读》发现,在家长促进儿童高频次阅读的措施中,让儿童自由选书是最为有效的。事实上,即使是孩子感兴趣的图书,只要大人给予压力,强迫他们阅读,孩子也会失去兴趣。如朱光潜所说,"兴趣要逍遥自在地不受拘束地发展","比方有一本小说,平时自由拿来消遣,觉得那么有趣,一旦把它拿来当课本读,用预备考试的方法去读,便不免索然寡味了。"吉姆在《朗读手册》中认为强制阅读也能使儿童形成阅读的习惯,但前提是让孩子挑选自己喜欢的书,其强制只是一种外在要求。

儿童在阅读自己选择的图书时,由于有着浓厚的兴趣而全身心投入,自觉克服阅读中的困难,使阅读能力得到快速提升。来自纽约罗切斯特(Rochester)大学的研究人员于 2013 年暑期实施了一项实验,该实验将一群二年级学生分作两组:一组阅读自己选择的图书,另一组阅读指定的图书。暑期结束后,第一组学生的阅读成绩进步明显,后续对其他年级学生的研究也得出了类似结论。一些地区的教育实验也表明,只要允许孩子们自由选择图书,男、女孩在阅读能力和学习成绩上的差异甚至可以得到逆转。2018 年,在科罗拉多州阅读与写作测试中,Sierra 地区的男孩在三至六年级的综合成绩上超过女孩,这是该地区男、女孩阅读成绩之差近年来逐步缩小的结果,这得益于 Sierra 地区对学校阅读文化的倡导——给孩子

三 图书选择

们自由选书的权利,而不是给他们的阅读制定某些"应该如何"的要求,男孩完全可以按照自己的爱好选书,如充满插图的图像小说、与流行电影有关的图书、运动明星的传记、科幻故事等。

虽然在兴趣阅读中要给予儿童选择的权利,但由他人推荐乃至指定阅读仍有存在的必要。儿童在年龄尚小之时,如婴幼儿阶段,不具备独立选择的能力,所读图书主要由大人推荐和指定。随着儿童年龄的增加,他们的选择能力逐渐增强,但也不意味着年长儿童就不再需要大人的推荐和指定。成人阅读都存在选错书的可能,更不用说辨别能力有限的儿童,例如,许多孩子都会受图书中某些突出元素如图片所左右,而不太关注内容,其他如文笔是否优美、内容是否积极向上、图书质量是否存在问题等都可能被孩子们忽视。要提高孩子们选书的效率和准确度,来自成人的指引确有必要。同时,在没有外在要求的情况下,那些对儿童成长有着重要意义的图书在儿童自由选书时可能会被遗漏,这些书大都有一定难度,阅读过程也不太"好玩",如果没有成人的推荐和要求,儿童很可能较晚才接触这些图书。当成人站在"过来者"的角度,回首童年的阅读生活,那些有价值的图书更容易出现在他们的视野中,而必要的推荐和指定就如同大海中的灯塔,给孩子们的阅读生活提供正确的航向,让他们在阅读成长的道路上少走弯路。

近年来,随着教育体制的改革,阅读在教学中所占的比重逐渐加大,在考试中屡屡出现阅读考核题目,本应属于孩子们的快乐阅读时光却承载了日益沉重的学业负担。例如,某省一道语文考题要求学生从曹雪芹、贝多芬与文学形象大卫·科波菲尔中任选一人,用二三百字续写话语:"即使在最恶劣的境遇中,人仍然能有一种不可剥夺的精神力量,这就是苦难带给人生的意义。"孩子们可以从教科书中对曹雪芹与贝多芬的生平和性格有所了解,但如果没有读过与大卫·科波菲尔有关的作品,就无法从该文学形象的角度续写话语。理论上讲,阅读考核属于能力考核,理应由出题者提供资料,学生借助对资料的理解作答,但由于阅读考核未能做出相应调整,使其带有知识考核的痕迹,学生需要从保存在记忆中的知识和信息提取出背景资料,并以此作答,这难免会造成考核的不公平。针对这一情况,许多教育机构都会给儿童开列推荐书单,家长和儿童不应对此视而不见。

儿童自主选书、他人推荐和成人指定图书对于儿童的阅读成长均不可

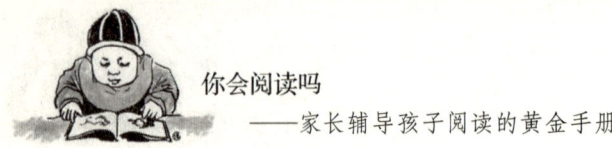

或缺。儿童的阅读生活中既有功课阅读，也有兴趣阅读，对于前者，理应以推荐和指定为主，后者则应以儿童的自主选择为主，从而使课外阅读回归它的本位——满足儿童的兴趣。但是，考虑到儿童选书的局限和当前的教学实际，即使在兴趣阅读中仍应保留一定比例的推荐和指定书目。但家长不必将成人的推荐和指定阅读与孩子的自主选择对立起来，认为儿童自己选的书都是不好的，而家长推荐的书孩子通常不喜欢，尽管这种情况在现实中确实存在，但只要处理得当，几种选书策略的并存是不会影响儿童阅读兴趣的满足的。

2. 选什么——选书的原则

如何选择适合孩子阅读的图书？许多机构和学者给出自己的答案。1981 年，联合国教科文组织通过对 50 多个国家数万名读者调查后得出了优秀书刊的若干标准：阅读量最多、经久不衰；通俗易懂，面向大众；不落后于时代，不因政治风云改变而失去价值；隽永耐读；有影响力，有启发教益；探讨人生长期未解决的问题，在某个领域有突破性意义。著名的"花婆婆"、台湾儿童阅读推广人方素珍针对绘本选择提出的建议包括：图画精美，文字流畅，情节简单合理，适合孩子口语表达；信用好的出版社引进的绘本，或本土原创有口碑的绘本；荣获世界大奖的绘本；与孩子生活相关、篇幅不太长、有趣味的绘本；可供孩子相互谈论的故事。台湾儿童文学家林文宝认为应从如下方面为孩子选择图书：①具有简单的文本、明亮缤纷的图画、圆满快乐的结局，太长或太难的书会让孩子感到挫折；②考虑孩子的年龄；③孩子倾向于阅读幻想故事，特别是有关动物像人类的行为举止的那种故事；④孩子喜欢和他们自己有关的故事——典型的童年经验的故事，一般孩子不太可能有兴趣阅读或者有能力理解某些只属于成人生活层面的经验；⑤儿童故事不应该描写暴力、无礼或不道德等行为；⑥儿童故事也不应该包含可怕事物的描写；⑦儿童故事应包含正面的角色模范，角色的行事应该要能够接受或得到鼓励；⑧要以委婉的方式教导有关生命的有意义课程，使学习变得有趣。

结合上述选书标准，考虑到儿童图书的特点和儿童阅读与成人阅读的差异，本书提出如下几项选书原则：

三 图书选择

原则一 健康性

不论儿童阅读什么类型、什么内容的图书，一个基本前提就是图书本身是健康和积极的，不能给孩子的身心成长造成伤害，要让儿童能从阅读中有所受益。家长尊重孩子的选择权，允许孩子自己决定读哪些书，但当这些选择在家长的视野之外时，家长就要格外留意。因为当代资讯发达，孩子们手中经常会有些不知来源的印刷品，或直接从网络上下载电子读物。在需要家长警觉的图书中，颇值得关注的就是图书中有关色情、暴力、血腥、极端思想等的内容，而这些内容也是某些人用以引诱孩子读下去的"诱饵"。十几年前，英国漫画《找死的兔子》曾经在童书市场上火爆了一阵子，这只"自杀兔"整天想着用各种千奇百怪的方法自杀。在欧美等国，经常可以看到家长与图书馆馆员在媒体上打口水仗。家长认为，馆员不应该让孩子接触包含色情、暴力、种族歧视、极端宗教思想等内容的书，但馆员却认为，图书馆应保持服务的"中立"。就在本书成稿期间，个别美国图书馆由于邀请"变装皇后"（Drag Queen）为孩子们分享包含性错位内容的图书而闹得沸沸扬扬。由于坚持所谓"出版自由"原则，不少反映极端思想的图书在国外都可以找到，但相比国外，国内出版界在内容的把关方面要好得多，只要是正规出版社出版的图书，大部分不会对儿童的人格发育造成负面影响，但即便如此，市场上仍有一些不适合儿童阅读的图书。中国网教育频道曾对国内小学生做过专访，发现一些充满杀人、抛尸等恐怖情节的图书也在孩子们手中传阅。随着互联网的普及，儿童接触网络的年龄越来越小。网络是一个大熔炉，发布信息的门槛低，审查难度大，存在大量对儿童身心健康有害的信息，如果缺乏引导和监管，孩子很可能会受到这些信息的毒害，近年来国内不乏因编辑黄色电子书刊而被判刑的事例。国外曾有人论证儿童阅读含有性描写图书的"合理性"，一些网站则蠢蠢欲动，尝试向孩子们提供性描写读物，儿童一旦接触这些极端网站，受到的伤害在相当长时期内是难以弥合的。除色情、暴力等内容外，还有一些其他类型的书籍也不适合儿童阅读，例如那些宣传陈腐观念的图书，鲁迅就对《二十四孝》中一些无原则的做法表示了愤慨，如郭巨埋儿，但即便在今天，仍有一些机构在开展孝道宣传时将这一历史沉渣翻出来，引起了专家的忧虑。

原则二 趣味性

由于在相当长一段时间内，我国的读物资源有限，人们将读书与学习

你会阅读吗
——家长辅导孩子阅读的黄金手册

等同起来,认为读书的唯一目的就是掌握知识,提高成绩,导致今天在许多成人心中难存兴趣阅读的概念,他们指导孩子读书的唯一原则就是能让孩子从读书中学到什么,尽管近年来这一情况有所改善。例如,有的家长抱怨,给孩子读了那么多书,但孩子却不如看上去没读过几本书的孩子懂得多,另一些家长则因为孩子"懂得多",能在别人面前"露两手"而沾沾自喜。中国童书博览会联合中国出版传媒网发布的《中国城市儿童阅读调查报告》显示,在家长希望孩子阅读的读物类型中,虽然也有童话故事类,但更多的是教辅或作文辅导类、科普类、名家名作或名著等有教育意义的图书,而在孩子进入初中后,排在他们经常阅读的读物类型之首的就是教辅或作文辅导类图书。即使对于儿童感兴趣的图书,家长也可能按照对学习的理解提出建议,例如,笔者在图书馆就碰到一位家长对自己的孩子说:"你应该先从基本的读起。"这显然是一种学习型思维。

家长需要意识到,尽管学习离不开阅读,尽管课外阅读对学习有着积极的促进作用,但学习并不是阅读的唯一目的,在学习之外理当有着以满足个体兴趣为目标的阅读,它是儿童获得完整、健康的读书生活所不可或缺的。课外读物的选择应尽量考虑儿童的兴趣,不必太过于强调知识性和教育性,儿童时期阅读的关键是培养他们对阅读的爱好,并借此磨炼阅读能力,只要孩子们拥有了阅读的习惯和能力,在需要的时候他们会主动吸收有关方面的知识,对阅读的"欲"才是最重要的。同时,兴趣阅读具有与学习不同的特点,遵循着不同的要求。学习可以而且必须从基础知识开始,逐步推进,但兴趣阅读则未必如此,它可以从孩子感兴趣并能让孩子看懂的环节入手,当孩子对感兴趣的主题有了一定认识,希望进一步了解时,他们会自觉补上基础知识这一课的。如果从一开始就将枯燥的知识塞给他们,孩子不仅要在课内学习,在课外也要学习,这无疑会扼杀他们读下去的愿望。

原则三　适宜性

儿童的身体与心理处在连续不断地发展之中,为他们选择的图书既不能超越他们的发展阶段,拔苗助长,也不应经常低于他们的阅读能力,使他们得不到应有的锻炼,要根据儿童所处年龄阶段与性别的身体、思维、认知、语言和兴趣等的特点为他们提供适宜的图书,唯有如此,图书才能被他们接受并被他们喜爱。Greaney 与 Hegarty 通过观察发现,许多不爱阅读的孩子都有一个类似经历,即他们的父母要求他们读

三　图书选择

报纸，而报纸并不适合小学儿童阅读。再如，在儿童幼年期，为他们挑选的图书不宜充满对话，因为相比动作，对话的抽象度高，不便于用图画表现，很难被幼小的孩子理解，孩子们在阅读这样的图书时，很可能被反反复复的对话绕得一头雾水。同时，适宜性原则不仅要考虑作为"群体"的儿童，也要考虑作为"个体"的儿童，因为儿童阅读能力的发展存在着个体差异，对于同一年龄段的儿童，有些儿童的阅读能力强，可以阅读超过这一年龄段大部分儿童所能理解的图书，有些儿童的阅读能力弱，需要阅读相对容易的图书。

资料：阅读测量尺

由德国布里隆市图书馆馆长乌特·哈赫曼设计的"阅读测量尺"根据不同年龄段孩子的特点，分别提供不同的阅读指导意见，包括：

（1）婴儿（赤）：触摸书、木头书和塑料书是婴儿的第一本书；

（2）1周岁（橙）：一页一件物品的厚页小书是最佳选择；

（3）1周岁半（黄）：幼儿可以认出书中的图片，也乐意听大人讲解；

（4）2周岁（绿）：幼儿能逐渐理解书中含有2～3个人的小情景，简短的小故事会深受小孩子青睐；

（5）3周岁（青）：这个阶段的孩子已经有自己喜爱的主题；

（6）4周岁（蓝）：孩子能把书中的情景和自己的生活结合起来；

（7）5～6周岁（紫）：幼儿园的孩子应学习怎样融入集体生活，增强孩子对语言文字和数数的兴趣；

（8）7周岁（粉红）：学习阅读占重要位置；

（9）8～9周岁（桃红）：孩子可以逐字逐句地读懂文章；

（10）10周岁（橘红）：孩子偏向于读冒险、充满幻想色彩的书。

原则四　优质性

虽然本书坚持认为，只要孩子们觉得有趣，只要图书中不存在不健康的内容，一般不宜对儿童的阅读做出太多限制，孩子们完全可以在书海中自由徜徉。然而，图书质量毕竟有高下之分，好书对儿童文化素养的成

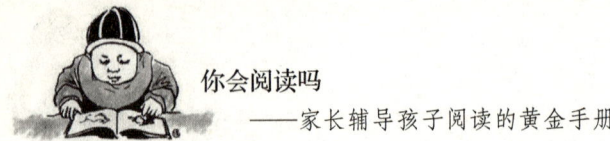

长、对儿童身心的发育所具有的价值是毋庸置疑的,让孩子们读到高质量、高水平的图书也是每一位家长的愿望。因此,在允许孩子根据个人喜好阅读的同时,家长有必要引导他们适当接触和阅读高质量、有深度的图书,而不是整日沉溺于能带来感官的表面愉悦的图书。以漫画书为例,克拉生在《阅读的力量》一书中用了大量篇幅论证阅读漫画书的益处,但克拉生也认为,"尽管阅读轻松的读物对培养阅读能力有帮助,但是若只阅读此类读物,大概对于培养更高的阅读能力也没有太大帮助"。斋藤孝在《深阅读:信息爆炸时代我们如何读书》一书中对阅读"肤浅的书"指出,"开始的一段时期可能会随意阅读,什么书都想翻翻,这是无可厚非的,但这毕竟只是第一阶段……我们必须前往第二阶段,即阅读优质的书"。

3. 如何选——对图书进行考查

鲁迅先生说"读书如赌博",阅读犹如掷骰子,总是会读到自己不想看的书。有经验的读者都知道,仅借助书名常常很难判断一本书的内容,难以确定该书是否切合自己的原意。书名本代表了一本书的灵魂,反映着书的写作目的和中心,但有不少作者却借助隐喻、象征等手段为书起名字,书名与内容之间并非直接对应的关系。据说曹雪芹在写作《红楼梦》时,先后使用过诸如"金陵十二钗""情僧录""石头记"等多个题名,最后才选定了"红楼梦",但即使是"红楼梦",对于不了解该书内容的人,仍然不能通过书名判断书的性质。同样是关于阅读的书,有的是讲阅读知识和阅读方法的,有的则记录了作者的读书随笔,表达的是作者对具体图书的见解,对于研究阅读学的人,显然前者更有用。图书的内容是一个不断展开的过程,对图书的了解往往只有在读了一定篇幅后才能获得,如果选错书,就会导致读者时间和精力的浪费,特别是儿童,功课紧,压力大,能够挤出课外阅读的时间已属不易,如果再三番五次地选错书,就会使儿童逐渐丧失对阅读的兴趣。

如何找到自己中意的图书,使有限的时间和精力得到最有效率的利用?这就需要在正式阅读一本书之前对其做一番考查,即莫提默·J.艾德勒《如何阅读一本书》中提出的"侦探"图书——"有系统地略读或粗读",而不是一看到书名后马上阅读。但莫提默·J.艾德勒提出的"侦探"图书主要是在拿到一本书之后、正式阅读之前对图书的考查,事

三　图书选择

实上在拿到一本书之前这种考查就可以开始了，因为图书信息会通过各种渠道反馈到读者那里，因此，本文的"考查"包括阅读之前所有对图书的了解，这样在找书时就能做到有的放矢，提高找书效率。考查的目的有二：一是了解图书的内容是否符合自己的预期，二是了解一本书的可读性；质量低劣的书可以尽早丢开，难度大的书可以根据自己的愿望决定是否"啃"。读者不要忽视了阅读前的考查，以一小时的时间对图书进行了解，总比在读了一半之后才感到图书对自己用处不大有效得多，而且考查本身就是对图书内容概貌的了解，有利于后续阅读的开展。尽管对图书的考查并非能百分之百地杜绝选错书的发生，但掌握必要的技巧还是对选书有所助益。

第一，依据图书的基本信息判断，包括书名、目录、提要、作者、出版社、出版时间、版本等。

内容信息。与内容有关的信息主要指书名、目录和内容提要等。好的书名宛若点睛之笔，能以极其凝练的笔触点出图书的核心，凸显图书的价值，为我们打开一扇通往一个多彩世界的大门。虽然在很多情况下书名并不能完全反映图书内容，但书名仍然是我们了解一本书最重要的起点，特别是对于那些非文艺类作品，这也是大多数人选书的主要依据。许多网络书目都会列出图书的内容提要，部分书目甚至列出了章节目录，结合这些内容，读者就可以大体确定一本书主要讲的是什么，是不是自己要找的那一本。

作者信息。作者信息主要包括作者姓名与著作方式等。很多人在选书时会忽略作者信息，事实上作者信息对于读者选择到切合自己需要、高质量的图书也是很关键的。包括方素珍等在内的知名阅读推广人都提出，给儿童分享绘本时一定先要让孩子了解一下作者是谁，就是考虑到这一信息对孩子日后选书的重要性。一般来讲，著名作家撰写的图书在质量上相对上乘，因为他们经过几十年的积累，具有对社会、对人生的深刻洞察，作品以丰富的内涵而具有独特的魅力，阅读他们的作品，孩子们不仅能得到教益，也能获得长久的愉悦。在著作方式上，作者与图书之间存在多种关系，有些是作者亲自撰写的，即原创图书，有些则是改编作品，如名著的缩编本。在孩子的阅读能力许可的情况下应尽量让孩子阅读原著，否则就像透过变色镜看世界一样，无法窥见名著的真实面貌。恩格斯就很注重阅读原著，他认为，研究原著本身"不会让一些简述读物和别的第二手资

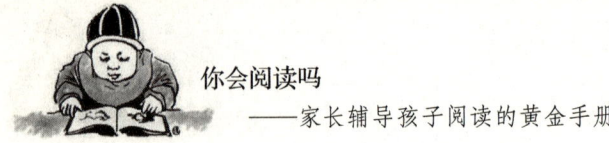

料引入迷途",系统阅读原著是从事研究的一种正确读书方法,不仅可以全面掌握基本原理,还可以了解一个理论的产生、发展和完善的过程,了解这一理论的全貌。

　　出版信息。出版信息主要包括出版社、出版时间、版本等。大型或知名出版社中往往集聚了一大批高水平的编辑,并拥有广泛的社会资源,能够对书稿进行专业甄别和编选,确保出版物的质量。许多出版单位都有自己的出版重点,如文学出版社、文艺出版社偏重于文学与艺术书籍的出版,教育出版社偏重于教育书籍的出版,科技出版社偏重于科技图书的出版,这可以作为判断图书性质的参考。关于出版时间,笔者认为不是特别重要,只要能够在市面上找到,并且不存在被替换的版本即可;有的书内容的时效性不是特别强,如经典作品的再版等,一般不必过于担心出版时间。在版本上,如果一本书被一版再版,表明这本书的社会需求广泛,作者对图书进行了多次修改,质量有所保障,可以优先阅读。近年来,国内有不少引进版童书,一些家长对引进版童书情有独钟,一些阅读推广机构也非国外绘本不推,这是有失偏颇的。随着国内创作团队的成长,国内也有一大批优秀国产作品推出,如绘本《团圆》《荷花镇的早市》《年》《小鼹鼠的故事》等,而且国内作品与中国读者的文化背景相似,更容易为中国儿童所接受。

　　第二,了解图书的社会接受情况,包括书评、评论、评奖情况、销售情况等。

　　一部作品出版后会有很多人阅读,图书质量会通过多种渠道反映出来,特别是在互联网时代,话语权下移,普通读者也有了发声的机会,使我们有了更多了解图书的途径。选书前可以借助专门的书评媒体了解专业书评人对图书的评价,这些书评既有在传统媒体上发表的,如报纸和杂志的书评专栏,也有互联网书评,如中国书评网、读写人、豆瓣读书、人民网书评专栏等。除专业书评外,我们还可以到网上看一看普通读者对图书的评价,如亚马逊网站为每本书设置了5个星的评价等级,由购买者对图书打分,购买者还可以撰写评语。我们也可以了解一下图书的获奖情况,优先选择那些获得过各种奖项的图书,如国际安徒生奖、博洛尼亚国际儿童书展最佳童书奖、(英国)凯特·格林纳威奖、(美国)凯迪克图画书奖、(美国)纽伯瑞儿童文学奖、德国青少年文学奖、(法国)女巫奖、(日本)亚洲插画双年奖、(日本)讲谈社出版文化奖以及中国的全国优

三　图书选择

秀儿童文学奖、冰心儿童图书奖、信谊图画书奖、丰子恺儿童图画书奖等。许多网络书商如亚马逊等都会提供图书的销售排名，或者直接注明图书的销量，那些排名靠前、销量较高的图书说明得到了社会大众的认可。

不过社会评价对于选书只能是参考，家长要形成自己的判断。不论国内还是国外，书评中的故意吹捧和打压不乏其例。即使比较客观的书评，也未必能反映图书的真实情况，例如在《纽约时报》的书评中，"百年来，日后证明的经典著作，他们漏失掉的比他们慧眼捕捉到的何止十倍百倍"（唐诺《阅读的故事》）。英国作家毛姆就说过："别忘了评论家也时常犯错，文学批评史上，有许多明显的谬误都出自著名评论家之口。"在线评论属于普通读者的主观看法，目前互联网上的点赞和评论中不乏"灌水"的情况。对于图书评奖，则存在着评奖人立场的问题，不同时代由于人们的认识不同，对图书的评价结果就会不一样。在美国有一个称为 Phoenix Award 的奖项，每年举办一次，就是考虑到图书评奖的这一局限性，专门针对 20 年前出版、未获得过任何奖项的英文原版书进行评奖。犹如口感好的食品并非都是营养价值高的食品，对图书好坏的判断也不能完全依靠销量，正如刘绪源打的比喻："肯德基和麦当劳，够畅销了吧，但有谁会把最佳烹饪作品的桂冠授给鸡柳汉堡或麦香鱼呢？这是两个向度上的追求。"人民文学出版社总编辑聂震宁甚至将畅销书阅读比喻为"冒险的阅读"。

第三，试读。"试读"并不是真正的阅读，而是尝试性地浏览少量内容，如同购买食物前的品尝。"试读"是图书考查过程中最接近阅读的一步，它除了可以判断一本书是否切合自己的原意，更是对图书的可读性进行判断的主要途径，对此可以参考莫提默·J. 艾德勒在《如何阅读一本书》中对"试读"的描述：挑几个与主题有关的篇章读一读，或把书打开，随便翻翻，或者一两段，或者一两页。

尽管经过上述步骤，选错书的概率会降低，但毫无疑问，读者还是会选错书。"买错书应该作为阅读找书的前提……只因为阅读的真正主体，永远是在不确定的状况下发现各种可能性"，"书没那么容易理解穿透，阅读前的种种相关讯息当然是有意义的，可是真正的理解却得在绵密的相处过后才见分晓，因此，买书是有几率问题的"（唐诺，《阅读的故事》）。阅读之前的考查只是对图书内容的间接了解，获取的信息属于图书的"二次信息"，排除某些被蓄意扭曲的情况，二次信息具有信息量少、过

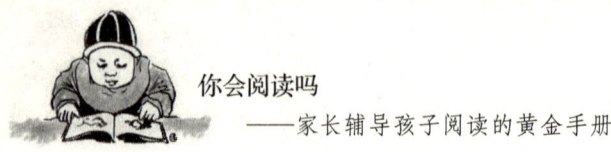

你会阅读吗
——家长辅导孩子阅读的黄金手册

滤性强等特点,并受到二次信息撰写者个人视角、认识水平等的影响。例如,在给图书撰写评语时,限于篇幅,评论人只能就自己所理解的重点和优劣进行讨论,而对其他内容一笔带过甚至略去不谈,但对一本书而言,所谓的重点可能只占很小的一部分,或仅是总结性文字,有时非重点内容会决定读者对整本书的理解,并且评论者所关注的内容未必就是读者所关注的内容。对一本书的真正了解只有在对图书进行了一定数量的阅读后才可能达到,如有学者认为的,一本书只有在读完50页后,才能确定对自己是否有用。因此,选错书可以减少,但无法避免。

  选错书后该如何处理?对此学者之间存在争议。一部分学者主张,发现选错书后要及时放手,另外寻找适合自己的图书,如畅销书《幸福计划》(The Happiness Project)的作者Gretchen Rubin所说的,对于某些书的提早放弃会给自己赢得更多阅读好书的时间,并减少阅读那些仅仅出于义务感而被迫读下去的图书。但是,及时放弃在理论上行得通,在现实中却会产生新的问题,即读者很容易由此养成随意中断阅读的习惯。根据亚马逊的数据监测,读者能够从第一页读到最后一页的电子书只占整个电子书中的很小一部分,说明中断阅读的行为在现实中并非空穴来风。即使一本书对读者看起来作用不大,但只要坚持读下去,读者经常会在书中某些不起眼的位置找到有用的"珍珠"——它可以是一个观点,也可以是一个例子,或者一个数据,过早对图书下"没用"的结论并中断阅读会使读者错过这样的"珍珠"。有些图书,特别是经典著作,读者要反复阅读才能理解,仅在第一遍阅读时就做出有用或没用的结论是比较草率的。正因为如此,许多人如曾国藩、苏霍姆林斯基、吉姆、聂震宁等都认为,一旦开始读一本书就一定要坚持到结束,如曾国藩说自己"读书不二",一书未看完断不看他书,东翻西阅,都是徇外为人。苏联阅读专家C. N. 波瓦尔宁教授在"阅读者守则"中也提出"除非万不得已,读一本书不要半途而废"。本书认为,阅读前的考查功夫必不可少,但是一旦确定,就应将其全部读完,毕竟读一本书的时间不过十余个小时(读得快的人也许只需要几个小时),与整日泡在手机上、电视上或逛大街相比,这十余个小时实在不算什么。

三 图书选择

4. 分级阅读

心理学家 Mihaly Csikszentmihalyi 提出了一个概念——"心流"（Flow），指的是对当前所做的事情全身心投入的状态，正像爱因斯坦给他的儿子所讲的："当你带着极大的乐趣去做事情时，你不会留意到时间的流逝。有时我会如此深陷于我的工作以至于我忘掉了午餐……"如果在阅读中达到"心流"状态，表明读者对所读的内容非常投入，阅读效果自然比较理想。如何才能达到"心流"的状态？根据心理学家的研究，这是在任务的挑战性与个人的技能水平取得匹配的状态时才能达到：当任务的挑战性高于个人的技能水平时，人会感到焦虑；当个人的技能水平高于任务的挑战性时，人会感到厌倦；当任务的挑战性与个人的技能水平相匹配时，人将易于达到"心流"状态。因此，儿童读物的难度应与儿童的阅读能力相适应或稍高于儿童的阅读能力，是他们经过努力可以达到的程度，即"跳一跳够得着"，这样易于他们在阅读时达到"心流"状态。一方面能使儿童从阅读中获得成就感，保持和提升阅读兴趣；另一方面也有利于儿童阅读能力的提升。如图书过于简单，儿童缺乏锻炼的机会，图书过于复杂，则儿童由于理解不了也很难从中获益，即苏联阅读专家 C. N. 波瓦尔宁教授在"阅读者守则"中提出的：读不太容易和不太难的书。近年来分级阅读越来越受到学者关注，这一理论即是解决如何为孩子们找到最适合的读物这一问题的。

何谓分级阅读

分级阅读的基本理念是根据读物的难度将图书划分为不同的级别，每个级别对应于特定阅读能力的读者，由此儿童可以阅读到最适合自己的图书。分级阅读在国外比较流行，翻开一本儿童书，经常会看到书上标着此书适合多大的儿童阅读，有些甚至精确到月份，如"RL 5.2"指"阅读水平适合于五年级零2个月"。

分级阅读引起了国内学者、文化机构和政府的重视。以朱永新为代表的新教育者对分级阅读展开了研究（新教育者称之为"阶梯阅读"），取得了一系列成果，广州部分小学会给孩子们发放由南京大学出版社出版的系列新课标阶梯阅读训练教材。由广东省委宣传部出资启动的南方分级阅

你会阅读吗
——家长辅导孩子阅读的黄金手册

读是国内首个儿童与青少年分级阅读研究中心,自2008年成立以来先后推出了以儿童文学为主的分级阅读丛书、小学分级阅读丛书、初中分级阅读丛书、中职分级阅读丛书以及岭南故事、专家系列等,并打造了"彩虹"系列丛书。2001年,亲近母语课题组发布了小学阶段儿童分级阅读书目(www.qjmy.cn),此后亲近母语研究院每年都对书目进行修订和完善。2009年,由接力出版社、接力分级阅读研究中心、北京师范大学分级阅读研究中心主办的"首届中国儿童分级阅读研讨会"发布了《中国儿童分级阅读倡议书》,认为分级阅读的目的是"把合适的书籍,在合适的时间,以合适的方式递到孩子的手中",方法是"依据不同年龄段儿童的心智,向他们推荐、奉献不同的好书"。2011年,国务院制定的《中国儿童发展纲要(2011—2020年)》提出:"推广面向儿童的图书分级制,为不同年龄儿童提供适合其年龄特点的图书,为家长选择图书提供建议和指导。"《全民阅读促进条例》在前期征求意见稿中也提出要开展分级阅读。

围绕分级阅读,业内出现了两种做法:一是根据儿童阅读发展阶段,组织专家编写分级读物,如南方分级阅读的分级读物、南京大学出版社的阶梯阅读训练教材、英国牛津大学出版社针对英语学习者推出的《牛津阅读树》等;二是研发分级测评标准,对市面上的出版物进行评估。第一种做法凝聚了专家的智慧,能做到多方兼顾,推出的分级读物比较吻合儿童的身心发展。但是,从应用范围讲,第二种做法更具推广性,因为如果分级阅读只是止于推出若干套出版物,家长和儿童在面对市场上的童书时仍然会无从下手,而只有研发出一套科学、有效的测评标准,才能协助家长和儿童更好地选择读物,这也是本书在讨论分级阅读时关注的主要方面。

国外先后推出了多个分级阅读评价标准,如 Flesch-Kincaid 可读性公式、Fry 可读性图表、Dale-Chall 与 Spache 可读性测试、Powers-Sumner-Kearl 公式、蓝思分级标准(Lexile)、DRA 阅读发展评价体系(Developmental Reading Assessment)、A-Z 分级法、RR 阅读校正体系(Reading Recovery)、PM readers、AR 分级系统等,国内则有近来推出的考拉分级阅读。这些分级阅读标准也可以划分为两类。第一类以对读物难度的评价为主,根据评价结果将图书推荐给不同年龄或年级的儿童,依据是相应年龄或年级儿童的平均阅读水平,亲近母语的分级阅读书目采取的

三 图书选择

即是这一策略。但是，阅读能力的发展与年龄的增长并非同步，儿童阅读能力存在着较大的个体差异，对阅读材料的推荐必须考虑到儿童的个体特点，为此有必要对儿童的阅读能力进行预先评估，并将其与读物难度相匹配，这构成了第二类分级阅读体系的特点，蓝思分级就采取了这一策略，考拉阅读走的也是这一线路。

分级阅读标准举隅

本文选取若干个有代表性的分级阅读标准予以介绍，这些标准主要是国外标准，能协助家长选择外语读物。目前国内还没有形成一套操作性强、被广泛接受的汉语分级阅读标准。同时，由于涉及商业秘密，部分标准仅提供简略介绍。

（1）五根手指法

五根手指法并不是严格意义上的分级阅读标准，是流行于国外老师和家长中间，用以判断读物是否适合孩子阅读的一种方法，具体做法是：打开图书中的任何一页，从头开始读，每碰到一个孩子不认识的生词就竖起一根手指，如果在一页之内竖起了五根及以上的手指，说明这本书超出了孩子的阅读能力。

（2）Flesch-Kincaid 可读性公式

Flesch-Kincaid 可读性公式是在学者 Rudolf Flesch 的研究的基础上提出的读物难度测评公式，包括两个公式：Flesch 易读测算公式与 Flesch-Kincaid 年级公式。

Flesch 易读测算公式如下：

$$206.835 - 1.015 \times \frac{总单词数}{总句子数} - 84.6 \times \frac{总音节数}{总单词数}$$

该公式用来计算英语读物的易读分数，分数越高，说明读物越容易被理解，不同分数的推荐阅读人群见表 3-1 所示。

表 3-1 Flesch 易读分数与年级对照表

分数	学校年级	要求
90.0~100.0	五年级	非常易于理解，可被 11 岁的儿童理解

续表 3-1

分数	学校年级	要求
80.0~90.0	六年级	易于理解,语言水平属于对话级
70.0~80.0	七年级	比较易于理解
60.0~70.0	八~九年级	普通英语,能够被 13~15 岁的学生理解
50.0~60.0	十一~十二年级	阅读起来比较困难
30.0~50.0	大学水平	难于理解
0.0~30.0	研究生水平	非常难理解,属于研究生的阅读水平

Flesch-Kincaid 年级公式如下,计算结果直接为年级或受教育年限:

$$0.39 \times \frac{总单词数}{总句子数} + 11.8 \times \frac{总音节数}{总单词数} - 15.59$$

(3) A-Z 分级法(Guided Reading Level)

A-Z 分级法由学者 Fountas 和 Pinnell 开发,通过全文词汇量、高频词汇量与比例、低频词汇量与比例、句子长度、句子复杂度、句义明晰度、句式等对读物难度进行评估,按照英文 26 个字母分级,难度依次递增。但由于读物需要专家鉴定,故 A-Z 分级法提供的读物数量有限,且仅适用于小学阶段(具体如表 3-2 所示)。

表 3-2 A~Z 分级与年级对照表

年级	A~Z级别
幼儿园	A~D
一年级	E~J
二年级	K~M
三年级	N~P
四年级	Q~S
五年级	T~V
六年级	W~Y

续表 3-2

年级	A～Z 级别
七至八年级	Z
高中或成人	Z+

(4) AR 分级系统（Accelerated Reader）

AR 分级系统对读物难度计算的结果称为 AR 分值（又称 GEL 分值、Atos 分值），主要依据是平均句子长度、平均字长、词汇使用年级和单词数等，分值直接与学校年级相匹配，采用 10 进位系统，后面加小数点表示更精确的级别，0 代表最低级别，12.9 代表最高级别。例如，AR 2.5（GE2.5、Atos 2.5）代表美国小学二年级五个月。AR 分级系统还引入了兴趣水平，包括四个级别：低年级（幼儿园到三年级）、中年级（四年级到初二）、中年级+（初二以上）、高年级（高一以上）。如果儿童的阅读能力不强，可以选取 AR 值较低，但兴趣水平符合儿童所在年龄的图书，有助于儿童在阅读能力范围内找到感兴趣的读物。

(5) 蓝思分级体系（Lexile）

由 MetaMetrics® 推出的蓝思分级阅读体系（Lexile® Framework for Reading）体现了对儿童个体阅读能力的关注。蓝思分级首先要求读者参加一项或多项阅读测试，读者借此获得自己的阅读能力分值——蓝思分值。蓝思分值自 0L 起到 2000L 止，以 5L 为区间，0L 代表初学者，分值越高，表明读者的阅读能力越强。同时，蓝思分级体系对读物的难度进行评估，评估结果亦为蓝思分值。由于蓝思分级采用相同的度量标尺衡量读者阅读能力和读物难度，因此可以根据蓝思分值对读者与读物进行匹配，协助读者找到适合的读物。MetaMetrics® 主要与出版社合作，很少推出自己的图书，采用蓝思分级评估图书难度指数的出版社已经达到 300 多家（包括企鹅集团和兰登书屋等知名出版社），先后有 100 多万册图书获得了蓝思评价。

(6) 考拉阅读

考拉阅读是一家成立于 2016 年的中国公司，专门针对汉语读本开发分级阅读系统，以字、词、句、段、篇为五个大维度，每个维度下又划分出不同的细分维度，如字的常用性与组合型、段与段之间的指代信息、结

你会阅读吗
——家长辅导孩子阅读的黄金手册

构逻辑等。考拉分级借助 AI 技术，特别是深度学习技术（如 RNN、LSTM 等），考虑到汉语的特点，建立了文本难度检测系统，输入一段文字，系统会自动生成考拉分值——ER 值。与蓝思分级体系一样，考拉阅读也为儿童提供了阅读能力测试，以便将读物难度与儿童的阅读能力相匹配。（具体如表 3-3 所示）

表 3-3 考拉阅读 ER 值与年级对照表

年级	ER 值
一~二年级	200~450
二~四年级	400~700
五~六年级	600~850
七~九年级	800~950

不同分级系统的分值可互相转换，具体对应关系请参见下表：

表 3-4 不同分级系统分值转换表①

年龄/岁	年级	AR 值	A~Z 值	RR 值	DRA 值	PM 值	蓝思值
4~6	K	0.1~1.5	A	1	A~1	Starters 1	BR~70
4~6	K	0.1~1.5	B	2	2	Starters 1	BR~70
4~6	K	0.1~1.5	C	3~4	3~4	3~4 red	BR~70
4~7	1	1.6~3.3	D	5~6	6	5~6 red/yellow	80~450
6~7	1	1.6~3.3	E	7~8	8	7~8 yellow	80~450
6~7	1	1.6~3.3	F	9~10	10	9~10 blue	80~450
6~7	1	1.6~3.3	G	11~12	12	11~12 blue/green	80~450
6~7	1	1.6~3.3	H	13~14	14	13~14 green	80~450
6~7	1	1.6~3.3	I	15~16	16	15~16 orange	80~450

---

① 不同年级应匹配怎样的阅读力？介绍几种阅读分级法．[EB/OL]．[2017-09-09]．http://mt.sohu.com/learning/d20170302/127612762_484992.shtml

续表 3-4

年龄/岁	年级	AR值	A～Z值	RR值	DRA值	PM值	蓝思值
6～8	1	1.6～3.3	J	17	18	17 turquoise	451～500
7～8	2	2.8～4.2	J	17	18	18 turquoise	451～550
7～8	2	2.8～4.2	K	18	20	19～20 purple	501～550
7～8	2	2.8～4.2	L	19	24	21 gold	551～600
7～8	2	2.8～4.2	M	20	28	22 gold	551～650
7～8	2	2.8～4.2	M	20	28	22 gold	601～650
7～8	2	2.8～4.2	M	28	28	22 gold	601～650
7～9	3	3.9～5.1	N	30	30	23 silver	651～690
8～9	3	3.9～5.1	N	30	30	23 silver	651～730
8～9	3	3.9～5.1	O	34	34	24 silver	691～770
8～9	3	3.9～5.1	P	38	38	25 emerald	731～770
8～11	4	5.0～6.1	Q	40	40	26 emerald	771～800
9～11	4	5.0～6.1	R	40	40	26 emerald	771～830
9～11	4	5.0～6.1	S	40	40	27 ruby	801～860
9～11	5	6.0～7.0	S	40	40	28 sapphire	831～860
9～11	5	6.0～7.0	T	40	40	29 sapphire	861～890
9～11	5	6.0～7.0	U～V	——	50	30 sapphire	891～980
9～11+	5+	7.0～8.0	W～X	——	60	——	920～1070
9～11+	5+	8.0～9.0	Y～Z	——	70+	——	980～1140

分级阅读的局限

虽然目前开发了多个分级阅读标准，但这些标准仍然存在着局限，特别是在应用于非拼音文化时面临着较大的障碍。

第一，标准本身的局限。分级阅读的目的是匹配儿童的阅读能力与读物的难度，但大多数分级阅读标准都主要是基于儿童的语言能力。尽管 MetaMetrics®官方网站宣称蓝思分级体系支持美国"共同核心标准"

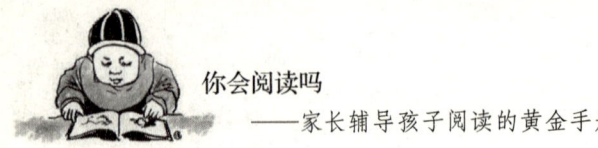

(Common Core Standards)就文本复杂度设立的三个要素,但实际上第三个要素即"用户与任务考虑,包括学生的知识、动机和兴趣"并未被纳入文本复杂度的判断范围。蓝思分级标准主要是基于文本语义和句法,前者以词汇的出现频率为主,后者综合了词汇频率和句子长度。之所以出现这种情况,存在多方面的原因。一方面,非语言因素难于量化。除语言能力外,儿童对书籍的理解受到多种因素影响,包括思维方式、兴趣、理解力、阅读方式、背景知识、身体状况等,但这些因素大多难以量化。另一方面,拼音语言特别是英语中存在着大量不利于儿童掌握语言的因素,如词汇的非规范书写、句子的层层嵌套等。以词汇的非规范书写为例,根据英语拼写协会副主席 Masha Bell 对 7000 余个英语常用单词的分析,60%以上的单词中都有一个或多个非规范使用的字母,例如,-ough 在 cough、enough、thought、through、bough、thorough、though 等单词中的发音各不相同,再如 busy 在英语中原来写作 bisy,但由于早期印刷工人在排印《圣经》时出现错误而沿用至今。分级阅读的初衷就是帮助儿童提高语言能力。

第二,存在跨文化应用障碍。当前分级阅读标准主要是针对拼音语言读物,不同语言由于有不同的表音和表义方式,使用不同的句法和语法规则,基于一种语言建立的文本评价标准在进行跨文化应用时通常难以实施。以汉语为例。尽管汉字也存在一字多音、一字多义的情况,但相比英语,规范情况仍然较好,如大部分出现"戋"的汉字都读作 -ian,如"钱""浅""贱""践""饯"等。同时,由于汉语属于前置修饰语言,即大多数修饰语(包括修饰从句)都位于中心词之前,汉语中的嵌套结构远没有拼音语言复杂,那种由数十个甚至上百个字词组成一句话的情况在汉语中很少见到。因此,汉语儿童的阅读能力障碍发生率要小于英语儿童,汉语文化对分级阅读的要求没有英语文化强烈。然而,汉语的结构特点却提高了文本评估的难度。英语通过空格就可以确定词语边界,汉语则需要分词;英语中存在许多标志性词汇,可以方便地界定句式和句法,但汉语中相应词汇少且难于确定;汉语在词性划分、语言模型等方面都面临着特殊的困难;汉语的行文也比较随意。这些因素导致国外分级阅读体系在被应于中文图书时面临着意愿不足、存在技术瓶颈等障碍。

第三,易于对家长和儿童产生心理暗示。有学者认为,分级阅读会限制儿童的思维,培养家长的懒惰心理,使家长产生误解,认为只要看数字

三　图书选择

就能为孩子挑选到合适的书。这一观点并非毫无道理。一方面，分级阅读会导致儿童不愿意阅读低于自己年龄的读物。2015 年，英国绘本作家安东尼·布朗访华时就表达了对分级读物的不满："英国政府也曾经在书上印刷这本书推荐给 5 岁的孩子，结果 8 岁的孩子就不愿意去碰，这是很荒谬的。"鉴于目前分级阅读体系主要是针对语言能力的，推荐给 5 岁孩子的图书只是意味着这本书的语言能被 5 岁的儿童理解，但并不表示其中的思想对于 8 岁的儿童是过时的。历史上，大量经典著作走的都是普及线路，作者采用普通读者可以理解的语言写作，将复杂的思想以通俗易懂的方式解释。另一方面，对于高于儿童年龄的读物，家长一般也不愿意推荐给自己的孩子，认为超出了儿童的阅读能力。事实上，成人往往低估了孩子的能力。本书强调图书对儿童的适宜性，但适宜性因人而异，不能用一个红线将所有的儿童都框定在某个界限内，有的图书虽然难度大，但如果儿童能够理解，这样的书对孩子来讲就是适宜的。

一点建议

家长在为孩子选书时可以参考分级网站提供的信息，例如在书店或图书馆找到一本书时前往有关网站，了解这本书的适读对象，以决定是否推荐给孩子，或者直接从分级阅读网站提供的推荐书目中为孩子挑选图书。但考虑到目前分级阅读标准的局限，特别是不存在一套成熟的汉语分级体系，家长在使用分级阅读标准时还是要有自己的判断。

第一，家长不要过度依赖分级阅读标准和分级读物。即使在美国，专门的分级读物一般也只是作为孩子的练习手册使用，在日常阅读中，不论老师还是家长都不是经常使用。家长应充分理解贯穿在分级读物中的理念——为儿童提供适宜的读物，保持儿童阅读的积极性，使儿童的阅读能力得到提升，而不是生搬硬套某些标准。只要使用得当，分级阅读在为孩子们提供合适的读物、促进儿童阅读方面确实能发挥积极的作用，但不合理的应用则会适得其反。

第二，不要迷信对适读年龄的过细划分。由于对读者阅读能力和读物可理解性的评估比较复杂，且阅读能力是一个持续发展的过程，因此，当一些标准将读物的适读年龄设定到具体月份时，其参考价值远大于指导价值。学者 Esme Raji Codell 认为，对读物的适读年龄划分过细的可读级别既不可能，也不现实。在阅读推广中，Esme Raji Codell 仅将读物划分为

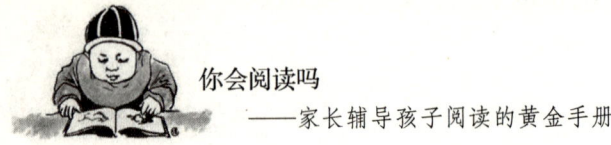

你会阅读吗
——家长辅导孩子阅读的黄金手册

三个层次：初级（面向学前至三年级的孩子）、中级（面向四至六年级的孩子）和高级（面向七年级以上的孩子），但即便如此，这些阶段也只是提供了一个参考。例如，对于一名10岁的儿童，理论上讲，8～12岁的读物都可以成为他的阅读对象。

第三，考虑不同阅读条件下儿童阅读能力的变化。家长要意识到儿童对图书的理解受到多方面因素的影响，考虑多种阅读条件下孩子阅读能力的变化。例如，对于孩子感兴趣的主题，可以考虑选择难度较高的读物，如E. B. 怀特曾说过："如果他们正处在一个能够抓住他们注意力的语境中，他们会喜欢那些让他们费劲的文字的。"对于一些对阅读能力有较高要求的图书，在家长的协助下，幼小的孩子未必不能理解，家长可以把复杂的图书进行简化处理，对图书进行适合孩子年龄的解读，在孩子所处阶段读物不足的情况下，不失为一种扩大儿童阅读范围的策略。

第四，家长最了解自己的孩子，在为孩子推荐读物时最有发言权。考虑到目前分级阅读标准的局限，家长在为儿童挑选读物时需要从多个角度对图书进行适宜性判断，除语言难度外，还要考虑读物涉及的主题是否为孩子喜欢，思想和观点能否为孩子接受，图书内容与孩子的成长环境是否相关等。

5. 群文阅读

近年来，国内教育界兴起了一种称为"群文阅读"的教育实践，指读者在一段时间内围绕一个或多个议题阅读一组相关的图书，这些图书之间呈现出内容相关、结构相关或者体裁相关等，以达到相互促进和加深理解的目的。类似的阅读方法曾被一些学者提及，如有学者提出"油点阅读法"，即宛若一滴油落在纸上向四周扩散，阅读也以一本书为中心，通过阅读与该书有关联的作品，达到扩大阅读的目的。写出《阅读的力量》一书的作者斯蒂芬·克拉生提出了"狭窄阅读"，即一段时间内只看一种类别或一个作家的作品，可以让读者借助之前读过的书理解后面所读的书。

群文阅读是一种有系统的读书方法。对于同一个研究对象，不同作者专业背景不同，理解角度也不一样，在写作时会有不同的侧重，做出不同的解释。例如，同样是关于读书，研究视角就有生理学、教育学、社会学

三　图书选择

和图书情报学等角度。如果只看一本书，读者获得的知识就是单一和局部的，而单一和局部的知识是有风险的，通过多读几本相关的书，将这些书中有代表性的内容找出来，对比着读一读，就能对研究对象有全面和深入的理解。对此奥野宣之有一个很形象的解释，他说，"从 A、B、C 三本书中找出有用的部分以后，用 C 书来解决 A 书与 B 书相对立的部分产生的问题，再以 A 书的眼光来观察 B 书和 C 书中的事例……让 A、B、C 三本书互相争论，最后由我自己来做评判"。恰如一个人得了重病，需要多跑几家医院，听听不同专家的意见，阅读也要听听不同作者的见解。

台湾作家唐诺说，下本书就藏在此时此刻你正在阅读的这本书里，它可能来自同一个作者、同一个出版社，可能是被第一本书不断引述的一本重要著作，或图书中引用的、虽不起眼但被读者喜欢上的人名或书名，也可能是书中的某些主题、内容引发了读者的兴趣，希望做更多的了解……对图书"群组"的划分可以有多个维度，本书兹举几例解释如下。

维度一：从同一学科中选择。大部分书都有其所属的学科，同一学科的书具有较强的内容相关性。国内公共图书馆主要使用《中国图书馆分类法》类分图书，该分类法基于哲学、社会科学和自然科学的学科划分思想，将所有学科划分为 5 个部类、22 个大类，并细分出数千个小类，大多数小类对应于特定的细分学科。在读完一本书后，读者可以到该书所在架位浏览一下同一学科下的图书，或者利用图书馆书目的分类浏览功能，寻找与所读图书属于相同类目的图书。

维度二：选择相同或相近主题的图书。除学科属性外，图书还有主题属性，即描写或论述的对象。例如，《恐怖的雷电现象》（金盾出版社，2015）的主题是"雷电"，《辞旧迎新过大年——春节》（北京师范大学出版社，2014）的主题是"春节"。同一主题的图书未必属于同一学科，如在广州图书馆在线书目中检索"恐龙"，检索结果就分布在生物学、考古学、文学、艺术、文教类等类别。将同一主题、不同学科或不同来源的图书对照着读，有助于扩大儿童的视野和加深对同一主题的认识。据说毛泽东为研究拿破仑，同时找来苏联、法国和英国学者所写的拿破仑传记和有关著作对照着读。大部分图书馆或书商目录系统都提供了"主题"搜索功能，输入主题词，关于这一主题的图书就会出现在搜索结果中。有时一个主题需要尝试多个关键词，有些系统则提供了模糊搜索功能，自动匹配相近的结果。

你会阅读吗
——家长辅导孩子阅读的黄金手册

维度三：同一作者的书。在读了一位作者写的一本书后，如果该作者撰写过多本图书，还可以继续读一读该作者写的其他图书。由于作者相同，这些著作在内容上大多相关。该方法是许多学者常用的选书方法，它可以使读者系统了解一位作家的思想。美国作家罗伊·兰德主张，读者最好有意识地长期了解一位作家，这样就可以提高阅读其作品的效率，也有利于对其他作家创作的同类作品触类旁通。在图书馆和书商的在线目录中，均设置有作者检索字段，便于读者从作者角度聚类图书。在由同一作者撰写的书中，系列读物是一种重要类型。有阅读推广专家认为，如果孩子对系列读物中的一册感兴趣，他们会主动寻找该系列的其他图书，因此，若孩子发现某系列读物中的一册比较好看，可以试着为孩子寻找同一系列的其他读物。不过同一作者的书有时也存在写作水平上的起伏，因为花无百日红，作者写作水平的波动是再正常不过的事情，曾经有过好看的书并不能证明后来的书一定好看（聂震宁《舍不得读完的书》）。

维度四：以一本书为中心拓宽阅读范围。该策略通常是以一本经典著作为核心，阅读围绕这本著作产生的系列著作，如简写本、评论、改编等，或有助于加强对该著作理解的书。例如，彭履祥教授在研读《内经》《难经》《伤寒论》《金匮要略》等经典医学著作的同时，也读了一些名家注释，如张志聪的《灵素节要》、张世贤的《图注难经》、龙在泾的《伤寒贯珠集》和《金匮心典》等，并涉猎其他相关著作，如《濒湖脉学》《医方集解》《医学金鉴》《时方妙用》《时方歌括》等。在读了一本书后，还可以读一读关于这本书的背景、知识来源的书。当代作家李准说过："读一本书，要联系能够和这本书的故事、写作方法、情节内容、思想主题等有关的书读，触类旁通。通过这一本书找那一本书，通过那一本书再找另一本书，就会发现，这一本书的内容可以从其他的书中找到它的历史根据、发展趋势等，从而加深自己的理解。"学者、教育家夏丏尊就采用这种四面八方的拓展方式来选择图书。他曾以《桃花源记》为例：这篇文章是晋朝人写的，如果想知道它的地位和晋朝文学情况，就可以看一下中国文学史；这篇文章彰显了一种乌托邦思想，英国的莫尔写过一本叫《乌托邦》的书，可以一阅；这篇文章属于记叙文，也可以看看有关记叙文写法的书；如果想更多地了解陶渊明，则可以阅读《晋书·陶潜传》或《陶渊明集》。

维度五：瓜蔓式阅读。瓜蔓式阅读指从对一本书的阅读中发现另一本

三 图书选择

感兴趣的图书的线索,阅读书单俨然瓜蔓一样伸展开来。瓜蔓式阅读也是许多学者喜欢的找书方法。例如,有时一本书中会多次提及另一本书或另一位作家的名字,纵然是拿来作靶子进行批判的也不妨读一读;有时读者会从一本书中发现一个值得一读的主题,再借助书目系统查找关于该主题的图书;甚至从参考文献、推荐读物中,读者都可能有所发现。读者在初读某一领域的著作时,理应从该领域的经典著作入手,但在缺乏专题书目的情况下,读者未必知道该领域有哪些经典著作,而瓜蔓式阅读就给读者提供了一个发现经典的途径,因为领域经典或权威人物总是会被该领域的其他图书反复提及。先阅读几本普及性读物,从中就可以找到该领域的经典著作或权威作家。

维度六:其他途径。还有很多途径可以发现相关联的图书。例如,在亚马逊商城搜索《朗读手册》,在该书下会有"经常一起购买的书",如《夜观星空》,还会有"购买此商品的顾客也同时购买",如《幸福的种子:亲子共读图画书》《阅读的力量》《图画书应该这样读》等。如果读者从亚马逊买过图书,亚马逊会定期将相关的图书信息发送到读者邮箱中,读者或许能从中找到自己喜欢的书。

在群文阅读中,家长和孩子要注意以下事项。

第一,同一图书可以从不同角度与其他图书建立"群组",例如绘本《花婆婆》,既可以从"让世界更美好"的角度理解,也可以从地理人文的角度理解,虽然第一种角度更符合图书原意,但第二种角度也可以引领孩子进入另一种阅读境界。

第二,"群组"的范围不宜过宽。要选择合适的维度,以免将选书范围定得过宽,导致出现一些图书看似有关,实则联系不大的情况。例如,一门学科可以划分为不同的子学科,子学科下还可以继续细分,如根据《中国图书馆分类法》,"哲学"下就包括"哲学理论""世界哲学""中国哲学""逻辑学""伦理学"等类目,"中国哲学"则包括"先秦哲学""汉代哲学"等细分类目,在以学科作为图书选取维度时,宜从细分学科的角度入手。再如对于"爱",就有人与人之间的爱,人对于自然之美的爱,人对于小生命的爱,等等,如果仅从"爱"的角度选择,就会将上述三类关于"爱"的图书归在一起,此时可以对"爱"做出限定,如家庭成员之间的亲情,以缩小选择范围,加强图书之间的关联性。

第三,注意群文阅读的节奏。对于某一群组的图书,读者在阅读第一

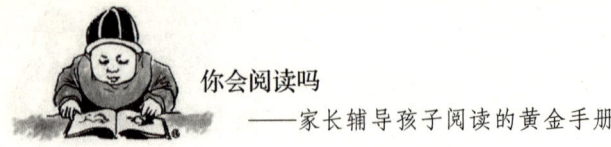

本书时对这一主题了解不是很多,需要放慢读速。随着阅读的推进,读者对这一主题的了解日益加深,不同图书之间的内容重叠在所难免,此时读者可以加快阅读速度,或采取选择性阅读策略,对于已知内容略读甚至不读,重点阅读那些有不同思想、能提供多样化理解的部分,其阅读过程的轻松和阅读效应的显著,能有效提升儿童阅读的成效感和愉悦感。

第四,注意同一群组内图书的关系,如时间关系、逻辑关系等。对于同一个作者,阅读顺序最好基于作者自己的写作顺序,方便沿着作者的思考历程理解图书内容,但也可以先阅读该作者最有代表性的作品,再阅读其他作品。阅读的图书之间应遵循由浅至深的原则,先阅读容易理解的,再阅读有一定难度的,先阅读的图书为后阅读的图书奠定基础。当然,阅读顺序并非绝对,例如一些学者故意"由深入浅",如名医徐立三在指导学生阅读时,要求学生先从学习医学经典入手。也有读者采用难易互见的做法,同时或轮流阅读较难和较容易的作品。

有学者提出了"专题阅读",即围绕一个专题,多方查阅资料,然后进行综合和分析,结合自己的实践和思考,形成对问题的判断,甚至写出研究报告。一位老师曾在《中国教育报》上记述了班里的一件事:一位女同学首先给自己确定了一个阅读目标,取名为"鲁迅的人际交往专题探究",围绕这个目标,她除了去图书馆查阅资料,还前往北京鲁迅博物馆查阅资料,两天内搜集到十几万字的资料,从中筛选出上万字的资料并潜心阅读,最后写出了专题阅读心得。这位女同学的阅读具备了研究性阅读的特点,虽然也属于群文阅读的一种,但对于大多数儿童来讲,这样的阅读是有难度的。群文阅读仅是一种选书策略,不宜将其视为研究性阅读,不能让儿童从一开始就背着包袱找书。

也不应把群文阅读与儿童未来的专业方向相混淆。有阅读推广者提出了"定向式阅读",即确定一个主攻方向,长期阅读与这一方向有关的图书,并举黑格尔的话为证,即"一个志在有大成就的人,他必须如歌德所说,知道限制自己,反之,那些什么事都想做的人,其实什么事都不能做,而终归于失败。世界上有趣味的东西异常之多,西班牙的诗、化学、政治、音乐都很有趣味,如果有人对这些都感兴趣,我们绝不能说他不对。一个人在特定的环境内,如欲有所成就,他必须专注于一事,而不可分散他的精力于多方面"。定向阅读与群文阅读有类似之处,但两者其实是不同的。定向阅读更多是一种基于专业或研究方向的阅读,它通常是一

三　图书选择

个人在进入大学后考虑的未来职业方向和学术生涯规划，或者至少是人生某个阶段的专业方向，与其相关的阅读属于职业阅读、学术阅读。对于中小学生来讲，过早为自己设置狭窄的阅读范围对于奠定知识基础是没有好处的，群文阅读是仅就一段时间内的阅读而言的，它无关乎一个人未来的专业领域和研究方向。

资料：研究案例①

杭州市天长小学"群文阅读"研究小组针对三～六年级开发的群文阅读指南：

（1）三年级：反复结构的故事、中外同主题寓言、各个版本的"三只小猪"、有关傻瓜的故事、淘气包文章、民间"聪明人"故事、礼物故事、"神奇的宝物"故事、英雄故事、和"北纬30度"有关的文章、不同题材说明同一知识点的文章。

（2）四年级：各个版本"三个儿子"的民间故事、同一个故事不同的结局、我们为什么不能撒谎、有特色的人物外貌描写、大作家也写流水账、"打架了"文章、穿越式"幻想小说"、鬼故事、好玩的汉字故事、不同题材中的狼文章、"怎样当爸爸"文章、如何面对灾难。

（3）五年级：创世神话、突出声音的文章、突出色彩的文章、结尾出人意料的小小说、一句话在文章中多次出现的文章、吝啬鬼文章、经典演讲词、老舍文章、"我们做怎样的小孩"文章、西顿"不说话的动物"故事、从不同角度看待同一事物的文章、自己画插图的著名作家文章、人物传记。

（4）六年级：造人神话、父母与孩子的通信、鲁迅文章、一部作品不同人的翻译、谈论死亡的文章、谈人与环境的文章、幽默文章、微观世界文章、民间爱情故事、经典遗书。

---

① 本案例从互联网上搜集、整理而来。

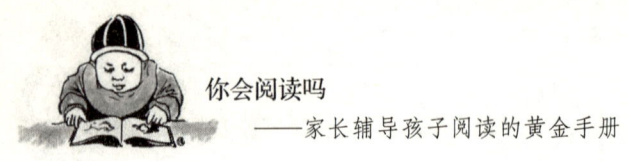
你会阅读吗
——家长辅导孩子阅读的黄金手册

6. 多样化阅读

多样化是一种积极的生活态度和健康的生活方式。哲学家罗素说过，"多样化带来幸福（Variety leads to happiness）"，精辟地点出了多样化的价值。以饮食为例，不论一种食物对人体有多少种好处，但如果长期只食用这种食物，人就会营养不良，甚至会因为食用过量而带来健康风险，良好的饮食应当是食物搭配的多样化，中医"五色养五身"反映的即是这一道理。西方历史上，有的哲学家终其一生都生活在痛苦之中，个别甚至以极端方式结束自己的生命，除了无法走出自己搭建的象牙塔外，一个重要原因就是生活的单调。青年罗素也曾因此几乎走向自杀，但后来罗素找到了摆脱心理危机的方式——《走向幸福》中提及只有追求多样化的兴趣，人的一生才会得到幸福。群文阅读要求儿童在一段时期内围绕一个"群组"读书，但不宜长时间阅读同一个"群组"的书，否则儿童也会患上阅读的"营养不良"。在群文阅读的基础上，一定要保障阅读的多样化，经过一段时间之后，及时转换阅读兴趣，实现阅读内容的多元和丰富。

多样化阅读可以使儿童对阅读的兴趣保持长久。兴趣的一个重要特点就是不稳定——一个人在某一时间对某件事物感兴趣，但是随着时间的流逝，兴趣会逐渐减弱乃至消失。不过，人们对一件事物兴趣的减弱并不意味着人们感兴趣的对象减少，而是会将兴趣迁移到其他事物上。如果长时间只阅读单一主题的图书，在兴趣发生迁移时而不相应阅读其他图书，儿童就会逐渐失去对阅读的喜好。在儿童对某一主题的图书不再感兴趣之前，家长应及时引导他们阅读其他可能引发他们兴趣的图书，使儿童实现兴趣点的迁移和阅读兴趣的长久维持。

多样化阅读还可以使读者获得广博的知识。我国古代学者强调"博"与"约"，如宋代文学家叶梦得与清代史学家、经济学家王鸣盛均提出了"博观而约取"，清代史学家章学诚也说，"大抵学问文章，须成家数，博以聚之，约以收之"。"博"即广泛阅读，不拘一类、一书，经、史、子、集，三教九流，无所不读，正如易中天在《读书如择偶》一文中所说，博览群书的"博"不仅指数量的"多"，还指品种的"杂"。经济学家王亚南曾以《资本论》为例，论述了多样化阅读的好处，他说："《资本论》

三　图书选择

是一座庞大的知识宝库，不仅有经济学理论，还包含了丰富的哲学、历史和文学的知识呢！马克思对古希腊神话及后来莎士比亚等人的著作非常熟悉，他准确自如地引用其中的典故来表述自己的经济学观点，把非常枯燥的经济问题谈得别有兴味。而且通过小说所描绘的内容，可以从不同侧面了解当时的社会背景，从而认识资本主义的剥削本质，如果对追杀恶魔的西波亚斯或被人骂为水獭的瞿克莱夫人一无所知，连臭名远扬的夏洛克也不知是何许人也，要想完全啃动《资本论》是比较困难的。"王安石在谈到读经时认为"读经而已，则不足以知经。故某自百家诸子之书，至《难经》《素问》《本草》、各种小说，无所不读；农夫女工，无所不问。然后于经为能知其大体而无疑"（《答曾子固书》）。儿童正处于吸收知识的阶段，只有通过多样化阅读，奠定宽广的知识基础，未来在学习上、在选择专业方向时才会拥有更大的回旋余地。许多高中毕业生在高考志愿填报选择专业时比较迷茫，面对招生志愿上不计其数的专业往往一筹莫展，有的因一时兴起择定专业，但真正进入大学接触该专业后却发现，这些专业并非如自己原来想象的那样，导致学习兴趣下降。之所以造成这种现象，一个主要原因就是读书少，对许多学科知识的了解不够。

另外，多样化阅读能带来跨学科的启迪，因为不同学科虽有专业分殊，在思想上却有相通之处，不同专业只是研究方向上的分工，被研究的对象则是一个整体，不同学科的知识之间存在着不可分割的联系，有时从一个学科角度难于解决的问题，却可以从另一个方向上打开缺口，如朱光潜所说的："近代科学分野严密，治一科学问者多故步自封，以专门为借口，对其他相关学问毫不过问。这对于分工研究或许是必要，而对于淹通深造却是牺牲。宇宙本为有机体，其中事理彼此息息相关，牵其一即动其余，所以研究事理的种种学问在表面虽可分别，在实际上却不能割开。世间没有一科孤立绝缘的学问。"我国科学家竺可桢就曾论证，王之涣的《凉州词》中"黄河远上白云间"应该是"黄沙远上白云间"，"黄河"是后人改过来的，因为原句"是很合乎凉州以西玉门关一带春天情况的"，他引用王昌龄的《从军行》及王维的《送刘司直赴安西》等诗来说明，"在唐朝开元时代的诗人，对于安西、玉门关一带情形比较熟悉，他们知道玉门关一带到春天几乎每天到日中都要刮风起黄沙，直冲云霄的"，"实际黄河和凉州及玉门关谈不上有什么关系，这样一改，便使这句诗与河西走廊的地理和物候两不对头"。

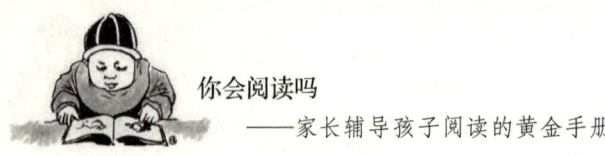

与群文阅读一样，多样化阅读也可以从多个维度选择图书，兹举几例如下。

维度一：学科或主题维度。不同学科与主题的图书可以交换着看，互相参照，如鲁迅所说，"爱看书的青年……大可以看看本分以外的书，即使和专业毫不相干的，也要泛览，譬如学理科的，偏看看文科书，学文科的，偏看看科学书"。还可以以某个选题为中心，围绕中心放射出几根纬线，而纬线也可以形成自己的中心，从而建立多个相互联系的阅读中心，由此不断伸展出去。即使对于同一个选题，也可以从不同方面入手，如人文的、科普的、社会的，等等，或者看看不同作者写的书。例如，同样是写狼，国内的金曾豪、姜戎、黑鹤，国外的西顿、吉卜林、杰克·伦敦在写作手法、文风等方面就各有特点。

维度二：社会情感维度。为了让孩子获得丰富的情感体验，形成健康的情感心理，我们可以挑选表达多种情感的图书推荐给孩子，如表示爱与恨的，表示团聚与离别的，表示高兴与伤感的，等等。不过有家长担心，接触多样化情感的图书会使儿童阅读到包含负面社会信息的图书，这是否会对儿童的心理健康造成影响。其实这种担心是多余的。儿童并不是生活在真空之中，尽管有些家长努力将孩子与负面事件隔离，但各种负面信息还是会通过不同的渠道进入孩子的视野。另外，一些儿童本身就正亲历着负面事件，如家庭冲突、社会偏见、贫困等。如果儿童只接触正面信息，他们会觉得这些图书的内容不真实。只要作品的基本格调是健康和向上的，大人要相信儿童在阅读的时候自会做出分辨，如作家张悦然说的："没有人因为大量阅读悲剧就患上抑郁症。"阅读一些反映社会负面情感的图书还可以增强孩子应对此类事件的免疫力，对于本身即是社会负面事件亲历者的孩子，阅读此类书可以使他们得到心灵的慰藉——他们并不孤单。

维度三：文化背景的多样性。每本书都有它产生或反映的文化和时代背景，让儿童阅读不同文化和时代背景的图书，有利于他们跳出自己的文化小圈子，从多种文化中汲取精神养料。在我国的数十个民族中，许多民族都产生过优秀的文化作品和脍炙人口的传说故事，家长应多让儿童接触一些具备少数民族文化背景的作品，如维吾尔族的阿凡提、彝族的阿诗玛等，使儿童从小接受我国多姿多彩的民族文化的熏陶。不仅要读国内的经典图书和优秀图书，也要接触国外的经典图书和优秀图书，除欧美经典

三 图书选择

外,还应寻找第三世界国家和其他民族的优秀作品。目前在欧美国家的阅读推广中普遍存在着以西方文化为中心的倾向,如向儿童推荐的图书基本为欧美作家创作的作品,书中的角色多为白人,对此甚至一些西方学者也提出了批评。

维度四:性别角色。在图书馆和书店中不时会看到,有男孩从书架上找到一本书,家长却对孩子讲,那是给女孩子看的,也有一些家长会询问图书馆馆员或书店管理员,有哪些适合男孩子看的书。在传统观念中,以男孩为主角的书适合男孩与女孩阅读,但以女孩为主角的书则主要适合女孩阅读,如公主类图书。然而事实并非如此。童书作家 Shannon Hale 就曾记述说,多位老师向她反映,当告诉孩子们老师打算为他们阅读《谁来当王妃》(Princess Academy)时,女孩们会喊"耶!",男孩们则"嘘"声一片,但在分享结束后,不论男孩还是女孩都很喜欢,有时甚至男孩比女孩更喜欢。在阅读中,儿童不存在一个是否适合自己的观念,他们只是关注自己喜不喜欢某本书。如果家长强迫孩子读不感兴趣的图书,或限制孩子读感兴趣的图书,都会导致孩子不喜欢阅读。另外,如果不允许男孩阅读关于女孩的书,还会妨碍男孩建立面对女性的"移情(Empathy)"心理,无法理解对方的感受,为与异性之间的交往冲突埋下伏笔。只要作品本身是健康的,男孩阅读关于女孩的书,也不致引发性别错位,对此家长大可不必担忧。家长所能做的就是,给孩子们提供尽可能多的选择,让他们在个人兴趣的支配下自由选择喜欢看的书。

7. 情境型阅读

"情境(Context)"一词源于西方,指对一个人的言行可能发生影响的环境,除时间和空间等"硬"环境外,还包括文化、社会、生活乃至个人心理等"软"环境。情境可以看作一个人所在的"场"。情境阅读就是从情境中寻找阅读线索,如与自己曾经或正在经历的事件有关的图书。情境阅读的特点是读者在阅读之前就已经对图书内容有了一定的接触和感受,情境经验更容易引起儿童对图书的兴趣。如奥野宣之所说的:"人都会对和自己有联系的事物抱有兴趣……书籍会因为跟自己的关联而变得有趣。"同时,情境经验能提供应用背景,有助于儿童加强对图书的理解和加深对图书的印象。加拿大学者 Tanya Kaefer 的研究表明,在阅读与自己

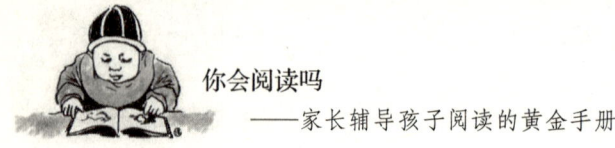

熟悉的主题有关的绘本时，儿童能更好地对词汇进行学习，这是由于拥有的背景经验能使儿童更好地对生词进行意义建构。

情境阅读的线索可以有多种，兹举几例解释如下：

线索一　教科书。教科书中收录了不同学科、不同主题、不同类型的课文，这些课文可以成为儿童进一步阅读的"触发器"。苏霍姆林斯基说："尽管经过的途径不同，学生一般都是从课堂教学得到启发而去课外阅读科学书籍，都是由教室走向阅览室，由某一个问题激发了兴趣而读第一本课外书到积累起个人藏书的。"学者钟传祎、朱永新等提出了"学科阅读"，即阅读一些与学习科目相关的书，除围绕语文学习开展阅读外，也可以从其他科目中寻找阅读线索，例如在学习历史时，如果对鸦片战争这段历史感兴趣，可以寻找与林则徐禁烟、两次鸦片战争有关的材料进行深度阅读。尽管当代儿童接触信息的途径日益多元，但教科书仍然是一个引发进一步阅读的重要"触点"。儿童对教科书采用的是深度学习，他们能获得对相关主题的深入了解，这提高了他们阅读相关文章或图书的"高度"，有利于对延伸材料的理解，而延伸阅读同时丰富了他们的背景知识，也能对学习提供某种"反哺"。当孩子从学校回来后兴高采烈地跟大人讲述书中内容的时候，家长要意识到，孩子很可能对这一主题感兴趣，家长要顺着孩子的思路引导他们做延伸阅读。

线索二　生活。以儿童的生活阅历或生活中经历的事件为线索选择图书也是一种重要的情境阅读。每个儿童都是独特的，都有自己不同于他人的生活经历，如果能围绕儿童的经历选择图书，就能促使他们主动阅读。例如，对于有过多次与父母分离经历的儿童，以亲人或朋友分离或团聚为主题的图书会使他们获得感同身受的体会，如绘本《再见的味道》《狮子与小鸟》《团圆》等。儿童在家庭和学校中经常经历一些事件，从这些事件中也可以找到阅读线索。例如，在孩子去了动物园之后，可以与孩子一起分享与动物有关的图书，如《亲爱的动物园》（*Dear Zoo*），儿童不仅觉得有趣，也会将图书内容与所见所闻对照，引发对图书的讨论。在美国一些学校，每到体育周，学校除了组织孩子们参加体育活动外，还围绕运动开展阅读，让孩子们了解更多与运动有关的知识。当家长在生活中发现需要解决的问题时，也可以引导孩子阅读相关图书，寻求解决办法。例如，如果家里的电器坏了，而修理过程并不复杂，是孩子借助图书可以完成的，家长可以与孩子一起到图书馆查阅资料，按照指引与孩子共同修复

三 图书选择

出现的故障,在国外,这种阅读被称为"及时阅读"(Just in Time Reading)。家长还可以围绕节假日给孩子推荐图书,如在母亲节给孩子推荐《我妈妈》《妈妈的礼物》等绘本,在父亲节给孩子推荐《大猩猩》《给爸爸的吻》等绘本,也可以在对孩子来说比较特别的日子里提供相应图书,如在孩子的生日推荐《比尔过生日》《汤姆的生日》《鼠小弟的生日》等绘本。

线索三　社区与社会。社区阅读指从儿童生活的社区或城市中寻找阅读线索。每个儿童都生活在一个有着特定历史和文化背景的社区或城市中,让孩子了解居住的社区和城市,使孩子将书本上的知识运用于对现实的观察和解读,也是一种促进儿童阅读的方法。清代学者李绿园所著《歧路灯》是以开封为背景的一部小说,书中的街巷、官署、寺庙等的坐落、方位、走向等无不与实际相符,风俗人情也是这一内地城市的真实写照,生活在开封的儿童如果阅读《歧路灯》,会获得直观的感受。生活在广州的孩子可以读一读以广州或岭南为背景的作品。广州图书馆先后开展过多个与广州文化有关的阅读活动,选择以广州文化为主题的图书,邀请作者与读者分享和讨论,引导读者通过阅读更好地了解自己生活和工作的城市。目前许多外国人在广州居住,其中尤以非洲人居多,据说数量已有数十万。据非洲人自己讲,虽然中国人不歧视他们,也不欺负他们,但是他们却感到中国人对他们很冷漠。如果儿童恰好生活在拥有较多外国人的社区,可以引导孩子读一些与相应国家和民族有关的图书,以消除孩子对外国人,特别是非洲人的偏见。家长还可以从社会中获得阅读线索,提高儿童对社会事件的认知力和应对力。例如,在发生地震时,可以引导孩子阅读与地质、地震有关的书籍,学习地震发生时如何正确逃生;在举办大型运动会期间,如奥运会,可以引导孩子阅读以运动为主题的书籍;在党代会期间,向孩子推荐与党史有关的图书;在纪念抗战胜利期间,则可以阅读抗战历史书籍。

情境阅读是一种重要的选书方式,它可以将实践认知和书本阅读结合起来。但是,情境阅读的内容一定是儿童感兴趣的,否则就失去了意义。例如,虽然孩子们喜欢过春节,但并不意味着每个儿童都会对与春节有关的图书感兴趣,特别是每次过春节都给孩子推荐与春节有关的图书,孩子很快就会厌腻。再如,开展学科延伸阅读的前提也应该是孩子感兴趣的,而不能作为一种作业要求孩子完成,否则孩子会将其视为功课之外的新负担

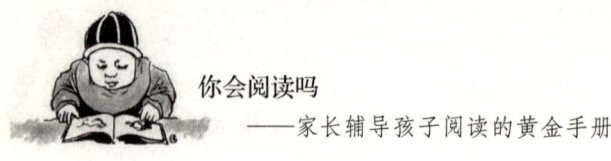

而心生排斥。

> **案例：小博看彩虹**
> 小博喜欢读书，以前在书中也见过彩虹，如果家长指着彩虹问他"这是什么"，他会回答"是彩虹"，但表现不出特别的感受。有一天父母带小博去公园玩耍，雨过天晴，天边挂着一道美丽的彩虹，父母与小博看到彩虹后都很兴奋，观察了许久。过了几天，爸爸专门从图书馆借了一本有关彩虹的图书，当小博发现书中的彩虹时，立即大声叫起来"有彩虹哟！"兴奋之情溢于言表。

8. 推荐阅读

人们在初次接触一个领域时，面对该领域汗牛充栋的文献，往往不知道从何入手。同样是图书，有些属于学科的奠基之作，有些则质量平平。如果见什么读什么，就会造成时间和精力的浪费，效果也未必理想。此时，若手边有一份推荐书单，告知读者哪些书优先阅读，就如同大海中的指明灯一样，读者将获得读书治学的门径。张之洞在《书目答问》中指出，"读书不知要领，劳而无功"，这种"要领"正是张之洞编辑《书目答问》的初衷。推荐书目就是能为读者提供读书"要领"的书单子，它是学者从众多图书中择要而录、推荐给读者优先阅读的图书，是"为指导读者读书治学或普及文化科学知识，选择适合特定读者群所需要的书籍而编制的一种目录"（徐雁、谭华军《目录明，方可读书：推荐书目、影响书目、畅销书目与读物推广》）。

一直以来，国内外学者就有开列推荐书目的传统，除《书目答问》外，胡适的《一个最低限度的国学书目》、梁启超的《国学入门书要目及其读法》《最低限度之必读书目》《西学书目表》等都是推荐书目中的佼佼者。近年来，更有著名教育家朱永新教授带领专业团队为小学生、中学生和教师等人群分别推荐的优秀图书（《中国小学生基础阅读书目》《中国小学生推荐阅读书目表》《中国中学生阅读书目推荐》《中国教师必读书目》），其他如北京大学王余光主编的《影响中国历史的三十本书》与《塑造中华文明的200本书》、崔钟雷主编的《影响中国孩子成长的66本

三 图书选择

书》、美国童书专家安妮塔·西尔维（Anita Silvey）编写的《给孩子100本最棒的书》、国家新闻出版总署向青少年推荐的百种优秀图书等。在报刊、电视节目中也有图书推荐栏目或频道，一些读书类网站或微信公众号亦会给读者推荐图书，这些被推荐的图书或者源于专业人士的挑选，或者经过大量读者投票，可以给读者的选书提供参考。

虽然推荐书目历史悠久，价值得到许多人认可，但还是受到部分学者的质疑。与图书馆借阅排行榜、书店销售排行榜、年度新书榜等以客观标准遴选图书不同，推荐书目是由学者根据个人判断推荐给读者的，因而不可避免地带有主观性。儿童文学作家韩青辰认为，"不要相信任何人的推荐，一定要自己到书堆里去寻找那一本或几本最适合你的书。书就是朋友，肝胆相照的朋友注定只有那么几个，不会遍地都是"。教育家李庆明认为，"个人推荐的书常常是不可靠的，不管是谁！"就连大学者胡适也认为"个人的见解不同，个性不同，各人所选只能代表各人的嗜好，没有多大的标准作用"。鲁迅在1927年7月在广州知用中学的演讲中提到，"我们自动的读书，即嗜好的读书，请教别人是大抵无用，只好先行泛览，然后决择而入于自己所爱的较专的一门或几门"。正是基于这一思想，鲁迅在有关机构请他推荐图书时竟然交了"白卷"。

本书认为，良好的推荐书目能为读者发现好书提供帮助，减少读者阅读的"试错"率，节约读者时间。不能因为没有一份完全适合一个人的推荐书目而将整个推荐书目拒之门外，这是一种非此即彼的做法。没有任何一名推荐者希望读者将推荐书单上的书从第一本看至最后一本，每个读者都要做出自己的判断，而不是过度依赖他人的推荐，正如朱光潜在《谈读书》一文中说的："读书好比探险，也不能全靠别人指导，你自己也须得费些功夫去搜求。我从来没有听见有人按照别人替他定的'青年必读书十种'或'世界名著百种'读下去，便成就一学者。别人只能介绍，抉择还要靠你自己。"一般来讲，那些符合我们阅读目的的被荐图书理应进入我们的阅读视野。我们要有意识地搜集各种来源、有一定质量的推荐书目，再根据这些书目整理或充实自己的阅读书单，对于某些被多次推荐的图书，最好记下被推荐的次数并优先阅读，阅读后对所读图书进行评价，据此对来源书目的质量或与阅读者的相关性进行评估。

推荐书目发挥作用的前提是推荐书目要有一定的质量保障，一份胡乱拼凑的推荐书目只会使读者误入"歧路"，还不如读者自己的阅读"试

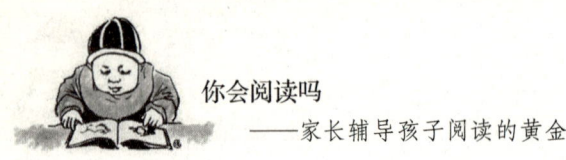

错"更为有效。如何判断一份推荐书目的质量？一个重要依据就是看推荐者。我们经常可以看到来自文化机构的推荐，但这些推荐是有局限的，它们推荐的不会是低级趣味的图书，却不一定是高质量的书，如聂震宁所说，一些宣传文化出版机构推荐图书的主要依据就是图书的受欢迎程度，这很容易使高端精英化读者被低端书目所引导（《阅读力》）。大多数图书馆网站都设置了图书推荐栏目，由馆员定期从馆藏中挑选图书推荐给读者，但已故图书馆学家黄纯元却认为，没有理由相信图书馆馆员推荐的要比读者自己选择的更优，这同图书馆中的推荐机制不无关系。因为在图书馆中，推荐被作为任务交给馆员，同图书归架、办理借还书手续一样，属于日常工作之一，馆员在推荐之前没有，也不可能对被推荐的图书一一细读。即使馆员将所推荐的书都读了一遍，也不符合推荐的要求：大量阅读，择优推荐。因此，真正有价值的推荐理应来自读者自己的推荐，它建立在读者博览群书的基础之上，凝聚了读者对图书价值的思考和判断。尽管读者推荐的图书未必全是高质量的图书，但高质量的推荐来自读者却是没有疑问的。

在各种推荐中，来自作者的推荐应受到格外重视。由朱煜主编的《迷人的阅读——10位名师的秘密书架》收集了10位知名中小学教师撰写的阅读心得，每一篇心得之后都以"我的秘密书架"为题附上了该教师推荐的图书，此即作者推荐。在国外，一些作者在完成一篇文章或一本书后会列出一份补充资料（Additional Resources），方便有兴趣的读者进一步阅读，也具有作者推荐的性质。任何作者首先是一名读者，如鲍斯威尔在《约翰逊博士传》中所说的，"一个人要著一本书就要翻遍半个图书馆"。但是与普通读者不同，由于研究和写作的缘故，作者要对文献进行深入阅读，其对图书价值的判断比泛泛而读者更为准确，哪些资料有用，哪些资料作用不大，作者在成书后通常会有清晰的印象，由他们开具的推荐书目对读者找书能起到较好的指导作用。曾获得法国国家数学科学博士的华东师范大学终身教授郑伟安先生原来只是一名木匠，学历不高，但是他一直喜欢数学，在《数学分析》的后记中发现了作者开列的自学数学必读书目和参考书目，正是这份后附书目使他迈上了自学成才之路。图书后一般都有参考文献，但参考文献与作者推荐是有区别的，文献的参考主要是一种引证关系，体现了作者对他人成果的尊重，但所参考的文献未必对成书最有价值。目前，作者推荐的比例仍然不是很高，许多图书只有参

三 图书选择

考文献，而无作者推荐，对此还需要在图书写作和出版过程中加强提倡和规范。

儿童获得推荐信息的来源主要有两个：成人与儿童。总的来说，来自同伴的推荐更容易为孩子们接受。Wendelin 与 Zinck 曾询问五年级学生如何选择图书，69% 的学生认为，同龄人的建议胜过老师的建议。Worthy 在研究了两组六年级的学生后认为，同龄人的建议"可能是自由阅读最强的动力"。吉姆在《朗读手册》中记录了美国书商协会的一项研究，该研究表明，68% 的中学生选书是因为老师或同伴在讨论某一本书，他们选择图书的一个最普遍的理由是从朋友处听到信息。在美国开展的一项对 272 名孩子的相关研究中，在问到谁对阅读材料的选择会产生影响，38.9% 的回答是同学，33.5% 的回答是父母，27.6% 的回答是最好的朋友，由此可见，同辈群体对阅读行为的影响非常明显。英国的一项研究也表明，在 11～18 岁的年轻人中，同辈影响是阅读图书最重要的原因。儿童一般不会推荐没有读过的书，更不会为了某种目的诱使他人阅读，儿童之间的推荐属于真正意义上的读者推荐。

正是由于同伴推荐比较有效，一些文化机构有意将儿童纳入推荐者范围，邀请他们给同龄人推荐图书。自 1974 年开始，美国儿童图书馆协会与国际阅读联合会每年合作举办一次儿童图书评选活动，由全美不同地区约 1 万名 5～13 岁的儿童评选出自己喜爱的图书，形成大约 100 本左右的书单，进入主办者所设立的奖项，并在网上公布。这一项目的主要目的是克服现有获奖图书未必被孩子们喜欢的现象。国际阅读协会在其官方网站上为儿童、年轻人和教师分别提供了推荐书目，这些书目大多由读者自己推荐，如推荐给儿童的书籍是从那些被儿童阅读过并给出较高评价的书籍中选出来的，推荐给年轻人的书籍则是由年轻人选出来的。学者钱伯斯会在班里组织"你读过这本书吗？"活动，让读过的孩子发表对图书的意见，促使其他没有读过的孩子阅读。家长应鼓励孩子积极与同伴交流，让孩子在交流中发现图书信息，家长也可以多了解一下孩子的朋友在读什么，然后推荐给孩子。

不过，成人不可避免地要给儿童推荐图书，前提也是要确保被推荐图书的质量。大人不能仅凭从网站、媒体上得到的信息，或根据一些表面印象就向孩子推荐图书，如某些根据经典故事制作的绘本，插图来自电脑制图，人物面容呆板，形象单一，语言生硬，将这样的图书推荐给孩子，不

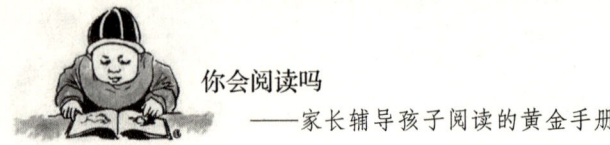

仅不会让孩子接受，还会影响孩子对阅读的认识。一方面，大人可以从高质量的推荐书目中为孩子挑选图书，如上述朱永新教授的推荐书目。另一方面，对于低龄儿童读物，大人最好自己先读一遍，否则，孩子在读了大人推荐的书后很容易看出大人对该书一知半解，使大人推荐书的可信度在孩子那里受到影响。

如何使家长的推荐更容易为孩子接受？儿童对大人的推荐不感兴趣，多是由于大人忽视了儿童的阅读兴趣，大人认为孩子选的书没"营养"，大人的推荐才更加有益。上述罗切斯特（Rochester）大学研究人员的后续研究表明，即使学生阅读的书中部分由老师指定（其他由学生自己选择），儿童阅读能力的提升也是显著的。这说明，是否有来自成人的推荐不是最重要的，关键的是成人在推荐的同时要给孩子们留出自由选择的空间，当孩子们感到自己得到了尊重，他们也会接受大人的意见，如钱伯斯所说："当一个大人对孩子自己选择的书表现出真诚的兴趣时，那么下次，这个孩子将会很乐意去尝试这位大人推荐给他的书。"中国作协儿童文学委员会委员纳杨就提出，家长应刻意将一些好的书跟孩子喜欢的书放在一起。另外，家长在给孩子推荐图书时应尽量沿着孩子的兴趣进行，针对他喜欢的领域和主题选择高质量的图书，这既照顾了孩子的兴趣，也为孩子找到了值得一读的好书。

9．经典阅读

人类社会中总有一些著作，历经百年乃至千年不衰，为历代人吟咏和传诵，奠定了人类文化的根基，这就是那些经历岁月长河的考验和洗涤后留存下来的经典著作。从文化价值的角度讲，经典著作是原创性与独特性相结合的文本，具有丰富的人文内涵和文化积淀，是人类优秀思想的保存和记录，承载着一个民族的历史和文化精髓，是一个民族的根脉所系。早在1000多年前，《隋书》就对经典的价值给予肯定，"机神之妙旨，圣哲之能事"，可以"经天地，纬阴阳，正纪纲，弘道德，显仁足以利物，藏用足以独善"。美国教育家、哲学家，曾任芝加哥大学哲学系教授的阿德勒提出了鉴别经典的六条标准：第一，阅读者最多，经典不是一两年内的畅销书，而是长盛不衰的畅销书；第二，经典永远不会落伍于时代；第三，经典隽永耐读；第四，经典具有较强的影响力，研究著作不断涌现；

第五,经典探讨的都是人类社会长期未获解决的问题;第六,经典一经产生即备受重视,其内容或者被大众广泛接受,或者在专业领域具有典范性与权威性(王余光《阅读,与经典同行》)。意大利著名作家伊塔洛·卡尔维诺在《为什么读经典》一书中提出了12条阅读经典文学作品的感受,许多都成为"经典"之言,例如,"一部经典作品是一本每次重读都像初读那样带来发现的书";"一部经典作品是一本即使我们初读也好像是在重温的书"。

近年来,经典阅读在国内受到广泛关注,学校、图书馆和文化机构都纷纷将推广经典纳入自己的业务范围,以推荐书目、阅读活动、学堂讲授等多种形式促进社会各界,特别是儿童对经典的阅读,学者也撰文呼吁加强经典教育。表3-5为广州图书馆在线书目系统2016年搜索率最高的50个关键词,从中可以发现许多经典的身影。在各类经典中,国学经典尤其受到关注。许欢将国学经典的阅读推广总结为两种模式:一是诵读工程模式,以朱永新教授发起的新教育实验为代表,该实验提出"晨诵、午读、暮省",每天以对中外经典,特别是中华经典的诵读开始,其他还包括由中国青少年发展基金会发起的"中华古诗文经典诵读工程"、由北京四海儿童经典导读教育中心主办的"儿童经典诵读工程"等。二是传统学堂深度阅读推广模式,又包括两种类型,第一种是以兴趣班的形式组织传统经典阅读,如深圳古谦学堂的假期读经班、北京继光书院的《弟子规》国学冬令营、一德书院儿童读经私塾的社区儿童周末读经公益课堂、海口孔子学堂夏令营、安徽志贤读书会等;第二种是全日制经典阅读学堂,特点是学生以传统经典为主要学习内容,不学习义务教育指定的课程和参加规定的考试,如孟母学堂。

经典需要用一生阅读

任何读者都希望读到优秀的图书,经典是经受了时间的考验,通过大浪淘沙后获得公众认可的高质量图书,是优秀中的优秀,理应成为人们的阅读首选。经典著作是人类智慧的结晶,蕴含着取之不竭的思想和精神财富,在人生的不同阶段能给予人不同的滋养,儿童从小认识和接触经典,并在以后的日子里不断重读和回味,会获得取之不尽的精神"宝藏"。一个没有经过经典浸润的人生是不完美的。据聂震宁所著《阅读力》记载,1991年,48岁的《纽约客》杂志影评大卫·丹比重返母校——哥伦比亚

表3-5 广州图书馆书目查询系统2016年搜索关键词排名

No	搜索词	频次	No	搜索词	频次	No	搜索词	频次	No	搜索词	频次	No	搜索词	频次
1	东野圭吾	22386	11	从你的全世界路过	7197	21	红楼梦	4843	31	小王子	4026	41	笑猫日记	3246
2	三体	16250	12	十宗罪	6913	22	摄影	4798	32	人类简史	3774	42	人性的弱点	3202
3	解忧杂货店	14089	13	斗罗大陆	5916	23	百年孤独	4655	33	漫画	3635	43	龙族	3094
4	盗墓笔记	12092	14	活着	5852	24	三国演义	4646	34	城南旧事	3606	44	日语	3093
5	平凡的世界	11617	15	摆渡人	5643	25	微微一笑很倾城	4606	35	岛上书店	3597	45	如何阅读一本书	3082
6	追风筝的人	11302	16	鬼吹灯	5427	26	会计	4539	36	目送	3589	46	股票	3016
7	查理九世	10105	17	英语	5307	27	朝花夕拾	4362	37	张爱玲	3536	47	photoshop	2963
8	心理学	9742	18	三毛	5295	28	java	4287	38	龙应台	3482	48	自控力	2948
9	围城	9296	19	哈利波特	5154	29	python	4136	39	西游记	3440	49	爆笑校园	2943
10	白夜行	9293	20	我们仨	4892	30	村上春树	4132	40	杨绛	3349	50	明朝那些事	2865

三 图书选择

大学,与十几岁的大学生一起,重温经典名著,包括荷马、柏拉图、索福克勒斯、亚里士多德、但丁、薄伽丘、卢梭、莎士比亚、黑格尔、奥斯丁、马克思、尼采、波伏瓦、康拉德、伍尔夫等,他惊讶于经典带给自己的震撼,写下了一本畅销书《伟大的书》,用来记录其第二次做学生时的笔记和思想。

中华文化源远流长、博大精深,在数千年的历史长河中孕育出了大量的经典著作,许多著作在当时的世界文坛都是无出其右的,这些著作奠定了中华文化的基石,也是世界精神宝库中的璀璨明珠。由于文化同源,相对西方典籍,中华典籍更容易为中国儿童所理解和接受,也更容易为中国儿童的精神成长提供滋养。在当代,中华经典越来越发挥出它独特的魅力,中华文明吸引着全球人的关注,成为中国在新时代再续辉煌的不竭力量。在这种情况下,重读以国学经典为代表的中华经典成为全社会的普遍诉求,这也有助于人们认识当代中国的思想和文化发展,正如习近平总书记所说:"我们倡导的社会主义核心价值观,就是对中华优秀传统文化的传承和升华。"

经典并非只是国学经典。汉代郑玄说:"举一纲而万目张,解一卷而众卷明。"每一门学科都有若干部重要著作,属于学科的滥觞和奠基之作,或者开一代学风,或者对学科发展做出重要贡献,其他著作多是对这些著作的补充或延伸,这些重要著作就属于该学科的经典,也被称为学科"元典",如历史专业的《史记》《资治通鉴》,经济专业的《国富论》《资本论》等。只有首先阅读这些"元典",人们才能快速对一个学科的思想和发展获得准确、深入和系统的理解,并提高阅读同一学科其他著作的效率。车尔尼雪夫斯基说,"每种学科的主要著作是很少的","我所读过的每本书都是精华,这使我不必去读好几百本书"。图书《两位日本读书狂人教你"最强读书法"》将某领域的奠基之作称为"蓝本"书籍,并且认为,任何一个领域的"蓝本"书籍一般都不超过3本,只要掌握了这些"蓝本"书籍,就可以全面把握这一领域的精髓。

儿童阅读经典存在障碍

但是,也有不少人反对儿童阅读经典。英国首相丘吉尔就有一个观点,"太年轻不宜读巨著",因为他认为,第一印象非常重要,太年轻读名著会造成印象过浅,过早接触硬化了表层,而在第二次阅读时未必能深入进去。撰写了《朗读手册》的吉姆对儿童阅读经典也持保留意见,"全美国只有青少年才会看经典著作——因为他们不得不看""几乎所有的评估结果都显示,美国学校教授古典或经典文学的努力均告失败""如果你以为当今一些成功的作家在孩提时代阅读的都是经典文学作品,那就错了"。台东儿童文学研究所荣誉教授林文宝甚至用"最痛恨"表达自己对家长和老师逼着孩子读经典的不满。北京大学考试研究院院长秦春华列举了"四大名著"不适合孩子们阅读的理由:《水浒传》里满是打家劫舍、落草为寇、占山为王;《三国演义》中充斥了阴谋诡计、权术心机、尔虞我诈;《西游记》根本上讲述的是佛法和人生,隐含意义极为深远宏阔;《红楼梦》的主题是"色""空""幻""灭"。

儿童阅读经典确实存在困难。儿童阅读经典需要跨越的第一道障碍就是看不懂,而看不懂的原因是多方面的,如语言习惯、思维方式、背景知识等。中国古典文献大多采用文言文,即使对白程度较高的《水浒传》,成人看起来也有些吃力,更不必说儿童。经典之所以成为经典,一个重要原因就是作者经过了厚积薄发的过程,以渊博的知识为支撑,以对问题的深入思考为媒介,经过多年的努力,终成一代杰作,对此读者需要费一番"啃"的功夫,经历时间和人生的等待后方能有所得,这对孩子的要求明显偏高,如斋藤孝认为:"要想'贴近'高低起伏的(经典,作者注)剧情发展,读者必须具备很强的忍耐力才行。"经典著作大多成书于距离久远的年代,时代的隔离也影响了人们对经典的理解,作家童喜喜就认为,"经过时间筛选下来的经典作品,尤其是引进版的经典作品,它们一般与当下孩子的生活相去甚远,经典名著中蕴含的那些人类最宝贵的精神财富对一般读者来讲,就成了一座高山",缺乏相应的文化背景,阻隔了儿童对经典的认识。例如,在孔子的理论中,"礼"的地位极其重要,如果不了解孔子所处的时代,就会将"礼"与"礼貌""礼让""彬彬有礼"等相连,但这并非孔子的本意。春秋时期,礼崩乐坏,社会动荡,文人学者对周公序定周礼后的良好社会效果记忆犹新,于是恢复周礼就成为儒家学者的梦想,"礼"是对人与人的权利与义务的制度性安排,如天子用八佾,诸侯用六佾,卿大夫用四佾。如果不了解儒家思想产生的历史和社会背景,就很难对"礼"的内涵有真正的认识。

部分经典反映的作家对人生和社会的态度的确有不适合儿童之处。许多经典的作者都可被归入失意文人之列,他们或者多次参加科举而不第,

三　图书选择

只能通过文字发泄愤懑，或者才高八斗，但在现实中屡屡碰壁，无缘仕途，只能将个人的思想诉诸文字，或者看不惯官场腐败，于是退隐山林，用文字娱度人生，或者经历了人生的悲苦磨难，参透红尘世俗，以文字表达自己的感悟。清末小说家刘鹗在作品《老残游记》自序中写道：《离骚》为屈大夫之哭泣，《庄子》为蒙叟之哭泣，《史记》为太史公之哭泣，《草堂诗集》为杜工部之哭泣，李后主以词哭，八大山人以画哭，王实甫寄哭泣于《西厢记》，曹雪芹寄哭泣于《红楼梦》，精辟点出了经典与作家心态的关联。司马迁也说："《诗》三百篇，大抵贤圣发愤之所作也。此人皆意有所郁结，不得通其道，故述往事，思来者。"小说家安东尼·特罗洛普说过："因为我无法坐在众议院讲话，无法在政治论坛上疾呼，也无法通过演讲收到立竿见影的效果，所以小说是我的安全阀，让我能够表达自己的灵魂和思想。"就连马克·吐温也说，作品中的大量幽默实际上是在自己感到痛苦的时候写的。在这种情况下，作者会在作品中有意无意地流露出悲观情绪，表达出对社会的不满，而这种悲观与不满有可能超出儿童的接受能力，如歌德的《少年维特之烦恼》出版后，不少爱情受挫的年轻人就模仿维特自杀的情节结束自己的生命。

儿童阅读经典的原则——适宜性

鉴于儿童阅读经典的障碍，本书认为，对经典的选择要格外重视适宜性，上述对儿童阅读经典的反对其实是对儿童以不合理的方式阅读不适宜他们阅读的经典的不满，但不能据此将经典置于儿童的视野之外，因为不同年龄有不同年龄的经典，如安徒生、格林兄弟等外国儿童文学作家的作品，叶圣陶、冰心、张天翼、曹文轩等国内儿童文学作家的作品，均是适合儿童阅读的经典之作，前述朱永新教授向中小学师生推荐的图书中就包括许多国内外儿童经典，即使在国学经典中，也有如《三字经》《千字文》《弟子规》《唐诗三百首》等专为儿童编写或适合儿童阅读的作品。儿童时期应认真读一读属于自己的经典，体会经典在人生的特定阶段带给自己的喜悦，否则随着年龄的增长，这种阅读儿童经典所产生的"其时其地"的喜悦未必会重现。对于非儿童经典，考虑到这些经典往往超出了他们的理解和接受能力，除个别领悟力较高或对经典有浓厚兴趣的儿童，对于大多数孩子，应让他们有选择的接触，而不是强行"喂哺"。例如，可以从经典中节选一些儿童能够看得懂的内容让他们阅读，或者借助

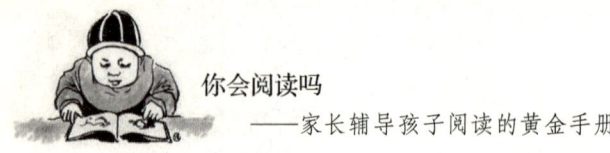

改写作品让他们认识经典。成人应适时向儿童介绍经典,包括经典的内容、经典的社会价值和产生的背景等,方便他们以后选择。在对经典进行诠释时,一定要结合当代社会的生活实际,将经典与现实联系起来,如复旦大学中文系老师张新颖所说,一方面要把经典里蕴藏的信息读出来,读到当下的世界里,读到自己身上,同时也要把当代的信息读进去,把个人的信息读到经典里面(《读书这么好的事》)。

对于儿童阅读经典,还需要注意以下几点。首先,不要勉强孩子。某个时代受到追捧的图书,在另一个时代,由于社会、文化、思想观念等发生了变化,未必还能让人们再有兴致,毛姆就说过,"我读过乔治·艾略特的《亚当·比德》,我不能违心地告诉你我是怀着愉快的心情读了这本书,我读这本书主要是因为一种责任感,然而读完后却忍不住如释重负地舒了一口气"。如果孩子对家长推荐的经典不感兴趣,大人不必勉强,对某些著作"义务感"式的阅读是无法取代兴趣阅读的。其次,不要以学者对经典的理解要求孩子。有人认为,经典的内涵深沉幽远,超出了儿童的理解能力,因此不适合孩子阅读。这一说法值得商榷。经典是一个人需要用一生阅读的,大学者孔子也说,人到50岁的时候学《易》,才能无大过。儿童缺乏一定的社会阅历,背景知识不足,很难达到学者的理解高度,只要他们愿意读,能大体明白故事或书中的浅显道理,阅读经典的目的即已达成。北京大学教授钱理群在谈及中学生阅读经典时曾说,经典需要不断地读,要读一辈子,如果中学生在读的时候一时弄不明白,这是完全正常的,事实上也没必要全弄明白,只要能够理解其中一两点,并且有自己的看法,就不错了,对于自己不理解的,完全可以留待以后二读、三读时再弄清楚。儿童对经典的领悟是需要等待的。再次,不要盲目"读经"。学者商友敬就很反对"读经",他说,读经"再度把儒家宗教化,再度把活泼的儿童压抑成'信徒',再度创造'陋儒''腐儒',名为'弘扬国粹',实际上是制造精神奴隶"。私塾式的死记硬背早已被抛进了历史的垃圾堆,今日的"读经"应从根本上有助于文化传承,有助于儿童生命的滋养,而不是仅作为一种形式存在。最后,虽然经典都是旧书,但不应就此认为,新书中没有高质量的书。朱自清就写过一篇文章《现代生活的学术价值》,反对国学研究者只在故纸堆中打转,而对现代生活中丰富多彩和有价值的内容视而不见。国内一些学者反对阅读畅销书和"明星书",虽然有一定道理,但这种对畅销书一棒子打死的观点是有失

三　图书选择

偏颇的。例如，对于"穿越"类作品，不少人就不屑一顾，但"穿越"本身是没有正确与错误之分的，不论是从古代穿越到现代，还是从现代穿越到古代，这只是一种思路而已，不应成为贬低当代作品的借口，因为"新书即使没有任何永久价值……也一样带着时代的香气"（叶灵凤《读书随笔》）。

10. 想象类与非想象类作品的阅读

在国外，根据想象在作品的创作过程中发挥作用的特点，图书被划分为想象类作品（Fiction）与非想象类作品（Non-fiction）①。想象类作品主要基于作者的想象创作，情节和人物都不是现实生活中真实存在的，如小说、童话、故事绘本、戏剧等，诗歌亦被归入其中；非想象类作品是作者基于自然和社会真实创作的作品，如传记、科技著作、旅游日记等。想象类与非想象类作品的界限并非泾渭分明。虽然想象类作品中的人物、情节、情感等来自想象，但其反映的思想、文化则源于现实，而非想象类作品中也有基于想象的内容，如假设等。对于某些体裁的文章，如散文，由于既有依据想象创作的，也有基于现实撰写的，因此往往不容易归类。

阅读失衡

想象类与非想象类作品的阅读在现实中存在着结构上的失衡。一方面，由于孩子天生对故事的喜好，想象类作品受到儿童的追捧。由 Kaiser Family Foundation 支持的一项全美研究表明，儿童每天大约阅读 25 分钟（不包括课堂阅读），但在这 25 分钟内，大部分时间阅读的都是想象类作品，而阅读非想象类作品的时间不足 4 分钟。Duke 对 20 个一年级教室的藏书情况进行调查发现，非想象类作品平均占教室藏书的 9.8%，一个孩子每天只花费大约 3.6 分钟的时间阅读非想象类作品。国内某省会城市针对小学生的一次抽样调查显示，在最喜欢和经常阅读的书籍中，68% 的儿童选择动漫类图书，一、二年级的这一比例高达 85%，20～30% 的学生

---

① 注：国内又翻译为"虚幻类"与"非虚幻类"作品或"故事类"与"非故事类"作品，鉴于"想象"在两类作品的创作中发挥作用的差异，本书将其翻译为"想象类"与"非想象类"作品。

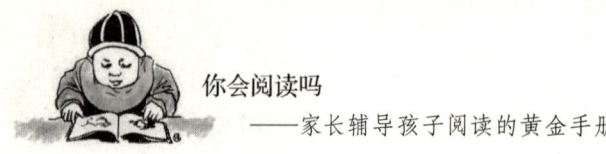

选择文学作品，27%的学生选择科普作品（聂震宁《舍不得读完的书》）。与儿童的阅读倾向不同，许多成人坚持认为，阅读想象类作品不会增加儿童的知识量，是浪费时间，随着儿童年龄的增长，他们希望儿童能阅读更多的非想象类作品。美国"共同核心标准（Common Core Standards）"就要求三~五年级的儿童读物中，至少有一半是非想象类作品，五年级后的读物中非想象类作品的比例大幅提升，初中阶段，非想象类作品的阅读要达到想象类作品的两倍，而到高中阶段，非想象类作品的阅读则达到想象类作品的三至四倍。

为什么要阅读想象类作品

一系列关于阅读想象类作品的研究都不约而同地指向一个结论：阅读想象类作品可以提高读者的移情能力。移情能力指一个人理解他人的能力，即站在他人角度体会别人的思想和情感的能力。想象类作品为儿童开启了一扇通往另一个世界的大门，通过书中的角色和情节，他们能体验到不同于自我经历的生活，学会站在别人的角度理解和思考问题。2013年，Gregory S. Berns 博士的一项研究表明，阅读想象类作品能够激发读者的大脑中央沟，而这一区域主要负责躯体的情感反应，能将多种情感和行为联系起来。卡内基·梅隆大学（Carnegie Mellon University）的研究发现，当一个人沉醉于想象类图书时，他的大脑在某种神经学水平上生活在角色中间。美国埃默里（Emory）大学的研究也发现，故事书能"诱骗"我们的大脑认为自己是故事的一部分，我们对故事中人物的情感体验会被应用到真人身上。2017年4月，来自伦敦金斯顿大学（Kingston University of London）的研究人员发现，阅读想象类作品较多的读者会表现出更多的积极性社会行为，其中，戏剧与浪漫小说的读者表现出最强的同情心。

移情能力近年来受到社会各界关注。《移情——革新手册》（Empathy, a Handbook for Revolution）一书的作者 Roman Krznaric 指出："出现了一种显著的转变……移情，一个在心理学教科书中被埋藏将近一个世纪的概念，越来越被认为是解决全球挑战的一种基本力量。"许多企业雇主认为，除了专业素质，他们更需要员工具备诸如诚信、毅力、沟通、团队合作、应变等社会能力，而在这些能力中，移情是贯穿其中的一项关键心理要素。良好的移情能力有助于消除社会偏见，加强社会和谐。20世纪80年代，国内流行一句口号——理解万岁，就是对人们移情心理

三 图书选择

的呼唤。2017 年,《应用社会心理学杂志》(Journal of Applied Social Psychology)上发表的一项研究表明,阅读哈利·波特系列作品能帮助孩子们提高对弱势群体的态度,因为哈利·波特代表了那些处于弱势地位,但通过努力改变个人处境的人。根据心理学家皮亚杰的研究,儿童在 7 岁之前尚不具备站在别人视角看问题的能力,例如,他们知道自己有个哥哥,却不会意识到自己是哥哥的弟弟,为此,皮亚杰建议,加强与他人的交流能帮助儿童去掉"自我中心"。儿童阅读想象类作品,在童话和故事中体验多种角色,也能起到与他人交流的效果,有助于他们获得理解别人的能力。

在想象类作品中,以诗歌、小说、童话等为代表的文学作品是主要类型。文学作品不仅是一种读物,它们还会在文本中传递价值、信仰、态度,正是通过隽永生动的人物描写和曲折动人的故事叙述,才使抽象的文化内涵和社会规范获得了血与肉,儿童在静水流深的熏陶中内化了民族和社会认同,获得了文化性格,习得了行为规范。台湾作家白先勇说,文学高于一切,文学最能够投射一个民族心灵精神的力量。聂震宁则说,文学是非常重要的情感教育,如果没有文学教育,人类恐怕还处于野蛮时代,文学的功用非常重要,最能够弥补任何历史或者政治造成的创伤。由此,文学阅读具备了文化传承和心灵抚慰的意义,使人类的文明成果薪火相传。同时,文学阅读还可以丰满人生,使作为"人"的价值得到充盈,正如叶圣陶所说,"文学的对象是人生,文学的特点是把意念形象化,不用抽象的表达,所以读文学可以认识人生,感知人生。善于读文学的人,他所见的人生一定比不读文学的人来得深广","无论是谁,能够接触以人生为对象的文学,是一种最为丰美、最有价值的享受",作家梁晓声也认为,一个人的文艺鉴赏能力常常决定着一个人的综合素质和综合能力。

在文学作品中,诗歌以其独特的艺术魅力和美学价值受到古今中外学者的重视。《论语·季氏》讲道:"诗可以兴,可以观,可以群,可以怨。"《诗·大序》对诗歌的作用进行了总结,"治世之音安以乐""乱世之音怨以怒""亡国之音哀以思""厚人伦,美教化,移风俗,莫近于诗"。孔子则说:"入其国,其教可知也。其为人也温柔敦厚,诗教也。"(《礼记·经解》)唐宋两代将诗歌和词的写作纳入科举考试,实施"以诗取士",目的不只是为了提高人们的文学修养,而是将诗歌当作社会教化的工具,学子们若想入仕,必须掌握这一社会治理的工具。林语堂说:

你会阅读吗
——家长辅导孩子阅读的黄金手册

"如果说宗教对人类灵魂起着一种净化作用,诗人对宇宙、对人生产生一种神秘感和美感,对自己的同类或其他生物表示体贴的怜悯,那么依著者见,诗歌在中国已经替代了宗教的作用。"在诗歌的多种阅读人群中,儿童与诗歌具有天然的亲和力,"人天生即具备歌唱的本能","在声音与节奏、韵律与情感之间,儿童天生地即与诗有一种最亲密的联系",诗的创造"植根于这种原初的天才的想象力和本质性的儿童精神生活中"(李咏吟《诗教与儿童精神生活的自由》)。甚至有人认为,人类的语言最先产生于歌唱,歌与诗原是分不开的,由歌而诗,再由诗而言,儿童对语言的学习也遵循这一过程,这就是为什么许多阅读推广者建议给幼小的孩子阅读节奏感强的图书的缘故。

为什么要阅读非想象类作品

除想象类作品外,非想象类作品的阅读也不容忽视。第一,阅读非想象类作品能有效提升儿童的阅读能力。学者 Reis S. M. 等人研究发现,与阅读以故事为主的想象类图书的儿童相比,阅读对象中包含了非想象类作品的儿童在经过一段时间后,在阅读流利性上能获得更为显著的进步。第二,非想象类作品中含有大量的知识性与信息性内容,阅读非想象类作品能显著改善儿童的背景知识,而据 Marzano R. J. 的研究,背景知识的多寡对儿童成绩变化的解释度达到了 30% 以上。第三,阅读非想象类作品能提高儿童分析和解决问题的能力。随着儿童进入高一阶段学习,他们会遇到许多复杂的分析性任务,需要运用多种分析技巧和分析工具进行解决,如逻辑推演、图表分析、思维导图等,这些技巧和工具主要出现在非想象类作品中。第四,阅读非想象作品能为儿童步入社会打下基础。在古代社会,除了军事、医学等少数领域有较为系统的专业知识外,在其他科技领域,人们一般只是通过师授徒的方式,一代一代地传授所积累的经验。但是自近代以后,社会发展出现了专业化倾向,各行各业都有了系统的知识,相关图书不论在数量上还是在难度上都与之前不可同日而语,儿童进入大学乃至步入社会,各种被要求阅读的图书和材料大多属于非想象类专业资料,这就需要儿童从小获得分析非想象类作品的能力。

平衡阅读

合理的阅读生态应该是在两种读物之间取得平衡,不偏重任何一类图书，这也是多样化阅读的基本要求。鲁迅先生就对文学青年的阅读提出过忠告："专看文学书，也是不好的。先前的文学青年，往往厌恶数学、理化、史地、生物学，以为这些都无足轻重，后来变成连常识也没有，研究文学固然不明白，自己做起文章来也糊涂，所以我希望你们不要放开科学，一味钻在文学里。"鲁迅还写过一篇《科学史教篇》，强调科学也要有"美上之情感""明敏之思想"，更提出"科学发见"是离不开"圣觉"与"神思"的。北京大学教授、学者钱理群认为，随着社会的进步和科学的发展，人文科学、自然科学的融合是一个必然趋势，"科学研究不仅需要知识的积累，也要有特殊的想象力与直觉力，由此而产生不同类型的科学家"，"一个出色的科学家，必须同时具有自然科学与人文科学两方面的素养"。表面上看，阅读想象类作品时读者应用较多的是想象力和情感力，阅读非想象类作品时读者应用较多的是分析能力，但其实不然。以小说为例。小说中包含诸多人物性格、关系和心理，作者往往述而不议，需要读者自己揣摩和分析；小说中还有各种认知错位、冲突、"戏中戏"等，读者需要从不同角度分析和判断。《高教纪事报评论》2013年末发表的肯塔基大学英文系教授丽莎·桑杉的一篇文章就说，读小说更容易培育青少年的"思维理论能力，即定位自己和他人的思维模式——包括思想、信念、欲望的能力"。另外，对于一部非想象类作品，能否读懂、读通，读者除了要具备必要的专业知识和分析能力外，还要具备一定的想象力，因为学术的发展除了受科学规律支配外，在很多情况下还是学者人文情怀的体现。

　　从兴趣角度看，两类图书都是满足读者多元兴趣不可缺少的。如前所述，儿童天性喜欢故事，因此为他们提供以故事书为主的想象类作品是满足其阅读兴趣的一个重要途径，特别是对于阅读有抵触情绪的儿童，可以首先借助故事书吸引他们的注意，再一步一步加以引导。但是，虽然儿童都喜欢听故事，却不意味着故事是他们唯一感兴趣的对象，儿童的生活中仍然有着太多令他们着迷的对象，对这些兴趣的满足就不能完全依赖想象类作品，而必须借助非想象类作品。因此，家长在为孩子选书时，需要考虑多方面的图书，使孩子获得丰富的阅读体验，满足孩子多方面的兴趣。

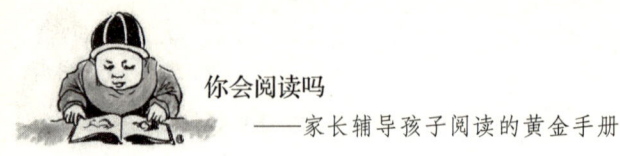

11. 绘本阅读

绘本是图文并茂的作品

关于绘本的定义，学者并无定论。例如，绘本"指单纯用图画或以图画和文字相互映衬的形式来表现相应内容的文学作品"（方卫平、王昆建《儿童文学教程》）；"绘本是用图画与文字共同叙述一个完整的故事，是图文合奏的"（彭懿《图画书——阅读与经典》）；"用再创造的方法，把语言和绘画两种艺术，不失特性地结合在一起，形象地表现为书这种独特的物质状态"（松居直《幸福的种子：亲子共读图画书》）。在绘本中，插图与文字是两个核心元素，如何理解插图与文字的关系，成为认识绘本的关键。培利·诺德曼在《阅读儿童文学的乐趣》一书中就绘本中图与文的关系提出了如下见解："一本绘本至少包含文字讲的故事、图画暗示的故事，以及两者结合后所产生的故事。绘本所提供的独特乐趣，就在于我们感受到插画者如何利用文字与图画的差异。"两次获得凯迪克奖金的美国儿童文学作家芭芭拉·库尼也认为："绘本像是一串珍珠项链，图画是珍珠，文字是串起珍珠的细线，细线没有珍珠不能美丽，项链没有细线也不存在。"松居直采用了一个数学公式表达绘本中文与画的关系，"假如用数学式来写图画书表现特征的话，那么可以这样写：文+画=有插画的书，文×画=图画书"。

与面向成人的图书不同，插图是绘本的一项重要叙述语言。一方面，插图发挥着视觉还原的功能。视觉还原是人的基本思维方式，由于儿童的图像图式匮乏，他们需要借助图画理解文字，因此绘本中的插图并非可有可无，而是不可或缺的视觉还原线索。鲁迅在《朝花夕拾》中说，自己童年时总是很喜欢各种带图的书，只要一看到这样的书，即使图画绘制粗劣，也舍不得丢弃，例如，鲁迅对绘图版《山海经》就念念不忘。特别是对于抽象的概念，绘本提供的视觉表达使儿童更容易理解这些概念，即绘本研究者珍·杜南所总结的绘本插图的两种功能中的"示意"功能（另一种为"指涉"功能，即对可感、可知对象的表达）。另一方面，插图也发挥着艺术表现的功能。文学作品除了要表述基本的事实，还要有跌宕起伏、扣人心弦的情节，有丰满的人物形象，有能令人如临其境的场

三 图书选择

景,这些要素共同构成了文学作品的艺术表现力。以人物为例,文学作品需要借助对人物的外貌、动作、语言甚至心理描写等渲染人物形象,但成人文学作品只能通过文字来描述,绘本则可以借助插图直观展示人物的个性和心理特征,如穿着、神态等,甚至环境也能烘托人物的心境,且与文字描写相比,图片的展示更具感染力。安东尼·布朗的作品《乔的第一次派对》将乔的社交恐惧投射在一系列环境中,如幽蓝的夜空、像白色幽灵的月亮、愁眉苦脸的夫妇、长得像大猩猩的人、令人恶心的饭菜和食物……插图将故事主人公的心理表现得活灵活现。

绘本的文字与图片是两种表达语言,既不能自话自说,也不能简单重复,而应该有机配合,共同表达主题。由于在绘本中,图片具备一定的表达功能,绘本的文字要精练得多,但不是所有的内容都可以用图片表现,也不是图片所显示出来的内容文字就一定不能重述,这要看两种媒介的表达效果。例如,绘本中对情节的描述即使着墨不多,也是不宜缺少的,因为静态的图片在表现动态推进的情节方面显得有些力不从心。例如,一幅图片中显示一只小兔子站在室外,但在上一幅图片中,小兔子是在室内,小兔子从房间中走出来的情节虽然从两幅图的对比中可以推断出来,但却不是图片本身所呈现出来的。再如,如果文中对话较多,尽管画面上可能只有两个角色,但也应注明说话者,否则即使成人都可能被不断往复的对话绕晕。绘本文字不必要的省略会给家长与儿童的故事分享制造不小的"麻烦"。

基于上述分析,本书认为,绘本是面向儿童创作,以图文结合为主要表达元素,重要内容实现了视觉还原的作品。

讨论绘本就不能不涉及绘本与插图书、漫画、连环画等的异同。绘本是借助图片与文字两种媒介共同完成表达的,正如儿童作家 Donna Norton 指出的,"图画与文字处于这样一种关系,即缺少了任何一者,另一者都是不完美的"。没有图画,绘本就无法实现自己的目的。但在插图书中,作品的表现主要借助文本完成,即使没有插图,读者也可以通过文字获得对故事的完整理解,感受作品的艺术魅力。与插图书相反,在漫画中文本居于辅助地位,图画是主要的表达媒介,情节、人物、场景等通过一幅幅近似电影镜头的连续画面呈现,图与图的联系远比绘本紧密,一系列细节必须借助图片才能获得。但在绘本中,每幅图片仅提供了故事的一个视觉"栈",画面之间存在某种中断感,读者需要借助文字阅读和个人想象将

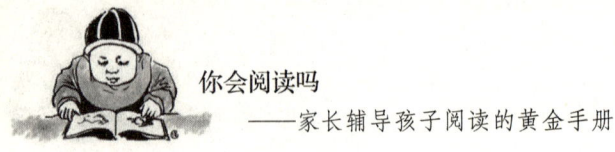

细节补充完整。虽然无字绘本没有文字,但不能将无字绘本归入漫画,因为无字绘本插图的安排与有字绘本基本相似,文字不是没有,只是被作者刻意省略,用于突出图片的表达效果,而这正是阅读无字绘本的挑战之所在。

在国内,出现过一种独特的绘本——连环画。周恩来曾在20世纪70年代专门布置过编写连环画任务,据说毛泽东在工作之余也会看连环画。主持人崔永元就说:"小人书带我们遨游远古,触摸历史。"然而,一些学者却不愿意将连环画归入绘本,理由是在没有插图的情况下,连环画的文字仍能讲述故事。这显然是对培利·诺德曼的观点的误解。培利·诺德曼对图、文关系的表述主要是基于文与图的表现力,而不是两者谁取代谁的关系。如上所述,静态的图片在表达动态的情节方面存在不足,对情节进行适量的文字表述是有必要的,因而不能认为连环画的情节表述相对完整就认为连环画不属于绘本,关键要看插图在其中发挥了什么作用及其与文字之间有什么联系。否则,如果以文字能否独立讲述故事作为判断一本书是否为绘本的依据,将会把业内公认的许多经典绘本排除在绘本之外。连环画的插图具备了上述绘本插图的功能。一方面,连环画的主要内容在插图中都能得到再现。另一方面,尽管表现方式相对简单,如白描,但连环画的插图同样具备一定的艺术表现力,若将连环画的图片去掉,仅阅读文字,虽然也能了解故事梗概,但是阅读过程却是干涩和跳跃的,不论人物形象还是场景感都是残缺的,而只有一边欣赏图画一边阅读文字,作品带给人们的感受才是完美的。因此,在本质上,连环画属于绘本的一种,它是在缺乏与国际出版界沟通的情况下,国内学者对插图在儿童阅读中的重要性及对图、文关系认识的产物,是符合儿童阅读成长规律的一种作品形式。同时,与目前流行的绘本相比,连环画也有它的优势,如连环画的容纳性要大得多,20世纪七八十年代的儿童正是通过连环画接触到了大量国内外名著和历史故事,如《杨家将》《三国演义》《水浒传》《岳飞传》《小英雄雨来》《海岛女民兵》《鸡毛信》,以及根据高尔基的三部曲改编的《童年》《在人间》《我的大学》等。

绘本有哪些特征

作为出版物的一种,绘本具备一般出版物的特征,但作为面向儿童的一种独特品种,绘本又具有自己的特征。作家Sutherland列举了绘本的5

三　图书选择

种特征，分别是：①以简短、直白的方式讲述故事；②包含的概念数量有限；③概念能够被儿童理解；④文字直接、简单；⑤插图与文字互补。韩丽梅在《浅谈图画书》一文中将绘本的特点列为4项：形象的直观性、画面的趣味性、色彩的明朗性和语言的简洁性。陈晖在《儿童图画书的故事、主题及文字表达》一文中认为，绘本是一种以图、文两个符号系统协同叙事的复合文本，当绘本依托"一连串图画和少量文字"进行叙事，只在必要情况下使用文字时，它的文字与纯文本文学的文字自然有不同的运用方式、状态、特征与面貌。

本书将绘本的主要特征总结为如下几点：

第一，易于理解。绘本主要是面向儿童等未成年群体的读物，绘本的情节、文字、概念等易于理解，具有可读性，并能用视觉形象表达。即使是概念绘本，也以可感、可知的事物将概念具象化。

第二，艺术性强。与文学作品相比，绘本更像一门艺术。绘本的插图大多由著名画家绘制，尽管电脑绘图已经普及，但一些艺术家仍然坚持采用手绘插图。在《儿童图画书》(*Picture Books for Children*)一书中，Cianciolo Patrica J. 列举了绘本常用的几种艺术风格，包括写实艺术、超现实主义、印象派绘画、表现派绘画、朴素艺术、民间艺术、卡通艺术等。

第三，可感、可知。虽然绘本的故事情节大都是虚构的，但构思却源于现实生活，故事情节、人物对话与行动等在儿童的日常生活中都是可感、可知的，作家以自己身边的故事或个人童年时代的经历为素材进行创作。在绘本中，即使成人的思考和行动也会从儿童的视角进行描绘。

第四，连续性与整体性。好的绘本每一幅图都具有连续感，共同构成一个整体，每一幅图都既不可或缺，亦不可替代；绘本的封面、环衬、扉页等都是构成故事的有机组成部分，它们共同为读者演绎精彩的内容。

第五，文字精练、可读。由于受到篇幅限制，绘本的文字非常精练，往往是故事情节和人物心理与行动的点睛之笔。据国外出版界要求，绘本的字数一般不超过1000字，最好在600字以内。绘本的文字有较强的可读性，方便读者大声朗读。儿童对语言的节奏和韵律有比较强的感受，朗朗上口的文字易使儿童受到感染。为了提高绘本文字的可读性，一些绘本作家甚至以诗歌方式写作。

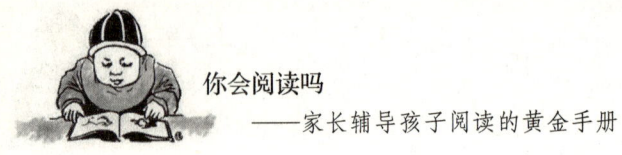

你会阅读吗
——家长辅导孩子阅读的黄金手册

绘本有哪些类型

依据不同的标准,可以将绘本划分为不同的类型。以内容为例,可以将绘本划分为文学绘本故事和非文学绘本读物,前者又包括无字绘本故事和图文并茂的绘本故事,后者包括识物绘本、百科知识画册、训练绘本等。随着印刷技术和装帧技术的进步,绘本出现了许多新形式,如带香味的书、立体活动书、配有音乐的书等。

台湾高雄第一科技大学英语系的陈其芬博士将绘本划分为六种,分别是:

第一,故事绘本。故事绘本是绘本中的主要类别,很多情况下故事绘本与绘本两个概念等同使用。故事绘本可以划分为三种类型:易读故事绘本、年长读者故事绘本与图画小说。易读故事绘本是用来向4~7岁的儿童大声朗读的图书,文字数量受到限制,采用大号字体与宽行距印刷。语言被严格控制,各种单词简短与熟悉,主要采用简单句。年长读者故事绘本面向8岁及以上的儿童,在主题、情节与插图方面较为抽象、精致和复杂。图画小说是篇幅较长的绘本,故事情节长而复杂,目标读者是一些更加成熟的读者,文字通常位于对话框中或类似于漫画中的解说文字。图画小说在中学生中比较流行。

第二,无字绘本。无字绘本(简称"无字书")仅有插图,没有或很少文字,故事的进展完全依赖安排有序的插图,因此插图要有很强的讲述性。尽管无字绘本主要是为学前儿童(4~6岁)创作的,但一些无字绘本年纪稍大的儿童也可以使用,因为这些无字绘本包括复杂的情节结构、细致的图像表现与多样化的语气。无字绘本没有文字,但同样包括人们熟知的文学元素,如情节、观点、主题、角色、环境与气氛等。无字绘本有助于促进儿童语言发展与讲故事能力的提高,因为无字绘本需要读者做出口头反应。

第三,玩具书。玩具书流行自19世纪后期的英国。玩具书的阅读对象主要是3岁以下的婴幼儿,包括纸板书、布书、立体书等造型。除讲故事外,玩具书通常还包含一些有趣的"小玩意",使小读者在阅读时能获得意外"惊喜"。纸板书与布书经久耐用,可以水洗,能抵御婴幼儿啃咬、撕扯等行为。立体书能展示三维图景和移动物体,构造精巧。在立体书中,与视觉媒介相比,文字居于第二位,由于页数较少,故事非常简

三 图书选择

单,情节、细节与语言均被移动角色和三维场景取代,从某种意义上讲,立体书更像是一种视觉艺术。

第四,字母书。字母书是拼音语系国家的一种儿童书籍,目的是让儿童认识字母及其发声。字母书会将字母的形状与发音联系起来,使儿童掌握正确的拼读方式和拼写规则。大部分字母书以形象的图画表示字母,并以某种主题或艺术概念统揽全书。一些书籍还利用字母书提供的空间进行艺术发挥。

第五,数数书。数数书是用来教给孩子们数的概念,帮助他们学会数数的书。一些数数书几乎不包含文字,仅有数字与被数的物体,因此,被数的物体一定要清晰可辨。数数书有时也会包含一些与数有关的故事、文化信息与押韵等内容。如何处理好文与图的关系,对数数书的设计非常关键。

第六,概念书。通过插图与文字,概念书向孩子们以可感、可知的形象解释抽象的概念。概念书的主题丰富多样,例如矛盾、空间与声音等。概念书带有明确的教育目的。介于概念书与故事绘本之间的是这样一类概念书,它们通过故事性的环境和故事角色的行为向读者传达概念,这些概念多数都是关于社会生活的。

绘本的读者首先是"儿童"

作家在绘本的创作过程中需要而且必须融入自己对人生和世界的思考,这些思考可能一时不能为儿童所理解,但随着儿童年龄的增长和社会阅历的丰富,他们会逐渐品出作品中的深意。不过,即使儿童不能一下子"穿透"作品,他们也能从作品中获得属于自己的快乐,如欣赏到有趣的故事,对他们而言,绘本应该是"好玩"的。因此,儿童是绘本的首要读者,儿童的接受是评价绘本的第一步。朱自强在《儿童文学概论》一书中就强调:"幼儿是图画书阅读者的主体。"在信谊图画书奖的评奖办法中有明确规定,参评作品应是适合 3～8 岁幼儿阅读的作品,评委们评价作品的一个重要标尺就是看作品是否有很好的儿童视角和表现。

绘本为作家和插画家提供了发挥创新才能,体现自己风格的良好平台,但近年来某些绘本作家似乎"玩"过了头,忽略了绘本的读者——儿童。正如"丰子恺儿童图画书奖"的评委之一朱自强在接受采访时表示的,在评奖过程中,尽管评委们觉得某些绘本确实很好,但是感觉这些

你会阅读吗
——家长辅导孩子阅读的黄金手册

绘本的儿童观差了一点。有的绘本不断徘徊于不同视角之间,逡巡于现实与超现实等多次元世界,以一些有悖逻辑和常理的图画表达作者虚无缥缈的思考,即使成人都感到费解,遑论儿童。有些绘本刻意在画面与文字之间制造一种"错位",家长在与儿童分享时必须考虑如何解释这种错位,有些儿童可以理解,但有些儿童未必能理解,甚至家长自己也不一定能弄明白。有些绘本则以非常抽象的叙事方式,将绘本的"示意"功能发挥至极致,作家在兴冲冲地讲着自己的故事,但儿童很可能早已坠入云雾。

家长在为孩子挑选和推荐绘本时,一定要考虑孩子的接受能力和欣赏特点。约克·米勒在绘本《书中之书》表达了这样一个观念,用其原话就是"放心,我答应你的事情一定会做到"。——一个是书中的画家要画兔子,并且认为这是时下流行的画法,另一个是孩子希望画猫,最终当画家尊重孩子的愿望而画猫时,画家被"解救"了。家长在为孩子挑选和推荐绘本时,要尊重孩子的意愿,为孩子选择的绘本理应是一本儿童可以理解、觉得有趣,并能伴随他们成长,同时成人在与儿童的分享中也可以收获启迪和喜悦,与孩子共同成长的图书。

资料:20世纪末之前的绘本发展历程①

(一)早期绘本

《世界图解》(*Orbis Pictus*,John Amos Comenius,1658)是最早的专为儿童阅读的插图(木刻)本,该书在某种程度上可以称为一部儿童版的百科全书。《一本精致的口袋书》(*A Little Pretty Pocket-Book*,John Newbery,1744)是最早的一本插图版故事书,文种为英语,这本书被人称为第一本真正的儿童文学作品。德国儿童书《蓬头彼得》(*Struwwelpeter*,Heinrich Hoffmann,1845)是最早采用现代绘本设计风格的众多绘本中的一种。19世纪早期的神话故事大都配有少量插图,但自19世纪中期开始,这些故事中出现了专业画家创作的插图,如Gustave Doré、George Cruikshank。《爱丽丝梦游仙境》(*Alice's Adventures in Wonderland*,Lewis Carroll 文,John Tenniel 图,1866)是第一本大获成功的儿童娱乐型图书。

19世纪后期产生了玩具图书,图画的比例高于之前的图书,且

---

① 本文根据维基百科编译。

 三 图书选择

许多图画为彩色插图。玩具图书最为著名的三位画家是英国画家 Randolph Caldecott, Walter Crane 与 Kate Greenaway, 他们在彩色印刷师、木刻家 Edmund Evans 的协助下,创作出高质量的玩具书。19 期末、20 世纪初,少量美国与英国艺术家以绘制儿童书的插图为生,如 Rose O'Neill, Arthur Rackham, Cicely Mary Barker, Willy Pogany, Edmund Dulac, W. Heath Robinson, Howard Pyle 与 Charles Robinson 等,通常情况下,这些儿童故事书拥有 8～12 页插图。

《彼得兔的故事》(The Tale of Peter Rabbit, Beatrix Potter, 1902) 一经出版即获得了成功,被认为是现代绘本的滥觞,该书是 Potter 创作的系列"……的故事"中的第一本,其他故事包括《小松鼠纳金特的故事》(The Tale of Squirrel Nutkin)、《小兔本杰明的故事》(The Tale of Benjamin Bunny)、《小猫汤姆的故事》(The Tale of Tom Kitten) 与《杰米玛·帕德尔鸭的故事》(The Tale of Jemima Puddle-Duck) 等,陆续于 1910 年前出版。1897 年至 1952 年间,瑞典作家 Elsa Beskow 撰文并亲自绘制了 40 种儿童故事和绘本书。12 册的《仙女传说》(Fairy Books, Andrew Lang, 1889—1910) 由多位画家绘制,其中比较出名的是 Henry J. Ford 与 Lancelot Speed。

在美国,儿童插图版故事首先出现在杂志上,如《妇女家庭杂志》(Ladies Home Journal)、《时尚好管家》(Good Housekeeping)、《都市》(Cosmopolitan)、《女性家庭伙伴》(Woman's Home Companion),这些杂志的目的是让母亲与孩子分享故事。二十世纪早期,适合青少年阅读的低廉杂志开始出现,这些杂志中的插图通常都没有作者署名。《黑人小男孩的涂鸦》(Little Black Sambo's Doodle, Helen Bannerman, 1899) 出版后在 20 世纪的第一个十年中多次重印与再版。

(二) 20 世纪前半期

L. Frank Baum 的《绿野仙踪》(Wonderful Wizard of Oz) 于 1900 年出版,其后在 1904 年至 1920 年间,Baum 成功创作出了多本以"奥兹国"为主题的绘本。1910 年,美国插图家、作家 Rose O'Neill 的第一本儿童图书 The Kewpies and Dottie Darling 出版,之后关于 Kewpie 的系列儿童书不断推出,如 The Kewpies: Their Book (1912) 与 The Kewpie Primer (1916)。1918 年,Johnny Gruelle 撰文并绘制了

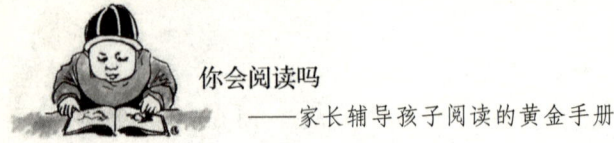

《蓬头娃娃》（Raggedy Ann），1920 年，再次创作了《蓬头安迪的故事》（Raggedy Andy Stories）。Gruelle 的其他作品还包括《被爱的比淋达》（Beloved Belinda）、《艾达象》（Eddie Elephant）与《友好的仙女》（Friendly Fairies）。

1913 年，Cupples & Leon 出版社模仿 Beatrix Potter 的形式出版了 15 本"……的一切（All About）"系列书，如《彼得兔的一切》（All About Peter Rabbit）、《三只小熊的一切》（All About the Three Bears）、《鹅妈妈的一切》（All About Mother Goose）与《小红母鸡的一切》（All About Little Red Hen）等，这些书中的插图部分由 Johnny Gruelle 绘制。《百万只猫》（Millions of Cats，Wanda Gág，1928）是第一本获得纽伯瑞儿童文学奖（Newbery Medal）的绘本，之后 Wanda Gág 连续出版了多部绘本，如《有趣的事情》（The Funny Thing，1929）、《粗鲁又急躁》（Snippy and Snappy，1931）与《兔子 ABC》（The ABC Bunny，1933），其中，《兔子 ABC》再次为她赢得了纽伯瑞儿童文学奖。

1931 年，Jean de Brunhoff 的巴巴象（Babar）系列的第一本——《巴巴象的故事》（The Story of Babar）在法国出版，后又相继出版了《巴巴象的旅行》（The Travels of Babar）与《王者巴巴》（Babar the King）。从 1930 年到 1932 年连续 3 年，Marjorie Flack 撰文并绘制了 3 本系列绘本书：《安格斯和鸭子》（Angus and the Ducks）、《安格斯和猫》（Angus and the Cats）、《丢失的安格斯》（Angus Lost）。1933 年，Flack 再次创作了《关于 Ping 的故事》（The Story about Ping，Kurt Wiese 图）。1930 年，《爱尔木基础读物》（The Elson Basic Reader）出版，使公众认识了两位主角：迪克（Dick）与珍妮（Jane）；同年，《能干的小火车》（The Little Engine That Could，Watty Piper 图）出版，并于 1954 年由 George Hauman 和 Doris Hauman 重新绘图，该书引发了一系列创作行为，其"我认为我能！我认为我能！"的台词广为流传。1936 年，Munro Leaf 的《费迪南德的故事》（The Story of Ferdinand）出版，该书由 Robert Lawson 插图，它是第一本引入流行文化元素的绘本，由 Walt Disney 创作的动画片及推广资料获得了巨大成功。1938 年，Dorothy Lathrop 因其在《圣经中的动物》（Animals of the Bible，Helen Dean Fish）中的插图获得了首枚凯迪克图画金奖

三 图书选择

(Caldecott Medal),Thomas Handforth 也于 1939 年因其作品《美丽》(*Mei Li*) 获得凯迪克图画金奖,同年,《麦德兰》(*Madeline*, Ludwig Bemelmans) 出版并荣获凯迪克图画金奖荣誉作品。

1942 年,出版社 Simon & Schuster 开始出版《金质小书》(*Little Golden Books*),这是一套价格低廉、插图精良、质量较高的儿童书,其中第 8 本《迟钝的小狗》(*The Poky Little Puppy*) 创下了儿童书销售记录,其他图书如《嘟嘟叫》(*Tootle*)、《拖船和它的历险记》(*Scuffy the Tugboat*)、《小红鸡》(*The Little Red Hen*) 等也榜上有名,一些为《金质小书》绘制插图的人后来成为知名的插图作家,如 Corinne Malvern、Tibor Gergely、Gustaf Tenggren、Feodor Rojankovsky、Richard Scarry、Eloise Wilkin 与 Garth Williams。1947 年,《晚安,月亮》(*Goodnight Moon*, Margaret Wise Brown 文, Clement Hurd 图) 出版。至 1955 年,一些经典图画读物如《给小鸭子让路》(*Make Way for Ducklings*)、《小房子》(*The Little House*)、《好奇的乔治》(*Curious George*) 与《艾劳斯》(*Eloise*) 等均获出版。1955 年,芬兰作家与插图家 Dick Bruna 的米菲兔(Miffy)系列第一本出版。

1937 年,在饱受被拒绝的挫折之后,绘画艺术家和幽默大师 Seuss 博士(Theodor Seuss Geisel)终于出版了自己的第一本儿童绘本书《想起我在桑树街见过它》(*And to Think That I Saw It on Mulberry Street*),该书出版后立即获得了巨大成功,之后 Seuss 博士又创作了数本绘本,如《巴塞洛缪的五百顶帽子》(*The 500 Hats of Bartholomew Cubbins*, 1938)、《踩高跷的国王》(*The King's Stilts*, 1939)与《霍顿孵蛋》(*Horton Hatches the Egg*, 1940),这些书的出版者均为 Random House。从 1947 年到 1956 年,Seuss 博士再次创作了 12 本儿童绘本书。一位名叫 John Hersey 的作者在《生活》(*Life*)杂志中发表了一篇文章,指出儿童初级读本的创作是不现实的。作为回应,Seuss 博士创作了《帽子里的猫》(*The Cat in the Hat*),Seuss 博士将该书使用的文字严格限制在小学词汇表中,然后围绕随机抽出的两个单词——"猫"与"帽子"组织故事。20 世纪 50 年代中期之前,在插图版教育类图书与绘本书之间存在着一定的界限,但这种情况在 1957 年《帽子里的猫》出版后发生了改变,并由此促成了一个独立的出版公司——初学者之书(Beginner Books),同一系列的第

你会阅读吗
——家长辅导孩子阅读的黄金手册

二本书《帽子里的猫回来了》(The Cat in the Hat Comes Back)于1958年出版,同样大受欢迎,此系列的其他书包括:《山姆和萤火虫》(Sam and the Firefly, 1958)、《绿鸡蛋与火腿》(Green Eggs and Ham, 1960)、《你是我的母亲吗?》(Are You My Mother?, 1960)、《小狗往前冲!》(Go, Dog. Go!, 1961)、《在爸爸身上蹦来跳去》(Hop on Pop, 1963)与《袜子中的狐狸》(Fox in Socks, 1965),作者包括Stan Berenstain和Jan Berenstain、P. D. Eastman、Roy McKie与Helen Palmer Geisel(Seuss博士的妻子)。初始者之书出版公司几乎主导了整个20世纪60年代的儿童绘本市场。

1957年至1960年间,哈珀兄弟出版公司(Harper & Brothers)出版了一套16册的"我能读(I Can Read)"系列书,其中《小熊》(Little Bear)是第一册。作家Else Holmelund Minarik与当时尚无名气的插图家Maurice Sendak合作,于之后的3年内创作了其他3本"我能读"系列书,1958年到1960年,Syd Hoff撰文并绘制了4本"我能读"系列书:《丹尼和恐龙》(Danny and the Dinosaur)、《海豹萨米》(Sammy the Seal)、《朱利斯》(Julius)与《奥利弗》(Oliver)。

(三)20世纪中叶至20世纪末

作家与插图画家Richard Scarry于1949年开始"小金质书"(The Little Golden Books)系列的创作工作,作品《会讲故事的单词书》(Best Word Book Ever)自1963年至今已售出数百万册。Scarry是一位多产的作家和插图家,他累计创作了250件作品,在全世界销售1亿多册。1963年,《野兽家园》(Where the Wild Things Are, Maurice Sendak)出版,此后先后被改编为不同的媒体,包括动画短片(1973)、戏剧(1980)、真人秀特辑电影(2009,导演:Spike Jonze)。截至2008年,《野兽家园》累计销售1900万册。作家与插图画家Gyo Fujikawa在1963年至1990年间共创作了50多本绘本,她的作品被翻译成17种文字,在22个国家出版,她最出名的书《婴儿与小动物》(Babies and Baby Animals)仅在美国就售出170多万册。Fujikawa被认为是最早在作品中包括多种族儿童的主流绘本插画家。

芬兰作家Tove Jansson的"姆名"(Moomin,版权后被日本购买,作者注)图书以小说居多,但1952年至1980年间Tove Jansson创作

三 图书选择

了数本"姆名"绘本书,如《谁来安慰托芙利?》(*Who Will Comfort Toffle?*, 1960)与《危险的旅行》(*The Dangerous Journey*, 1977)。Annette Tison 与 Talus Taylor 的"巴巴爸爸(Barbapapa)"系列于 20 世纪 70 年代在法国出版,巴巴爸爸可以改变自己的形状,呈现粉红色,还有多个五颜六色的孩子。由英国作家和插图家 Roger Hargreaves 创作的包括了大约 40 余本的系列绘本书《奇先生》(*Mr. Men*)于 1971 年开始出版。Raymond Briggs 的《雪人》(*The Snowman*)于 1978 年在英国出版,这是一本无字书,后被改编为动画片,每年都在英国电视上播放,1983 年该动画片获得奥斯卡最佳动画短片提名奖。

自 1968 年开始,日本作家和插图家安野光雅出版了多部绘本书,例如在他的《旅之绘本》系列中,一位故事角色带领读者领略了不同国家的文化。1984 年,安野光雅获得国际童书界最高荣誉的"安徒生奖"画家奖。《大家来噗噗》(*Everyone Poops*)于 1977 年在日本首次出版,该书的文字和插图作者均是多产的儿童作家五味太郎,该书被译成多种文字,在世界各地出版发行。澳大利亚作家 Margaret Wild 自 1984 年起创作了 40 余本绘本书,赢得了多项奖项。1987 年,由英国插图作家 Martin Handford 创作的系列书《聪明的威利在哪里?》(*Where's Wally?* 美国与加拿大又称为 *Where's Waldo?*)的第一本出版。这一套图画书系列先后被译成多种文字,并被改编成电视剧、漫画与视频游戏。自 1989 年开始,由英国作家 David McKee 创作、超过 20 册的《彩格艾玛象》(*Elmer the Patchwork Elephant*)系列绘本书陆续出版,先后被译成 40 多种文字,并被改编为一部儿童电视剧。

四　阅读方法

书犹药也，善读之可以医愚。

——刘向

四 阅读方法

1. 读书离不开方法

读书离不开方法

在我们的学习、工作和生活中，方法得当能取得事半功倍的效果，方法不当则会事倍功半，如法国科学家贝尔纳所说："良好的方法能使我们更好地发挥运用天赋的才能，而拙劣的方法则可能阻难才能的发挥。因此，科学中难能可贵的创造性才华，由于方法拙劣可能被削弱，甚至被扼杀；而良好的方法则会增长、促进这种才华。"在学校里，学生们学习的知识中有相当一部分都属于方法类技能，或者最终落实为方法。专业人员之所以专业，就是因为他们能用专业的方法完成专业的事情。方法无处不在，只要留意，随时随地都能找到令自己"眼前一亮"的方法。例如，在学习中排除法就是一种重要方法。在考试时，当学生面对四个选项，即使随机选择，排除一个错误选项后答对的概率就由1/4提高到1/3，排除两个错误选项后答对的概率则提高到1/2。一些学生在背单词时会按照词表顺序一个接一个地背，不仅费时费力，而且效率低下，此时可以用一张纸遮住中文（或英文），根据英文回忆中文（或根据中文回忆英文），然后检查回忆是否准确，准确则进入到下一个单词的检测，不准确则在单词旁边用铅笔做好标记，以后只记被标记过的单词，由此可以大大提高记单词的效率。在生活中，许多人不知道如何让滚烫的开水或汤快速凉下来，其实只要用一个广口盘盛放就可以达到目的，这是利用了液体接触空气面积越大，对流散热越快的原理。

读书也要掌握科学的方法。在学校里，一些孩子对学习不感兴趣，成绩不理想，并不都是这些孩子反应迟钝或懒惰懈怠，他们对学习不感兴趣往往与他们没有掌握正确的学习方法，难以从学习中体验到成就感有关。同样，许多孩子不喜欢阅读，也多是由于他们的读书方法不科学所致。阅读本是一件惬意的事情，但快乐的获得需要建立在正确阅读的基础之上，这就要求读者掌握一套科学有效、适合自己的读书方法。阅读方法的重要性被历代学者认可。英国文学家狄更斯在《我们共同的朋友》一文中说："一个会读书的人与一个不会读书的人，同样面对书本的时候，其收获从来不是一个样子的。"汉代目录学家刘向说："书犹药也，善读之可以医

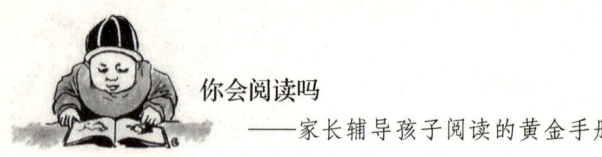

愚。"唐代诗人皮日休在《鹿门隐书》中说："文学之于人也，譬乎药。善服，有济；不善服，反为害。"读书方法不正确，甚至会产生反作用，对人的精神世界造成伤害，清代学者章学诚亦有类似说法，"读书如吃饭，善吃者长精神，不善吃者生疾病"。

蔚为大观的读书方法

自古以来，学有所成者大都有一套自己的读书方法，用"蔚为大观"来形容并不夸张，如孔子的"学而时习之""温故而知新""学而不思则罔，思而不学则殆"，再如苏东坡提出的"八面受敌"读书法。宋代理学家朱熹可谓读书方法的集大成者，他的弟子将他的读书方法概括成六条，称为"朱子读书法"，即：循序渐进、熟读精思、虚心涵泳、切己体察、着紧用力、居敬持志。近代以来，王国维将读书总结为三重境界，也代表了读书的三种方法，即"昨夜西风凋碧树，独上西楼，望断天涯路"，"衣带渐宽终不悔，为伊消得人憔悴"，"众里寻他千百度，蓦然回首，那人却在灯火阑珊处"。

国内研究阅读的学者遍历各代读书之法，将其总结为三类：第一类为综合阅读类，包括整体阅读法、分步阅读法、优化组合阅读法、交叉阅读法、分类阅读法、织网阅读法、发展阅读法、提要钩玄阅读法、"八面受敌"阅读法、出入阅读法等；第二类为程序阅读类，包括秩序阅读法、错序阅读法、分步阅读法、四环阅读法、六到阅读法、"剥笋式"阅读法、框架阅读法等；第三类为思辨阅读类，包括质疑阅读法、悬猜阅读法、比较阅读法、品读法、立体阅读法等。由谭华军主编的《中华读书之旅·一星卷》将读书方法总结为：背记式阅读法（通过背诵图书的方式阅读）、复述式阅读法（读完一本书后，在不看书的情况下对图书的主要内容与中心思想进行复述）、专注式阅读法（阅读时集中注意力，进行高效率阅读）、重复式阅读法（指对一部读物的全部或部分进行三番五次的阅读）、博览式读书法（指广泛涉猎不同门类和学派的书籍）、计划读书法（指按照合理的阅读计划调节、管理阅读进程）、连贯阅读法（指将一本书从头至尾完整阅读）。

古汉语采用文言文，文言字词与白话字词在含义上有一定距离，句与句之间缺乏有效的句读，使古代学者的阅读方法中多将对字、词、句的理解放在首位。元代程端礼在《程氏家塾读书分年日程》中说："每句先逐

四 阅读方法

字训之,然后通解一句之意,又通结一章之意,相接续作去。明理演文,一举两得。"第一步先弄通字的意思,然后再理解句意,第三步才是将句与句相连,把握全篇意思。朱熹也说:"且如一章三句,先理会上一句,待通透,次理会第二句、第三句,待分晓,然后将全章反复细绎玩味。如未通透,却看先辈讲解,更第二番读过。须见得身分上有长进处,方为有益"(《朱子语类》)。阅读时先将文章一句一句弄懂,然后再将全文连缀品味,悟通文意。但是到了白话文时代,字、词、句的理解障碍减少,现代文的阅读方法更多关注理解文义,兼及对字词的把握,但后者并不是阅读的重点,除非其影响了对文本的解读。

在国外,一种称为"SQ3R"的阅读方法流传甚广。"SQ3R"阅读法又称五步阅读法,是英文"Survey、Question、Read、Recite、Review"的首字母缩写,即"概览、提问、阅读、复述(背诵、回忆)、复习",由美国艾奥瓦大学首创。第一步为概览,指在阅读一本书前对图书进行概括式审察,包括阅读序、内容提要、目录、大标题、图表、照片以及注释、参考文献和索引等,达到了解图书概貌和筛选资料的目的;第二步为提问,即读者对全书进行浏览式阅读,将重点放在大小标题、黑体字与其他有主要标志的内容上,提出问题,读者可以先依据已经掌握的知识对问题做尝试性解答;第三步为阅读,读者带着上述问题阅读全书,并在读的过程中采取划着重号、圈点、写批注等方式,对文中的重点加以标注,还要通过写笔记、编读书档案等增加对图书的理解;第四步为复述,指读者在阅读图书后对主要内容进行回忆和复述,尝试回答上述问题;第五步为复习,指根据对问题的解答和对图书的回忆有重点地重读或复习,并分析和归纳图书的重点和难点。

在广州图书馆书目检索系统2016年搜索率排名前50的关键词中,出现了一个与阅读有关的语词,即"如何阅读一本书"。由美国学者莫提默·J.艾德勒于20世纪40年代撰写的这本书数10年来被多次再版或改版,在世界上产生了深远的影响,中文版由商务印书馆于2004年出版。该书是中国图书馆学会的阅读推荐之一,是出版界的畅销书,据称销售量已突破50万册。该书将阅读方法划分为四类:基础阅读、检视阅读、分析阅读和主题阅读。基础阅读指对字、词、句法等语文知识的掌握;检视阅读指在正式阅读之前对图书内容进行了解,既包括对前言、索引、目录等的阅读,也包括对图书的快速浏览;分析阅读指在检视阅读的基础上对

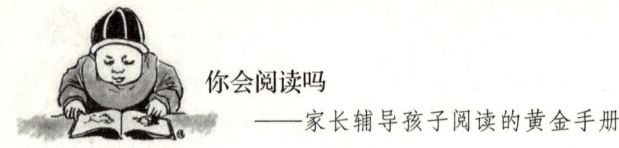

你会阅读吗
——家长辅导孩子阅读的黄金手册

图书进行深度阅读,作者在该书中提出了分析阅读的 15 个步骤,通过这些步骤,读者先分析图书的主要内容,再对内容进行诠释和评价;主题阅读的对象是研究人员和专业写作者,指围绕某一主题阅读多方面的资料,从比较和分析中找到有用的资料,形成自己的观点。四种阅读方法构成了层层递进的关系。

形成自己的读书方法

读书是否存在"诀窍"?答案既是否定的,又是肯定的。就否定意义上讲,读书并不存在一个放之四海皆准的"诀窍",否则经过读书人这么长时间的探索,这一"诀窍"早就被找到,然而正如一些学者认为的,假如读书确实存在这样一个"诀窍",能够使人迅速练就一身读书的"绝活",那么,读书很快就贬值了,贬值到跟看电视、打游戏差不多。就肯定意义上讲,读书又是有"诀窍"的,这就是为什么那么多读书人喜欢分享自己的阅读心得,谈论读书技巧;然而,这些心得和技巧一到了别的读书人那里,未必就能发挥分享者所期待的效果。这是因为,当"诀窍"过于具体,"诀窍"就只能是个人的,随着读书人的思维方式、阅读习惯、阅读目的等的不同而不同,其他人所能借鉴的只能是贯穿于其中的原则性方法,很难按照分享者的方式照搬"诀窍"。因此,读书方法可以从他人那里学来,但更重要的是每个读书人都要做出自己的总结,发现自己的方法,将从其他人那里学得的原则和方法结合自己的情况予以落实,如此我们每个人才能形成自己的读书"诀窍"。如科学家严济慈所说:"每个人都要摸索适合自己的读书方法,要从读书中去发现自己的长处,进而发扬自己的长处……归根结底,读书还是靠自己,要靠自己下苦功,要自己去摸索和创造。"一位美国作家曾记述说,他的爷爷在读书时会选择一种特别的方式:拿到一本书后随手翻到中间的一页,从该页一直读到最后,然后再从第一页读起,直至之前的起始页。没有一个客观的标准判断某一方法是好还是不好,只要适合自己,就是一种有效的方法。

在阅读中存在着许多看似矛盾的读书方法,这些方法分别都有自己的拥趸,如陶渊明说自己读书"不求甚解",朱熹却将读书比作层层"剥皮",吉姆提出"大声朗读",但克拉生却提出了"自由自主的阅读"(主要指默读),尽管不少人提倡快速阅读,却也有人提出"慢阅读、慢生活",其他如数字阅读、碎片阅读等都既有支持者也有反对者。事实

四 阅读方法

上,这些方法都有合理之处,关键是读者要根据自己的阅读目的、阅读对象、应用场景等做出判断,不要盲从。1927年,鲁迅先生应邀到广州知用中学演讲,关于读书不盲从,他讲了一个故事:"一个老头牵着一头驴子,有一个孩子坐在驴身上,一起往前赶路。有人看见了,就说孩子不懂事,自己骑着驴,却让老人步行。于是孩子牵着驴走,让老人坐在驴身上。但有人看见后却说,老人太过分,自己骑在驴身上,却让孩子在地上走。然后孩子与老人一起骑到驴身上,结果却又有人说两个人这么残忍,让一头羸弱的驴驮着他们两个人走。两个人又从驴身上下来,牵着驴一起步行,不过还是有人笑他们傻,有驴不坐,却要在地上走。"以此故事为前提,建议学生在阅读方面依据自己的阅读目的、阅读对象等做出适合自己的判断和选择。

如何总结自己的读书方法?这就要用到前文提到的"省",即不断反思自己的读书方法有哪些需要改进的地方。没有一成不变的方法,也没有人可以在短时间内找到适合自己的方法并一劳永逸,我们要对自己的读书方法持续地进行自我批评,不断总结、验证、修正、再验证;另外,不要用一种方法读遍所有的书,而要灵活运用。苏联学者奥·库兹涅佐夫和列·赫罗莫夫就认为,不管什么文章,都采用同一种方法阅读,这是影响读速和大量获取信息的要害处。苏联阅读专家 C. N. 波瓦尔宁教授在"阅读者守则"的"总则"中也提出,"不要用一种方法读所有的书,阅读方法要适应阅读目的"。另外,目前在阅读方法研究中普遍存在一个现象,即学者多站在学术研究的角度对读书方法进行总结,导致得出的读书方法带有研究性阅读的性质,未必适合孩子们的课外阅读,对此家长在引导孩子学习和总结读书方法时需要留意。

2. 不求甚解式阅读

据王粲的《英雄记钞》记载,诸葛亮与徐庶、石韬等人的读书方法有所不同,徐庶、石韬等人读书"务于精熟",诸葛亮则"独观大略"。无独有偶,东晋诗人陶渊明也说自己"好读书,不求甚解"(《五柳先生传》)。不论"独观大略"还是"不求甚解",都不是读书马马虎虎、随随便便之意,而是一种读书方法,即阅读时不拘泥于细节,或遇到不懂的地方暂时放过,阅读过程中抓住文本重点和作者的主要意图。其中,陶渊

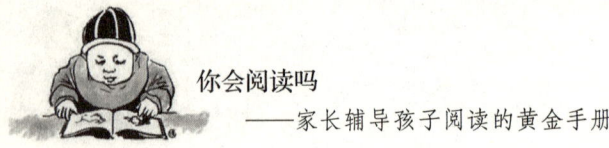

明的"不求甚解"对后世影响较大,至今仍是重要的读书方法。"不求甚解"的提出有着深刻的社会和文化背景。自汉代以后,训诂之风盛行,烦琐的考证,支离破碎的注解,乃至臆测、杜撰的文字充斥读物,如小夏侯学派的秦恭解释"尧典"二字,竟写了十多万字的文章,解释"日若稽古"四字,写了三万字的文章,陶渊明不满于这种文风而提出了"不求甚解"读书法(曾祥芹《阅读学新论》)。

"不求甚解"是儿童课外阅读的一种重要策略。儿童如果缺乏课外阅读的经验,不了解兴趣阅读与课堂学习的区别,就会模仿老师上课的方式阅读课外书,造成过度关注细节或不会绕过困难等问题,影响阅读速度和阅读效果。在学习中,老师会带领孩子们对课文中的字、词、句及重点、难点逐一解读,带有精深阅读(参见下文)的特点,但字、词、句和重点、难点的选择由老师根据教学要求和学生的能力确定,目的是提高儿童多方面的能力。而课外阅读的主要目的是满足儿童的阅读兴趣,扩大视野,与学习型阅读是有区别的,阅读策略虽然可以从课堂学习中借鉴,但更应体现课外阅读的特点。在大多数情况下,儿童的课外阅读主要是泛阅读,因此,不求甚解是常用的读书策略之一。

未晓莫妨权放过

如前所述,看不懂是阅读中的常态,对此读者有两种策略可以选择:先将看不懂的地方弄明白,然后再往下读;跳过看不懂的地方,直接阅读后面的内容。许多学者建议采取第二种策略,如南宋哲学家、教育家陆九渊说"未晓莫妨权放过",日本作家大江健三郎在《为什么孩子要上学》一书中提出要将困难"放入括弧内",法国思想家蒙田说:"当我在读书中遇到某些费解的地方时,我从不一味冥思苦想,倘我尝试一两次后仍不得要领,我就把它甩开。因为在这种情况下继续死啃它们,无异于浪费我的精力和时间……过分执着于某物,只会使大脑疲惫不堪,陷入混乱,我的眼睛也会变得模糊不清。"如果阅读时总是纠结于看不懂的地方,力图弄明白后再往下读,就会影响阅读速度,并且在看不懂的地方耗费过多精力,使思路中断,影响对内容的整体把握。因此,如同在考试时遇到不会的题目先跳过一样,在阅读中碰到不懂的地方也应该先跳过去。

暂时跳过看不懂的地方并不意味着对难点弃置不顾,读者在遇到不懂的地方时可以先做好标记,待全部图书读完后再予甄别和细究。此时读者

四　阅读方法

会发现,一部分问题已经不成为问题,在阅读其他内容时这些问题得到了解决,如斋藤孝所说:"如果遇到不明白的部分,完全可以跳过去,先读能理解的部分。如此一来,回头再看难懂的部分,就能大概知道讲的是什么了。"而另一部分问题对于整本图书的阅读可能并不重要,可以忽略不计,或者并不是读者感兴趣的,只有少量问题需要认真探讨,读者可以通过联系上下文、查阅资料、向他人请教等予以解决。如果始终解决不了,就留待以后解决,不要让它影响了对其他图书的阅读。

不可泥著一字

不求甚解的另一层意思指阅读时不必纠缠于文章的细枝末节。组成一本书的章、段、句与字、词不是孤立存在的,而是联系在一起,形成一个有机体,共同表达着作者的意图。如果阅读时过于拘泥于一段、一句乃至一个字词,就无法把握段、句、字、词之间的联系,使阅读变得支离破碎,影响对文本整体的把握,造成"一叶障目,不见森林"。此时即使经过推敲理解了某个字词或某个句子,但由于知识和观点被从由文本整体组成的"知识场"中孤立出来,阅读的效果会受到影响,阅读也会变成一种真正的"苦差事"。创立"正确阅读(Read Right)"培训课程并申请了专利的蒂·泰德罗克始终坚持的一个观点就是:阅读不能通过辨析词汇的方式进行(《正确阅读》)。

由于汉语不存在严格的语序和时态等语法限定和标志,语言带有极大的模糊性,因而汉语阅读对语境的依赖较西方语言更甚,如果过于关注细节而忽略了对上下文的把握,就会极大地影响对文本的理解。即使在古汉语阅读中,尽管学者多强调首先对字、词、句的领会,但学者们也要求,在消除了字词障碍后一定要跳出字词藩篱,从整体上对文章进行理解,如朱熹所说,"凡读书,须看上下文意如何,不可泥著一字"(《朱子语类》)。张载提出,"凡观书不可以相类泥其义,不尔则字字相梗,当观其文势上下之意"。李白有诗,"鲁叟谈五经,白发死章句。问以经济策,茫然坠烟雾",表达了对"鲁叟"死抠文字的不满和蔑视。

例一:

我躺着,听船底潺潺的水声,知道我在走我的路。我想:我竟与闰土隔绝到这地步了,但我们的后辈还是一气,宏儿不是正在想念水

你会阅读吗
——家长辅导孩子阅读的黄金手册

生么。我希望他们不再像我,又大家隔膜起来……然而我又不愿意他们因为要一气,都如我的辛苦辗转而生活,也不愿意他们都如闰土的辛苦麻木而生活,也不愿意都如别人的辛苦恣睢而生活。他们应该有新的生活,为我们所未经生活过的。(鲁迅《故乡》)

初读鲁迅《故乡》中的这段话,可能会遇到几个令人费解的地方,例如,儿童可能不认识"潺潺""恣睢"等词语,对"辛苦辗转""辛苦麻木""辛苦恣睢"三个词语的理解也存在困难,特别是这三个词语之间的细微差别,在初次阅读时未必能完全领会,但这并不影响孩子们对整段话主旨的把握:希望后辈过上幸福的生活。

例二:
他将大盖帽提在手里,露着光头,就当纸月在场,驴拉磨似的旋转着,数着板。(曹文轩《草房子》)

在读到曹文轩《草房子》里的这句话时,城市中的儿童未必对"驴拉磨"有印象,其与"旋转"有何关系,也不清楚"数着板"是一个什么动作,但在不明白的情况下也不影响其对整句话的理解。

例三:
羊驼,顾名思义,是一种既像骆驼又像羊的动物,连叫声都有兼容性,咩吭咩吭,既像绵羊的咩叫,又像骆驼似的吭声。(沈石溪《大羊驼和美洲豹》)

城市的孩子可能对这三种动物的叫声比较模糊,农村的孩子也许知道羊的叫声,但未必清楚骆驼的叫声,更不清楚羊驼的叫声,不过阅读时也可以将其略过。

对母语不是英语的中国儿童来讲,阅读英语文章的难度不啻阅读古汉语文章。一是存在大量生词。一般情况下,一个人只要掌握了数千个汉字就能完成大多数汉语文章的阅读,但在英语中,要能正常阅读报纸,一个人需要掌握的词汇量至少要达到上万个,这对于英语国家的儿童都是一大挑战,更不用说中国的儿童。二是儿童在阅读中由于语感缺失,存在着语

四 阅读方法

词的跨语言译解。三是由于语言体系迥异，儿童还要进行语法和表达的跨语言对接。对于一名熟练的读者，外语文章的阅读可以自然、顺畅地完成，但对于一名非熟练读者，阅读就会面临多重困难，往往要一个词一个词地辨识，一句话一句话地理解。对此，我们要告知儿童，虽然在阅读英语文章时要注意积累生词和熟悉英语风格，但对一篇文章的理解并不是建立在所有生词都认识、所有句子都弄通的基础上，要将"求甚解"保持在一定范围内，部分地方采取"不求甚解"的策略，对于某些不认识的词汇和看似深奥的表达，可以通过上下文提供的线索猜其含义，或者在不影响对文章整体理解的情况下跳过不读。

减少回跳

落实不求甚解的一个实践策略就是阅读时减少回跳。如图4-1所示，回跳指阅读视线不是沿着文字从左到右延伸的一条直线，而是存在着折回之前阅读的某个点重新阅读的曲线。表面上看，回跳的目的是加深对不理解内容的理解，但事实上，回跳重读的对象多是字、词、句等细节性内容，与对文章整体的把握关系不大，而且回跳容易打断思路，降低阅读速度，造成更加依赖回跳的恶性循环。在快速阅读训练中，减少回跳是一项基本要求。据有人研究，回跳会消耗掉一个人30%的阅读时间。因此，读者在阅读中要有意识地做到不回跳，努力站在全局高度"俯瞰"文章。如果确实存在一些比较重要，但一时弄不明白的地方，可以采用上文提到的标注法，在读完后再推敲。

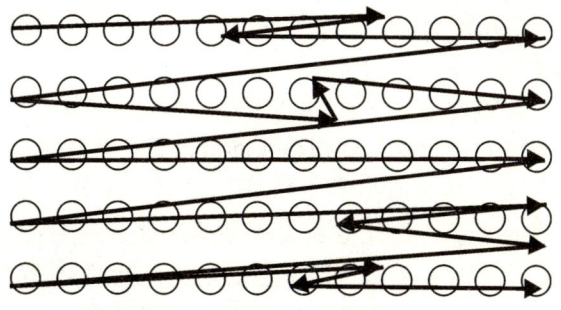

图4-1 阅读中的回跳现象

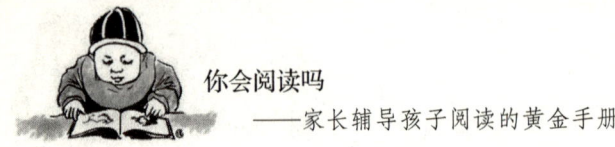

虽然陶渊明提出了不求甚解的读书方法，但他也说过，"奇文共欣赏，疑义相与析"（《移居》），也就是说，在某些精彩的段落或有疑义的地方，他会采用吟咏、玩味或探讨、分析等方法，认真审读。由此可见，虽然不求甚解是兴趣阅读的一种阅读策略，但并不是全部，在对文章整体把握的基础上，读者还要养成善于钻研的习惯。

3. 精深式阅读

历史学家吴晗将自己的读书方法归纳为两种：一种是"寻章摘句式"，读得细心，积累得充分；二是"观其大意，不求甚解式"。吴老觉得，正确的读书方法应该"把两者统一起来"，使"广"和"深"有机结合。第一种读书方法——"寻章摘句式"阅读，即精深阅读，指通过对文本的深度解读，达到对文本内涵的领会和对文本精髓的掌握，实现对内容的融会贯通和灵活运用。精深阅读在英文中被称为 close reading，意思是贴着文本阅读，颇为形象。现代作家、文学理论家唐弢将自己的读书方法总结为"博览群籍，读破一卷"，即一方面广泛浏览，另一方面选取一两种重要的图书反复阅读和深入钻研，使博与专结合。

精深阅读缘何重要

对图书的深入钻研也是读者满足个人兴趣的一个重要途径，是兴趣阅读不可或缺的组成部分。许多人对自己的爱好都投入了极大的热情。据称毕加索一拿起画笔，就会站在原地不动，不停地画，完全忘却了自己的存在，如他所说，"人进了屋，却把身体留在了外面"。我们经常看到，一些儿童在自己感兴趣的事物上非常投入，甚至达到废寝忘食、夜不能寐的地步，如有的儿童热衷于制作航模，不仅白天做，晚上也在做。在从事有着强烈兴趣的事情时，如果人们要查阅资料，其对资料的需求显然不是泛读式的浏览所能满足的，他必须"贴近"文本，仔细研读，即采用精深阅读的策略，才能有助于自己的爱好。数学家张广厚有一次看到一篇论文，觉得其对自己的研究工作有用，尽管这篇论文只有20多页，但他还是反反复复读了半年，由于摸得多，导致纸张边上留下了一条明显的黑线，他的爱人曾开玩笑说："这哪叫念书啊，简直像吃书一样。"张广厚却深有体会地说："要是没有这种'吃书'的精神，我在科学上，一定很

四 阅读方法

难取得成绩。"孔子为了钻研《易经》，反复翻阅，导致"韦编三绝"。人们的兴趣具有多维度的特征，不仅可以从"广"的角度，还可以从"深"的角度衡量。尽管现实中兴趣阅读的主要形态为泛阅读，但这并不能涵盖兴趣阅读的全部，不能忽略精深阅读对于满足儿童较为强烈的兴趣的价值，精深阅读着眼的是兴趣的"深"度。

精深阅读能为博览群书打下基础。博览群书——通过大量阅读，广泛涉猎，获得丰富的知识和信息，这是许多学者倡导的读书方法。但是，只是对图书泛泛而读，对所有图书都一知半解，是无法达到系统掌握某一领域的知识的目的。读者在大量阅读之前，有必要对目标领域的基础知识有所掌握，这就是古人所讲的"先通一经"法，即先读通某领域的奠基性著作，然后再阅读该领域的其他著作，如此方能触类旁通，举一反三。北宋学者黄庭坚认为，"尽心于一两本书，其余如破竹，皆迎刃而解耳"（《与王子予书》），清代郑板桥也说，"读书求精不求多，非不多也，惟精乃能运多，徒多徒烂耳"（《板桥后序》）。我国著名学者高亨主张，读书时先要扎扎实实读通一种重要图书，为阅读其他书籍打下基础，即"一经通，百经毕"。大仲马在《基督山伯爵》里借法利亚长老之口说："在我罗马的书房里，我将近有5000本书。但把它们读了许多遍以后，我发现，一个人只要有150本精选过的书，对人类一切知识都可齐备了，至少是够用或把应该知道的都知道了。我把生命中三年时间用来致力于研究这150本书，直到我把它们完全记在心里才罢手。"只要把这"150"本书弄通、弄透，阅读其余"5000"本书就会更容易，也更有效率。

在这里，有必要解决一个阅读学上看似矛盾的现象——博览群书与少量精读孰先孰后的问题。一方面，人们要求儿童尽可能广泛地涉猎图书，为自己的学习和将来的专业选择打下坚实和宽广的知识基础，即苏霍姆林斯基所说的"背景知识"；另一方面，却也存在着如上文所说的先通一经，再读多经的读书顺序。本书认为，这两种做法都是有道理的。人们在刚接触一个领域时，需要的是"初识"，这种"初识"并不要求对该领域的核心理论和观点全部掌握，只需要有个大概印象即可，此时的阅读多以泛读为主，而且所读之书未必就是该领域的基础图书。但是在"初识"之上，如果还要对该领域有系统的认识，全面把握这一领域的知识和理论，就需要首先精读有关的基础或核心著作，然后再对该领域的其他图书采取博览群书的策略，实现广泛阅读。

你会阅读吗
——家长辅导孩子阅读的黄金手册

尽管本书认为,儿童在接触某一领域时不必一定要从基础的图书读起,但如果儿童不是只想泛泛而读,而是希望对该领域有更进一步的了解,家长就要有意识地引导孩子先仔细阅读该领域的一两本有代表性的著作,然后再广泛阅读其他著作,如此,阅读就会变得容易,孩子也更能从不同的图书中汲取知识。

精深阅读的特点和要求

从过程和方法上讲,精深阅读与课堂学习类似,均要对重点内容进行研读,但作为兴趣阅读一部分的精深阅读却具有不同于功课学习的特征,一个重要差异就是读者在选择阅读重点时具有较强的自主性。尽管当代教育强调在学习中发挥儿童的主动性,实现以教师为主向以学生为主转变,但是对儿童的学习还是有一定要求的,哪些内容重点掌握,通过若干年的学习后儿童的文化素养要达到何种水平,这在教学大纲中均有明确规定。但在兴趣阅读中儿童完全可以按照自己的兴趣选择探讨对象,不必囿于外在要求,即便是某些内容被作者认为重要,但如果儿童不能产生共鸣,也可不予理会。毕竟不是为考试做准备,读者不必按照作者或出题者的意图阅读,只需关注自己感兴趣的内容就可以了。陆九渊在说完"未晓莫妨权放过"后紧接着说"切身须要急思量","急思量"的对象是自己认为重要的,即"切身"。在某机构举办的一次示范课上,一位学生向老师发问,陶渊明的《归园田居》记载自己有"方宅十余亩,草屋八九间",属于比较殷实的生活,这种情况下陶渊明的隐居岂非失掉了品格价值?在老师的指导下,该学生查阅了《陶渊明集笺注》《中国历代粮食亩产研究》《中国历代人口统计资料研究》等书籍,发现魏晋时期的1亩地约合今天的0.69亩,按照当时的亩产量,10余亩地的年产量在2000斤左右,而据《考工记》,一间屋的面积大概是10平方米左右,由此陶渊明一家七口人生活之拮据可见一斑。这些内容在课堂学习中未必会成为重点,却是读者感兴趣的。

在精深阅读之前一定要对全书先通读一遍。我们在欣赏一栋古建筑时,一般不会先从建筑的构件看起,如台基、立柱、斗拱、梁架、屋顶、飞檐等,这样看到的就是被拆散的建筑,而是站在远处,先对古建筑来一个远眺,感受古建筑的整体美及与周边环境的和谐,然后再有选择地对构件进行剖析,如此方能领略到建筑的神韵和构造的惊奇。在学校教学中,

四 阅读方法

学生在老师带领下对课文进行精读，哪些是重点，哪些是需要解决的难点，都由老师给予引导。但在兴趣阅读中，儿童需要自己掌握阅读的节奏，自己找到需要研究的地方，这种自主性既是兴趣阅读区别于课堂学习的地方，也会给儿童的阅读带来困惑。所以，精读前就一定要对图书先通读一遍，采取不求甚解的策略，以达到对图书高屋建瓴的了解，在此基础上再筛选需要细读的地方。否则，如果从第一遍起就采用精读策略，往往很难抓住重点，导致阅读中巨细无遗，事倍功半。茅盾曾强调，"重要书至少要读三遍"，第一遍粗读，领略大意；第二遍精读，仔细体会要旨、技巧；第三遍重读其中精彩部分，以牢记精华。如果没有粗读奠定基础，精读和重读精华恐怕很难进行下去。哥伦比亚大学新闻学院学长爱德华·巴列特也说，"略读一本书，犹如探查油矿"，"你明白一些迹象以后，就不会老是挖到干洞了"。

笔者的一位同学就采用先通读再精读的策略阅读课外书。在拿到一本书时，他会快速浏览一遍，绝不在看不懂的地方流连，读完后再选择重点内容细读，如此既可以快速把握图书全貌，同时又能掌握图书要点，而且也不用耗费过多时间。尽管在大学期间，他读的书主要是哲学籍书类，对计算机没有特别的兴趣，但毕业后因某些机缘而开始自学计算机，在这一读书方法的帮助下，不出几年他就能够独立开发软件。由此可见，先通读后精读这一方法有助于阅读和学习效率的提高。

精深阅读还可以划分为不同的层次。可以在泛读基础上，选择一本质量较高的图书，将其读透、读精；或者在泛读的基础上，选择书中对自己有用或令自己感兴趣的部分，用心琢磨。前者是对整本书的精读，后者是对书中部分内容的精读。选择哪一层次的精读，一方面要看所读的图书，另一方面还要看读者的目的和兴趣。一般来讲，除了为系统掌握某方面的知识而阅读外，儿童在兴趣阅读中主要采用对部分内容的精读，这样可以避免在不感兴趣的地方耗费精力，也便于就感兴趣的内容进行深入钻研。

精深阅读的方法具有多样性的特点。课堂学习中使用的方法包括辨析字词、分析段落、归纳中心等，这些方法均可以借鉴到精深阅读中，但是与课堂学习不同，精深阅读的方法要丰富得多，从简单地多读几遍到以图解方式分析，读者都可以根据自己的需要和读书、思考的习惯采用自己的方法，并无一定之规。德国工人哲学家狄慈根曾这样描写自己的读书方法，"我阅读关于我所不懂的题目之书籍时，所用的方法是先求得该题目

你会阅读吗
——家长辅导孩子阅读的黄金手册

的肤浅的见解,先浏览许多页和好多章,然后才从头重新读起,以求获得精密的知识。我对该题目越熟悉,理解的能力就越增加,读到书的末尾,就懂得它的起首"(《辩证法的逻辑》)。据说毛泽东枕边经常放着一本地图册,如果在读书时碰到不熟悉的地名,他就借助地图册搞清楚方位。

精深阅读方法举隅

家长引导儿童开展精深阅读的一个基本方法就是在儿童阅读前为他们设置一组问题或关键词,或提出一些简单要求(例如,在阅读科普类作品时关注和分析标记性文字如小标题等),作为儿童理解图书的"向导",儿童只要按照这些问题、关键词或要求对图书进行阅读和记录,就可以加深对图书的理解,故本书将这一方法称为"向导式精读"。例如,搜狐教育转载自公众号"世界教室"的一篇文章(《90%的家庭阅读都是泛读,如何把精读课堂搬回家?》)提出了精读的六个关键词,即预测、推断、视觉化、联系、提问和总结,除了视觉化(将文字在头脑中转换成图像),其他都可以诉诸文字,为此该文设计了"精读思考表",要求儿童根据关键词将个人的理解记录在表中。另一篇来自搜狐教育的文章(《三招让孩子愉快地坚持阅读,告别"暑期滑坡"》)则提出了六个关键词,即事实(指客观事实与数字)、情感(代表直觉、情感和印象)、积极(指可取之处)、负面(指存在的问题)、创新(指新观点、新思想和创意等)、控制(代表程序与步骤、总结与决策等),分别用不同颜色的帽子代替,称为"六顶思考帽"。例如,一名同学读了《乔布斯传》后从不同角度写出了自己的看法:在情感方面,她表达了对乔布斯广告的喜欢,在负面元素方面,她批评了书中一些不合理的观点……

苏东坡在答其侄女婿王庠讨教读书方法时写的《又答王庠书》中提出了"八面受敌法",对后代读书人影响甚远,其原文如下:

> 少年为学者,每一书,皆作数过尽之。书富如入海,百货皆有之。人之精力,不能兼收并取,但得其所欲求者尔。故愿学者每次作一意求之。如欲求古今兴亡治乱、圣贤作用,但作此意求之,勿生余念。又别作一次,求事迹如实,典章文物之类,亦如之。他皆仿此。此虽愚钝,而他日学成,八面受敌,与涉猎者不可同日而语也。(《经进东坡文集事略·又答王庠书》)

四 阅读方法

"八面受敌法"的核心是"每次作一意求之",指对一部好书反复阅读,每次选择一个主题,围绕该主题研读图书,学成后即可应对如流,如"八面受敌"而能泰然处之。以《汉书》的阅读为例,苏轼说:"吾尝读《汉书》矣,盖数过而始尽之,如治道、人物、官制、兵法、财货之类,每一过求一事。不待数过,而事已精窍矣。"类似的方法也被外国学者提及。柯勒律治在阅读《天路历程》(The Pilgrim's Progress)时说,"每次都会有新的乐趣","一次是作为神学家来阅读……一次是怀着虔敬的心情来阅读……又有一次是作为诗人来阅读"。对一部值得反复阅读的好书,家长可以引导儿童按照苏轼的"八面受敌法",每次围绕一个方面展开,如此多遍之后,就可以将图书内容吃透。

在精深阅读中,儿童通常离不开一个重要的思考工具——思维导图。近年来,思维导图颇受重视,许多学校都在课堂教学中引入思维导图,帮助孩子理解课文。思维导图又称为脑图、心智地图等,它以形象化的方式展示文中的主要概念及联系,如图4-2对《如何有效阅读一本书》中"葱鲔火锅式读书笔记"的展示,图4-3对《红楼梦》中贾府主要人物关系的展示。思维导图由于适应了人的思维对空间感知的偏好而能增强人们对抽象或复杂概念的理解。成人可以引导儿童就感兴趣的图书内容制作思维导图,以加深理解。儿童可以先从简单的制图入手,如维恩图(见图4-4)、鱼骨图、气泡图等,待熟练后再逐步深入。中国农业科学院附属小学的王艳华老师就经常鼓励孩子们采用思维导图留下读后感,减轻了孩子们写作文字版读后感的负担,但并没有影响其对内容的理解。王老师认为,在小学中高年级,儿童的逻辑思维逐渐形成,文字书的难度也在加大,思维导图有助于学生把握书籍的整体结构。

许多文学作品的内容都比较复杂,往往由多条故事线交织而成,如《战争与和平》以俄法战争为背景,融合鲍尔康斯、别祖霍夫、罗斯托夫和库拉金四大贵族的家庭变迁,形成一部全面反映当时政治和社会面貌的史诗式作品。在阅读这一类作品时,可以将不同故事线的故事点拆解出来,以小说的叙事顺序(故事)为纵坐标,以故事线的发展脉络(时间)为横坐标,将不同的故事点标在坐标图上,再连成不同的故事线,做成思维导图,从中可以看到多条故事线的变化轨迹,发现其中的关键点和因果关系,更好地把握图书全貌。

如果读者在阅读中对某个问题不明白,或者对某个内容产生了兴趣,

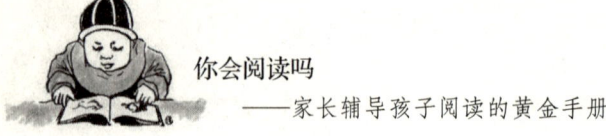

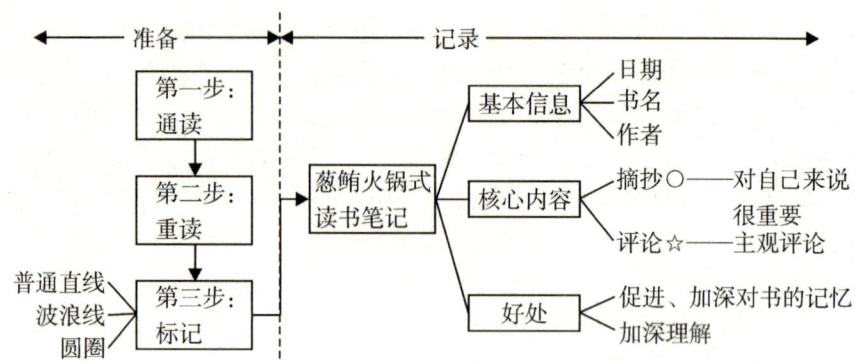

图 4-2 《如何有效阅读一本书》"葱鲔火锅式读书笔记"主要概念图

均可以借助其他手段查找资料,以相互印证的方式提高对问题的认识,或加深对有关内容的印象,本文称之为阅读的"印证法"。互联网的普及为印证法提供了便捷的途径,人们只要轻点鼠标,就能找到几乎任何主题的资料,虽然这些资料未必可靠,但至少提供了查找的线索和思考的起点。例如,余秋雨在《文化苦旅》中说,国内许多地方都说"吃在×地",以显示本地饮食的独具特色和优越。笔者通过搜索引擎检索发现,余先生所言不虚,甚至梁实秋都在文章中说"吃在台湾"。台湾学者李敖就很善于使用这种阅读方法,他称之为"同步通读"法,即对书中的重点或感兴趣的内容,找到相关书籍进行同步钻研,以进一步触类旁通,实现知识的不断深化,"这时候,不是每次只看一本书了,而是触类旁通,互相印证和补充。这样子折腾下来,书才真正为我所用"。印证法一般采用正面印证,指寻找与被印证的材料在观点上一致或能对被印证的材料起到补充和延伸作用的材料阅读,但也可以采用反面印证法,即寻找与被印证的材料在观点上不一致的材料,后者可以让读者更全面、更深入地认识被印证材料。

自古以来我国学者就有背诵名篇的习惯,即背读法。清代学者顾炎武在《顾亭林先生读书诀》中说自己"十三经尽皆背诵,每年有 3 个月温理,余月用以知新",清代学者戴震不仅能将十三经全文背诵下来,连十三经的"注"也能背诵。文学家流沙河在答《南都周刊》记者问时说:"《庄子》《孟子》《荀子》,曾国藩的文章,桐城派的文章,全部要背

四 阅读方法

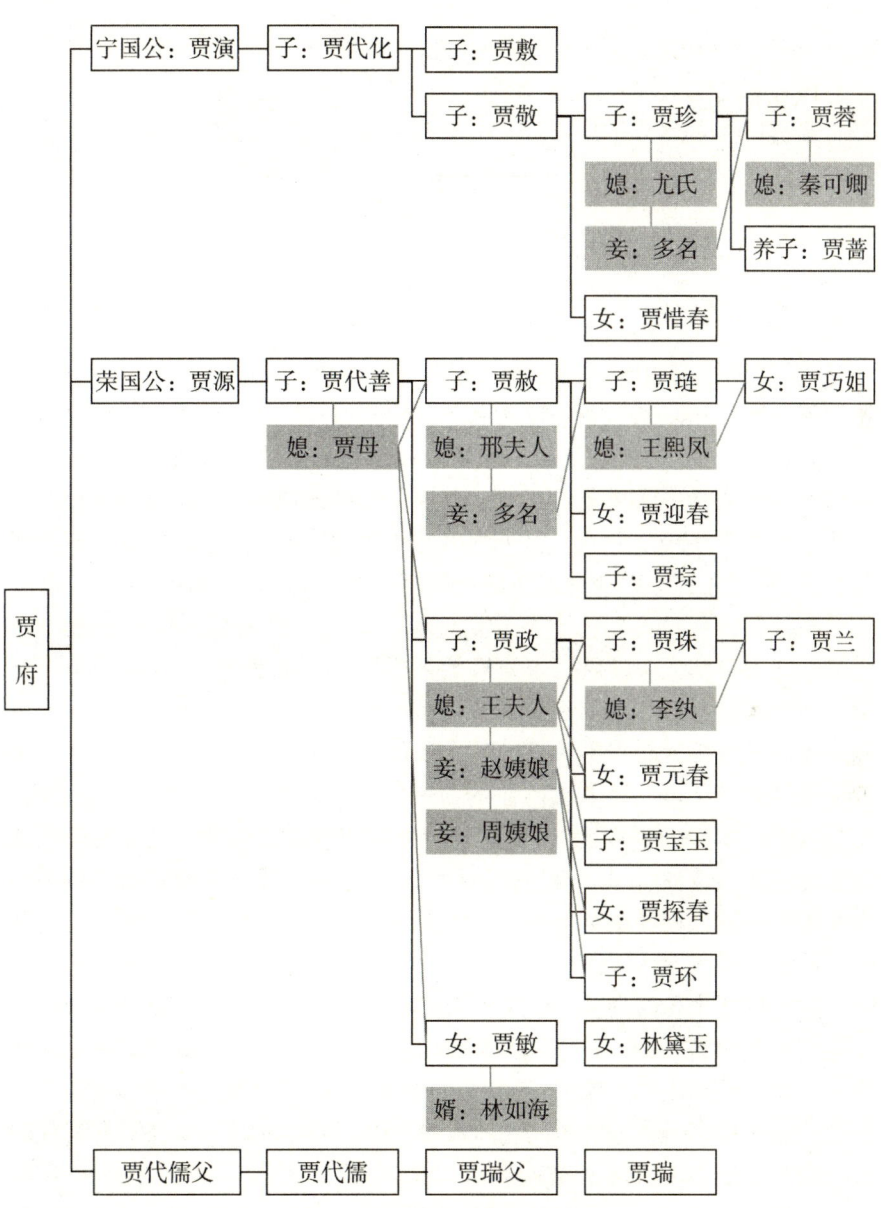

图 4-3 《红楼梦》贾府主要人物关系图

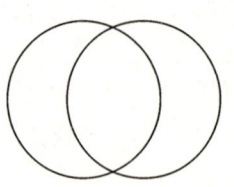
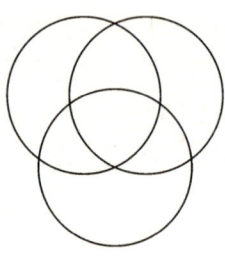

图 4-4 维恩图

诵。"背读法不仅能增强对文章的记忆,实现随取随用的目的,还能帮助读者更好地理解文章,领会文章深意,如学者程千帆在《学术论文贵在创新》中所说的:"背诵名篇,非常必要。这种方法似笨拙,实巧妙,它可以使古典作品中的形象、意境、风格、节奏等都铭刻在自己的脑海中,一辈子也磨洗不掉。因此,才可能由于对它们非常熟悉,而懂得非常深透。"特别对于诗歌,背诵对于深度领悟其艺术魅力是很有必要的。哈罗德·布鲁姆曾说:"一旦你好好默记它,诗就会拥有你,你就更能细读它,而细读是伟大诗歌所要求并给予奖赏的。"(哈罗德·布鲁姆,《如何读,为什么读》)

我国部分学者会采用抄书的方式阅读,称为"抄读法",即选择书中的重要篇章,完整抄写下来。在抄的过程中,读者可以一边抄一边思考,"近距离"的审视和体会文本,使对文本的理解逐步加深。明朝文学家张溥每读一篇文章就抄写一遍,一边抄一边在心里默诵,抄完后读一遍就烧掉,再抄一遍,如此反复七八次,对文章的记忆就比较牢固。他给自己的书房取了个名字叫"七录斋",突出了自己的这一读书习惯。顾炎武从11岁开始抄读《资治通鉴》,经过3年的熟读和抄写,拥有了3本、900万字的《资治通鉴》,即原本、抄本和心中熟读的一本,这滋养了顾炎武的学识,直到耄耋之年,顾炎武在看到有用的文章时仍然会抄下来备存。梁启超也有抄书传统,《治国学杂话》对此有详细介绍,该法不仅为他自己,也为中华文明保存了大量珍贵典籍。

值得一提的是,本书的精深阅读既不是课堂学习的组成部分,也不是学校教学的补充。在当前教育环境下,儿童已经承受了太多的学习压力,原来只是孩子们用来调解紧张的读书生活、满足个人兴趣的课外阅读却承

四 阅读方法

载了越来越多的学业压力,他们需要按照老师的要求,从对图书的"猜测"开始,一步步地完成对图书的拆解、批注、改写、绘制思维导图等,虽然这些对于培育孩子的阅读能力很重要,但毕竟属于课业性质的阅读。当孩子们完成了这些任务后,他们已经不堪重负,家长没必要再给孩子加码,而应该放手,让孩子自由自在地在自己喜欢的领域遨游。精深阅读是需要投入较多精力的,只有当孩子喜欢并且愿意投入精力时,家长才可以引导他们尝试精深阅读,而不能作为一种要求强加给孩子。孩子不愿意从钻研基础知识做起,只是想浏览一下自己感兴趣的内容,这是无可厚非的。

4. 好书值得反复读

在我们的读书实践中,有些书只需要读一遍就可以了,有些书却需要反复阅读,这就是那些寓意深刻、能触动读者心灵的优秀之作。博尔赫兹说:"我总是重读多于泛读,我以为重新阅读一本书比泛读很多书更为重要,当然,为了重读先必须阅读"。《查令十字街84号》的作者海莲·汉芙声称,她绝不买一本没看过的书。重读使我们走进作者的内心,获得与作者共命运、同呼吸的钥匙。

重读缘何重要

重读能使图书的重点逐步凸显。正如一幢建筑不是泥沙、砖瓦、钢筋和水泥的简单堆砌,一部书也不是数十万字词的堆积,而是由多个部分组成的有机体,不同部分之间存在着诸如论证、例证、应用、延伸等关系,决定了各部分对作者意图表达的不同及在图书中重要性的差异。同时,各部分对图书的重要性与对读者的重要性也未必一致,一些在图书中看似重要的部分对读者则不一定有用,而一些看似不重要的部分却可能隐藏着对读者有用的观点、数据或事实。读者初次接触一本书,对内容懵懂无知,此时只能假定所有的内容都重要。在阅读了一遍之后,随着对图书内容的了解,各部分之间的关系及对读者的意义就会有所显现,而在第二遍、第三遍的阅读中,这种关系和意义会更加清晰,如此反复多次,好比将包装纸层层剥开露出礼品的"庐山真面目",就能逐步接近全书的重点或对读者重要的部分。华罗庚曾将自己的读书方法称为"厚薄法",包括"由薄

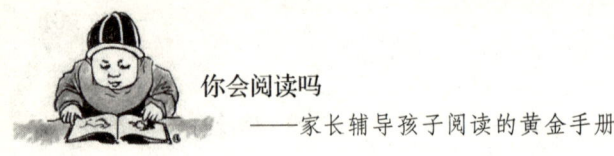

到厚"与"由厚到薄"两个阶段:"一本书,当未读之前,你感到那么厚;在读的过程中,如果你对各章各节又做深入的探讨,在每页上加添注解,补充参考材料,那就会觉得更厚了。但是,当我们对书的内容真正有了透彻的了解,抓住了全书的要点,掌握了全书的精神实质后,就会感到书本变薄了"。"由薄到厚"对应着初读,读者要对图书的各部分内容一一研读,而"由厚到薄"对应着重读,说明读者已经抓到了图书的重点。

重读能加深对图书的理解。据《三国志·魏书·王肃传·注》记载:"人有从学者,遇(董遇)不肯教,而云'必当先读百遍',言'读书百遍而义自见'。"霍尔布鲁克·杰克逊说:"只有通过密集的和经常性反复的阅读,我们才可能品尝到某些书中的全部精华;之后,这些精华还将渗入我们的生活,对我们造成持久的影响。"(《书·阅读》)图书的"意"或"精华"不会直接呈现在文本表面,需要读者由表及里,由浅入深,逐步"挖掘"方能获得。随着阅读次数的增多,影响理解的障碍被一个个克服,而图书的重点也越来越清晰地显现在读者面前,由此读者可将越来越多的精力放到重点和难点上,实现从字面意思到文本内涵,再到各部分联系、多角度解读等的逐步深入,如同钉钉子时每一锤都是在原来基础上的深入,对图书的每一次阅读都会使理解在上次阅读的基础上有所深化。重读对理解的意义在阅读外语文章时体现得格外明显。对于一篇难度较大的外语文章,读者在第一遍阅读时面对着"面目狰狞"的单词和不知所云的表达很可能如坠云雾,但是在第二遍阅读时就可能有云开日出之感。因为第一遍阅读,读者必须将一部分心智力量用于克服字词与句子造成的障碍,而在第二遍阅读时,就可以重点关注主要内容,这或许正像法国作家于·列那尔所说的,"读之再读,你准会觉得奇怪,昨天不懂的东西,今天竟完全懂得了",也如苏东坡所说,"旧书不厌百回读,熟读深思子自知"。

多次阅读还有助于加深对图书的印象。有人说,自己读了很多书,但是读完之后就什么都不记得了,这其实是正常现象,而重读正好可以解决这一问题。如果只读一遍,由于无法准确把握图书的重点,以及对图书理解有限,图书内容在读者那里是"平"的,是缺乏条理的,而缺乏条理的内容很难给人留下深刻的印象。随着阅读次数的增多,图书的内容就会在读者的脑海中成为"立体"的,各部分之间建立起一种层级关系,并与旧知识、旧经验取得联系,如此读者在阅读后就会获得较深的印象。正

四　阅读方法

如一堆没有次序的单词,读者看后不一定有什么印象,但如果将这些单词组合成有意义的语句或段落,读后自然会留下清晰的印象。

重读还是读者与图书乃至作者建立情感的过程。对于一首悦耳动听、饱含激情的歌曲,人们一般不是在第一次,而是在反复吟唱后才能感受到歌曲的美妙。同样,只有对一部优秀的文学作品阅读多遍,读者才能真正领会到作品的魅力,洞见作品的真谛,与作者建立深厚的情感,将作品融入个人的生命中。读者会随着书中人物的恐惧而战栗,随着书中人物的悲伤而难过,更会随着书中人物的喜悦而笑逐颜开;读者会深入作者内心,与作者缱绻絮语,成为莫逆之交。许多成长于20世纪六七十年代的青年后来之所以走上创作之路,一个重要原因就是由于在那个知识匮乏的年代,他们反反复复阅读的只有手边的几部图书,这样的阅读能让图书深深走入他们的内心,抚平他们心灵的创伤,丰富他们的精神生活,并引领他们走上文学创作之路。

书读多少遍才"够"

一本书读多少遍才算"够",并无一定之数,需要考虑多方面的因素,如图书本身的难度、读者的目的等,并要看所读内容与读者的关系及读者的阅读风格。一般来讲,重读次数以实现阅读目的为宜。经典著作或对读者有重要意义的图书可以多读几遍,因为这些著作是人类智慧的结晶,凝结了大师的博识和睿智,通常不是一两遍就可以"吃"透的。茅盾认为,名著最少要读三遍,第一遍宜很快读完,这好比在飞机上鸟瞰全景;第二遍要慢慢读,细细咀嚼,注意各章节段落的结构;第三遍要一段一段地读,领会运用,并注意记忆其中精练的字句。毛泽东说,《红楼梦》至少要读5遍以上才有发言权,他自己看过的不同版本的《红楼梦》竟超过了20种,其他如《资治通鉴》《社会学大纲》《昭明文选》等都读过很多遍。邹韬奋的读书方法被称为"宝塔式读书法"——先从头到尾浏览一遍,遇到喜欢的文章就看第二遍,非常喜欢的则看第三遍,最喜欢的就抄在本子上,带在身边,一有空就反复读。丰子恺在学习外语时采用了一种称为"迭浪式读书法"的方法熟读课文,即一篇课文分4次、共22遍读完,这种方法看似有点"笨",实则可以使丰子恺在几个月内掌握一门外语,从事文学翻译。

阅读学中有一个称为"过度阅读"的概念,指虽然重复阅读的目的已经达到，但读者仍然有意识地重读下去，类似溶液饱和后析出结晶体的过程。过度阅读是由德国心理学家艾宾浩斯首先提出来的，他发现，过度阅读并非都是时间和精力的浪费，适度的过度阅读对于巩固识记和加强理解有重要作用。科学家的研究还发现，超过50%的过度阅读记忆效果最佳，而不是次数越多越好，因为达到一定次数后，阅读效果将不再显著增加，即阅读的边际效果出现递减。

由于读者在重读之前已经对图书阅读了一遍，对内容有了大体了解，因此重读时读者可以根据自己的需要和阅读风格灵活选择阅读方法。日本早稻田大学教授福井重雅提出"读书不妨逆读"，他认为如果第一遍从头读到尾，第二遍就应从最后一章往前读。一些绘本的作者匠心独具地将作品设计成适合逆读的方式，从头至尾讲述的是一个故事，从尾至头讲述的是另一个故事，使读者在"正读"和"逆读"中感受不一样的视角。绘本《逛了一圈》讲的是从家到城市，并在城市游玩的过程，而将图书倒过来看，显示的则是从城市回家的故事。绘本《黄雨伞》讲述的是孩子们上学的过程，而从尾往前看，俨然放学后孩子们回家的过程。绘本《麦西去游泳》设置了"机关"，如果读者从前往后牵动机关，可以将麦西的衣服脱下来，而如果从尾开始，则又可以帮游完泳的麦西把衣服穿上。绘本《胆小如鼠的巨人和胆大包天的睡鼠》提供了三种阅读视角——从开头往后读到的是"胆小如鼠的巨人"，从结尾往前读到的是"胆大包天的睡鼠"，但是，这两个故事结合起来又组成了一个新的故事：胆小如鼠的巨人和胆大包天的睡鼠。

重读并不意味着对图书不间断地阅读多遍。依据重读间隔，可以将重读划分为连续性重读与间隔性重读两种，前者指在一段时间内连续对同一部书阅读多遍，后者指不同阅读之间相隔一段时间。连续性阅读由于是在短时间内的重复，因此阅读强度大，理解和记忆效果明显，但容易造成单调和厌倦心理。间隔性阅读也有优势，因为时间不同，所处环境不同，心情也会有变化，在重读同一部书时会产生不一样的感受。有些好书，事隔多年后重读，会获得完全不同的感受。瑞士作家、诗人赫尔曼·黑塞曾说，每一位思想家的每一部著作，每一位诗人的每一个诗篇，过一些年都会对读者呈现出新的、变化的面貌，都将得到新的理解，在他心中引起新的共鸣。因此，除了那些为特定目的需及时掌握资料的情况，即使对于一部非常喜爱的优秀著作，在连续读了两三遍后，本书建议读者最好先放一

四 阅读方法

放,过一段时间再读。据称毛泽东把《共产党宣言》读了不下100遍,显然他不是在拿到《共产党宣言》后一口气读了100遍,而是随着革命形势的发展和思考的需要随时重读,从中不断汲取力量。毛泽东每读一遍书都习惯性地在封面上画一个圈,从中南海他的故居中保留下来的书籍中,据说可以看到许多书的封面上都画有好几个圈,有些书上的圈是用不同颜色的笔画的,说明他是在不同时期对这些书进行了反复阅读。

全部重读还是部分重读

从重读的部分来看,重读包括全部重读与部分重读两种,采用何种方法,既要看读的是什么书,也要看读者的感受和需要。对于经典著作和优秀作品,如果时间允许,可以全部重读,至少也应大部分重读,因为这些作品的内容连贯,寓意深刻,从整本书中随机挑选一部分阅读可能会使认识支离破碎,无法深入领会图书,达不到重读效果。如果阅读的目的仅仅是为了查阅资料,重读时就可以将无关紧要的部分忽略掉,而只读对自己有用的部分,这是研究性阅读常用的做法。

案例　丰子恺的"迭浪式读书法"

"迭浪式读书方法"的主要特点是以繁体字"讀"的笔画(二十二画)记录读书的次数。每上一课外文课文,丰子恺就把课文分成四个时间单元来读。第一天读第一课,读10遍,每读一遍画一笔,形成"讀"的"言"字旁和"士"字头。第二天读第二课,亦读10遍,如法炮制,书写"言"字旁和"士"字头,同时把第一课温习5遍,并在第一课的"士"下加"冖"。第三天阅读10遍第三课,阅读5遍第二课,阅读5遍第一课,其中在第一课的"冖"下加"罒"。第四天阅读10遍第四课,阅读5遍第三课,阅读5遍第二课,阅读2遍第一课,其中在第一课的"罒"字下加"八"。第四天之后,第一课的"讀"字始完成。每课共读22遍,即第一天阅读10遍,第二与第三天各阅读5遍,第四天阅读2遍。该法运用循环记忆的原理,符合人的遗忘规律,可以起到良好的记忆效果。

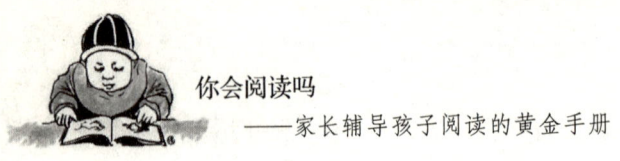

5. 快与慢的艺术

在《红楼梦》中，贾宝玉和林黛玉看《西厢记》，"不顿饭功夫，将十六出俱已看完，自觉词藻惊人，满口余香"，可以看出，二人使用的是快速阅读。但也有学者主张慢阅读，如陆九渊说："读书切戒在慌忙，涵泳工夫兴味长。"事实上，阅读的快与慢各有其宜，关键在于读者的自我把握，该快则快，当慢则慢。

快阅读

古今中外大凡学有所成者都有快读习惯。三国谋士张松翻阅曹操的兵书，只消一遍就可以从头至尾将13篇全部背下来，虽然有些夸张，但也反映了张松的博闻强记和阅读速度之快。《新唐书》记载著名书法家欧阳询读书"每读辄数行同尽，遂博贯经史"。南宋诗人刘克庄在《后村集》中说自己"五更三点待漏，一目十行读书"。曾在列宁身边工作过的邦契·布鲁耶维奇在回忆列宁读书时说："弗拉基米尔·伊里奇读书的方法十分特别。当我看到列宁读书的时候，就觉得他不是一行一行地读，而是一页一页地读，他对书中的内容掌握得又快、又深、又准；在过了一段时间之后，他就能背诵其中的某些词句和段落，就好像他是长期专门研究那本书似的。"原华远集团董事长任志强从20世纪80年代开始坚持每天读书6万字，他说："我每天晚上一般坚持一小时以上读书，一分钟看两页书。如果不是涉及到经济上比较难懂的那些书，一分钟阅读800～1000字是没有问题的。"

在信息时代，保持一定的阅读速度是对读者的一项基本要求。在读书、学习和研究中，尽管有许多方法能帮我们快速定位资料，抓住要点，但是一个基本前提就是要保证一定的阅读量，没有这一前提，所有的阅读方法都会黯然失色，而要确保阅读量，必要的阅读速度是必不可少的。同时，面对浩瀚的人类文化典籍和海量的信息资源，尽管读者在阅读之前需要认真挑选，但读者仍然会发现，挑选之后的图书依旧如过江之鲫，让人有力不从心之感。在这种情况下，读者必须具备一定的阅读速度，以在有限的时间里尽可能多地吸收知识和信息。鲁迅文学院副院长、作家邱华栋每年阅读800本左右的图书，如此庞大的阅读量，没有高效的阅读根本不

四 阅读方法

可能完成,在邱院长看来,速读是非常必要的。除能增加阅读数量外,速读还可以使读者从文本的细节中跳出,从整体上把握图书内容,特别是在阅读行文艰涩的文章和图书时,速读这种意在内容的优势会体现得更为明显。

快速阅读虽然重要,但快速阅读的前提是有一定的理解率。苏联阅读学专家奥·库兹涅佐夫说:"快速阅读是从文字当中迅速吸取有用信息的一种方法。"(《快速阅读法》)学者张志公对阅读提出的要求是"读得快,抓得准,记得牢"。读者要能"吸取有用的信息","抓得准,记得牢",仅有阅读速度是不够的,还必须能够理解所读的内容,在对内容一知半解基础上的速读是没有意义的。好莱坞导演伍迪·艾伦说自己参加过一个速读训练班,按照该班的方法,可以用20分钟读完托尔斯泰的《战争与和平》,结果除了知道这是一本跟俄国有关的小说外,其他的什么都没记住。根据一些研究,即使受过速读训练的人,在阅读速度达到一定程度后,其理解的损失率与未受过速读训练的人也不相上下。美国阅读学家G.R.施道弗博士提出了一个阅读效率公式:$E = R \times C$。其中E表示效率,R表示速度,C表示理解率。公式表明,在阅读效率一定的情况下,阅读速度和阅读理解率是互相制约的。施道弗认为,如果理解率低于70%,表示读得太快;如果高于90%,表示读得太慢;理解率介于70%至80%之间,表明阅读速度适中。

在确保一定理解率的前提下,阅读速度应达到多"快"才能称为"快速阅读"?不同标准和不同学者给出了各自的答案。语文新课标对阅读速度的要求是:小学生默读一般读物每分钟不少于300字,初中生阅读一般现代文每分钟不少于500字,高中生的读速要达到每分钟600字。曾祥芹与甘其勋主编的《快读指导举隅》对快读的要求是每分钟500字以上。由乔桂英撰写的《阅读方法指导论》认为,对于小学生,在保证60～70%理解率的情况下,速读为每分钟300字以上;如果只求了解大意或寻找个别信息,速读要在每分钟800～1000字以上。日本学者田崎仁指出,日本人的阅读速度一般为平均每分钟400～600个字,小学生的阅读速度为每分钟300～450个字,初中生为每分钟500～650个字,通过锻炼,把每分钟的阅读速度提高到800～1000个字并不是什么难事。聂震宁认为,对于一个中等文化水平的读者,每分钟能达到500～600字,就算是具有较好的快速阅读能力(聂震宁,《阅读力》)。综合上述标

你会阅读吗
——家长辅导孩子阅读的黄金手册

准和学者观点,本书认为,对于一名初中生,每分钟阅读 500 字是快读的基本要求,比较理想的速度是每分钟阅读 800～1000 字,小学生可在此基础上适度降低。

慢阅读

在快速阅读越来越受到人们青睐的同时,却有一些学者反其道而行之,提倡将阅读速度放慢,回归"慢阅读"传统。德国哲学家尼采早在 1886 年就称自己是"慢阅读的老师",他说,好的阅读是"慢的艺术",我们要"走到一边,闲下来,静下来和慢下来","如果不能缓慢地取得什么东西,几乎就不能取得任何东西"。聂震宁写过一篇文章《慢阅读与快生活》,提倡人们在日益加快的工作和生活节奏中,放慢阅读"步伐"。聂震宁引述了美国新罕布什尔大学托马斯教授对慢阅读的观点。托马斯教授反对一目十行,提倡细细阅读一本好书,对于学校开展的阅读速度和阅读数量竞赛,他持坚决反对的态度,他甚至鼓励学生回到传统阅读中去——大声诵读甚至背诵,要求学生"琢磨"和"品味"文字。托马斯告诉学生,慢阅读能唤回阅读的愉悦,能从高品质的文字中找到乐趣和意义。对于那些已经习惯了在网上快速浏览的学生,他发现他们再次阅读纸质书时会出现注意力难于集中的障碍,他说:"我想他们已经意识到自己在一目十行中失去了多少。"学者王学泰也说:"读点书,像过去那样,慢慢地读点书。"2015 年"读书日"期间,王学泰应《新京报》邀请,为书评周刊撰写了以"慢阅读"为题的文章,呼吁人们在网络化和手机媒体时代静下心来,慢慢读一本书,像古人那样,反复吟咏经典篇章和优秀词句,体会古人隐藏在字里行间的智慧和情感。

快速阅读的目的是在有限的时间里获得尽可能多的资料,但仅有快速阅读是远远不够的,吉姆在《朗读手册》中就对快速阅读进行了揶揄:那些在宣传中掌握了快速阅读技法、阅读速度远超常人的人最后取得了什么成就?为什么在学术界与文化界听不到他们的名字?从卡耐基写的《林肯传》中可以看出,林肯坚持大声朗读,认为朗读可以通过作用于自己的眼睛和耳朵提升阅读效果,但出声读却是快速阅读者最为反对的行为,然而林肯却用自己最"笨拙"的阅读方法成就了自己,尽管他只受过一年的正式教育。因此,要想从阅读中有所收获,必要时需要将阅读速度"放慢",将书读"厚"。在漫长的人类文化历史中,慢阅读是主流阅

四　阅读方法

读形态，古人会细细咀嚼文本中的每一个字、每一个词和每一句话，很少考虑阅读与时间的关系。老一辈学者对各种典故、名句非常熟悉，在著书立说乃至言谈之中信手拈来，如数家珍，但他们并没有今天的网络和电子工具书可以利用，这得益于他们对书籍的熟悉，而这种熟悉只有通过慢阅读才能达到。如果说没有精深阅读的兴趣阅读是不完整的，那么没有对文本的仔细和慢慢咀嚼就不会有精深阅读。譬如登山，快阅读好比眼睛盯着山路，以最快的速度爬上去，但是一路上有什么风光，登山者在登山过程中未必能发现，也没有工夫欣赏，但慢阅读却可以让登山者一边爬山一边有充足的时间欣赏或雄伟或旖旎的风光，感受造化的神奇。

在亲子阅读的两种方式（即读与讲，见下文）中，如果家长选择读给孩子听，就应将阅读速度适度放慢，为孩子留足欣赏和感悟的空间。在以讲为主的故事分享过程中，讲者有充分的空间发挥自己的想象，通过增加细节、诠释图画、补充情感等，能使孩子欣赏到一个丰满的故事。但是在读的过程中，读的人缺少了这样的发挥空间，图画与文字之间的艺术张力需要小读者自己填充，如果读得过快，他们就没有时间欣赏图画，感受故事，阅读的流畅性会遭到破坏。在图书馆服务中，我们发现个别家长故意将故事读得"飞快"，以尽快完成"任务"，读完后有如释重负之感，对此家长首先要改变的是自己对待亲子阅读的态度。

快慢相间

一名合格的读者应避免使用相同的速度阅读所有的材料，要灵活掌握"快"与"慢"的艺术，做到该快则快，当慢则慢，如我国学者顾晓鸣说的，"最佳的阅读者不是快读者，而是能快能慢，能主动掌握速度的人"（《阅读的战略》），聂震宁也说，"读书宜快宜慢，这几乎是一个没有答案的选择题……快阅读与慢阅读，该快则快，当慢则慢，有如进餐，快餐可充饥，慢餐宜享受，又有如苏州园林，疏密得当，浓淡相宜，终究还是要看人们的需求"（《阅读力》）。斋藤孝将自己读书时不断改换阅读速度的做法称为"换档"，"有时读完一本只需 10 分钟，有时则要花 10 个小时还多"。郑板桥也说，"善读书者，曰攻曰扫，攻则直透重围，扫则了无一物"，"攻"需要将阅读速度放慢，"扫"则是快速阅读。

考虑快读与慢读的一个依据就是材料本身的性质。一般来讲，人们对文学作品，特别是小说的阅读速度较快，这是由于小说多采用叙事性语

言，与人们的日常生活比较贴近，阅读起来容易理解。但学术著作的难度就要大得多，如果读者采用读小说的速度阅读学术著作，特别是那些内容艰涩的大部头著作，势必会影响对图书的理解。即使对于同一类型的著作，读者也应根据图书的特点灵活掌握阅读节奏，如古典小说与现代小说、语言晦涩的学术专著与语言平实的科普读物等，都应采用不同的阅读速度。即使在同一个文本中，不同部分的阅读速度也应有所变通。一般来讲，对于一篇文章或一本书，在开始的地方应放慢读速，如起首的一两段或一两章，待对内容有了大概了解和对作者的行文风格有所适应后，就可以加快阅读速度。文章或图书不同部分的难度不一样，也需要采用不同的阅读速度，奥野宣之称自己在较难的地方认真品读，在较容易的地方快速浏览，他将自己的这种根据难度灵活掌握阅读速度的方法形象地比喻为骑自行车时根据路面倾斜度"更换齿轮"。

　　读者还要根据个人的阅读目的及读物对自己的意义等来决定阅读速度。如果读者对某本书或书中的某部分内容比较感兴趣，希望深入了解，就可以采用慢阅读的策略，仔细理解文本，或将阅读过程当作一种享受，慢慢品味。郑板桥在阅读《史记》时就选择自己认为最精彩的部分慢慢欣赏，他说，"即如《史记》百三十篇中，以《项羽本纪》为最；而《项羽本纪》中又以巨鹿之战、鸿门之宴、垓下之围为最。反复诵观，可歌可泣，在此数段耳！"同时，图书的不同部分对读者的意义也不一样，读者应在重点部分放慢读速，而在次要部分加快读速，罗素·斯托夫在所著《视阅读为思考过程的教学》中曾统计，"一篇文章的重点，大概只占整体的4%～11%"，奥·库茨涅佐夫等著的《快速阅读法》指出，有时读物中的水分"达到了百分之七十五以上"，特别是在议论性图书或文章中，有不少空发议论的地方，这些内容对读者一般不会有多大意义，可以快速浏览，当然在浏览的过程中如果发现了有用的资料，也应放慢速度。

　　影响阅读速度的因素还有很多。如前所述，一天24小时，人的生理和心理波动会影响人们的阅读效率，其中就包括阅读速度。如果某天晚上人们没有休息好，第二天的阅读速度会相应受到影响，或者在较长时间内连续阅读某本书后，也会由于疲劳而导致阅读速度下降，这些都属于正常现象。当读者发现自己的阅读速度变慢，理解率滑坡，不必担心是个人的阅读能力出现了问题，过一段时间或休息之后再读，或许阅读速度与理解率会恢复到原来的水平。关键的是读者要能做到及时调整，如旭峰所说：

四 阅读方法

"一旦发现快读而无效,不妨把速度放慢些;倘使觉得慢读而得益甚少,说明这些书不值得精读,亦可以改为浏览。"

在儿童获得一定的阅读技能之前,笔者不建议进行快速阅读训练,这是由于根据阅读材料的难易和自己的阅读目的及材料与个人的关系等决定的阅读方法和阅读速度涉及元认知,即个体对自身思维过程的认识,如知道自己知道什么、不知道什么,知道如何学习。应用于阅读中,元认知的要求是:儿童要能意识到哪些句子能读懂,哪些句子不能读懂,要采取哪些办法来获得需要的信息;儿童要能够识别句子的难易程度,以致能够对难句进行更努力和专心的阅读;儿童还要能认识到自己的阅读期待是什么,并由此调整阅读方法和阅读速度。对阅读的元认知属于学习阅读的一部分内容,在儿童尚没有进入熟练阅读阶段,不具备对自己的阅读进行基于元认知的管理时,如果对儿童进行快速阅读训练,就会出现一味为提高速度而读的现象,很难做到速度与理解兼顾。

6. 有所读与有所略

在为数众多讨论阅读方法的文章和图书中,一个共同要求就是读者不必阅读全部内容,而是可以有所选择。许多方法提出,阅读之前最好浏览一下目录,一方面可以从整体上把握内容概貌,另一方面便于做出阅读选择。一些讨论阅读方法的图书在谈及议论文等文体的阅读时提出,可以根据小标题确定阅读重点。这说明,在一次阅读过程中,读者可以根据自己的需要挑选部分内容阅读,本书称之为省略阅读法。具体而言,省略阅读法指读者根据文本结构或与个人的相关性,有选择地对重点内容或对读者较为关切的部分进行阅读,而对其余部分略而不读。叶圣陶与朱自清合著的《略读指导举隅》中曾说:"就教学而言,精读是主体,略读只是补充;但就效果而言,精读是准备,略读才是应用。"孩子们在学校里对教材的学习属于精读,课余时间根据兴趣阅读则是对学校所学知识的应用,是一种以泛读为主的阅读,其中略读是一种重要策略,它不必像精读那样"纤屑不遗,发挥净尽",而应"提纲挈领,期其自得"(叶圣陶)。

省略阅读能让读者将精力关注于感兴趣的内容,避开冗长乏味但价值不高的部分,有效提升阅读效率。英国文学家、剧作家毛姆说过,"懂得略读就是懂得如何让阅读变得受益匪浅又充满乐趣",因为"即使是伟大

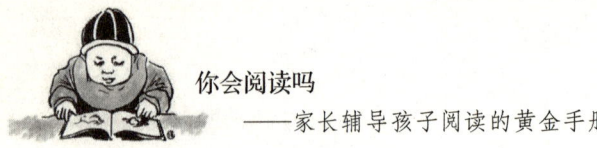

的著作,其中也会有某些内容变得冗长又乏味"。例如18世纪盛行的道德论述,19世纪作家偏爱的景色描写,"当你读蒙田的作品时会发现,他按当时的习惯,在散文中像撒胡椒末一样大量引入拉丁文格言,除了专家学者,谁都难免将它们略去不读。而且,如果不是真正孜孜不倦的读者,也很难把《卡拉马佐夫兄弟》的最后几章一字不漏地读完,陀思妥耶夫斯基要辩护律师在审判过程中演说的长篇大论,我自己是宁可浏览而不愿精读的"(威廉·萨默塞特·毛姆《书与你》)。美国一名对省略阅读颇有研究的教授在阅读时会先以正常速度读完文章的第一段或第二段,在阅读中不省略任何内容,但从第三段开始使用省略阅读法,只要找出一到几个关键句子和某些重要的字词或数字,基本就可以跳过这段,使阅读速度得到极大提升。被省略的部分或者读者已经了解,或者对读者不是很重要,略而不读一般不会对整篇文章或整本书的理解造成影响,而在未被省略的部分,读者完全可以采用慢读、细读等策略对内容进行深入理解。因此,省略阅读能有效提升阅读效率,但却较少存在快速阅读引起的理解率下降的问题。

省略阅读的运用和实施得益于人类的预测行为。有经验的读者都清楚,有时读了句子的前半部分就能猜出下半部分的意思,或读了一句,可以猜出接下来几句的意思,或对于某些具有排比性质的句子,只要读出每句的前几个字词,基本上能猜出这组句子的意思,这即是阅读的预视功能。从文化角度讲,由于我们与作者拥有类似的文化和思维结构,作者思考的顺序和组织语言的程式一般不会跳出已有的文化框架,顺着作者的思维逻辑,我们往往能猜出作者在某些地方所要表达的意思。从生理与心理的角度讲,预视功能源于大脑的预测机制。据英国研究人员证实,人类大脑能够在交流中比较准确地预测接下来要出现什么内容,即使对于研究人员"新创"的隐藏了某种规则的语言,大脑也能学会并展开预测;大脑还存在着自我纠正机制,每当发现预测失误就会及时调整,以提高预测准确率。正是借助预测行为,一些资深口译人员的同传几乎能做到与讲话人同步,他们通常在讲话人说出上半句时就能猜出下半句是什么并提供实时翻译。

虽然不是所有被预测到的内容都要被略读,但至少有一部分内容可以考虑略读。阅读中能被预测到并适用于略读策略的内容又包括两种:一是能预测出具体的内容,阅读后不会有更多收获,从而选择跳读,例如在群

四 阅读方法

文阅读中,前后阅读的书中经常存在着重复性内容,如对重要理论、观点和事件等的介绍,这部分内容在后续阅读中就可以跳而不读;二是虽然不能预测出具体内容,但可以判断出内容的性质、目的或用途等,这些内容对全书的理解或与读者的需要关系不大,也可以选择略而不读。例如,通常我们在看到一篇表格时,会大体了解一下表格的用途、结构及重点数据,一般不会仔细阅读每一个数值,但这并不影响我们对整个表格的把握。再如,一些学者撰写的建议类图书中会有大量的理论、数据论证,如果读者只是想学习和借鉴对自己有用的建议,可以姑且认为作者的论证是正确的,直接跳到建议部分阅读。

按照被省略的内容层次,本书将省略阅读划分为两种。

第一种是句子层次的省略,指对句子或句子中的部分内容采取跳读策略,例如:

> 为了……工会决定在春节之前组织一场新春诗歌朗诵会。

"为了"后面的内容多为目的,在阅读了句子后半部分关于活动的内容后,基本上就可以猜出活动的目的,如"丰富员工的精神生活"或"使员工度过一个快乐的春节"等,因此在读到"为了"一词时可以直接跳到对活动内容的阅读。再如:

> 虽然张海迪与霍金等人……但他们凭借顽强的毅力,取得了常人难于超越的成就。

在"虽然……但是……"型句子中,一般来讲重点应放在"但是"之后,如果能猜出"虽然"之后的内容,也可以跳读句子的前半部分。在上句中,被省略的内容理应是与二人的身体残疾、行动能力受限等有关的内容。即使读者不了解张海迪与霍金,但通常这句话是出现在一篇文章或一本书中,根据上下文提供的线索,也不难判断出"虽然"之后的内容。

第二种是段落或章节水平的省略,指对整段话或整节甚至整章内容采取跳读策略,这是许多省略阅读拥趸关注的重点。日本杠杆效益顾问有限公司董事长本田直之提出,一本书只需要阅读16%即可,即一本200页的图书,只需要阅读32页就行了,其他内容都可以略读。其阅读方法是

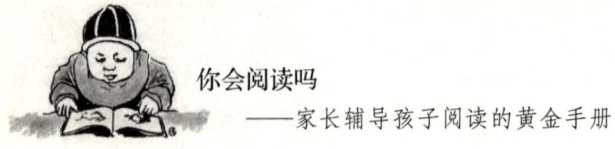

基于"二八定律"出来的：根据二八定律，在一本书中，80%的内容是由20%的部分阐述的，在这20%的部分中，再抽取出80%，于是得到了全书的16%。斋藤孝建议，在阅读长篇小说时，如果读者没有耐心将图书全部读完，可以只读对话部分，这样能将阅读速度提高3～5倍，因为再不容易读懂的书，对话语言也会比较简单，而且优秀作家的作品，对话部分也会很出色。对于《安娜·卡列尼娜》这样的巨著，斋藤孝甚至建议，可以只读主人公安娜与丈夫或是安娜与情人之间的交往，这部分只占全部图书的三成，不仅有趣，而且从某种意义上讲，读完它们也就相当于读完了整部小说。在外国人撰写的文章中，第一句通常为主题句，对整段起到提纲挈领的作用，在读了第一句后，读者就可以确定该段对自己是否有用并考虑是否跳读。

不过，省略阅读确实有风险。有时，某些对读者有用的材料或观点往往出现在比较隐蔽的位置，采用省略阅读法有可能将这些材料或观点遗漏，这也是很多人对省略阅读心存疑虑的原因之一。尽管如此，省略阅读仍不失为一项有效的阅读方法，因为就重点的出现概率来讲，未被省略的部分显然优于被省略的部分。如果读者担心省略阅读可能漏掉重要内容，可以对被省略的部分采取"点读"策略，即从被省略的句子中选择一两个字词阅读，或从被省略的段落中选择一两句话阅读，这样可以将遗漏重要内容的概率大大降低。另外，如果对自己的省略阅读策略缺乏信心，还可以选择性地将被省略的部分读一遍，以查看是否有遗漏，据此不断改进自己的跳读策略。

7. 读书是否要发声

根据阅读是否发出声音，可以把阅读划分为朗读和默读两种。不过即使没有发声，有的读者仍然会采用一种所谓唇读的方式阅读，本文亦将其归入朗读。学者斯坦尼斯拉斯·迪昂认为，在阅读时大脑中存在着从字形到语音再到字义与从字形直接到字义两条路径（《脑的阅读——破解人类阅读之谜》），例如，在碰到不常见的单词时，大脑会先调用语音，然后对语义进行理解，而对于熟悉的单词，则通过识读字形直达字义。前者对应于朗读的心理过程，后者对应于默读的心理过程。笔者认为，斯坦尼斯拉斯·迪昂的理论对朗读的揭示并不全面，因为在朗读时，除了存在从字

四 阅读方法

形到语音再到字义的通路外,从字形直接到字义的通路也是存在的,这是由于人们朗读时仍要看着文字,语音信息与文字信息同时进入大脑,参与对文本的意义建构。如果对眼前的字词不认识,即字形到字义的通路无法建立,读者通常很难读出来,即使根据表音规则大体读出了字词的发音,读者也不一定能理解字词的含义,即从字形到字音再到字义的通路也无法建立。

图 4-5 显示了阅读中文字、声音、视觉与听觉及意义建构之间的关系,从中可以区分出四种阅读类型:默读、朗读、听读与伴读。默读的路径为(1)→(5),即文字信息通过视觉直接进入大脑的意义建构中心。朗读的路径为(1)→(2)→(4)→(6)和(1)→(5),即读者首先用眼睛看到文字,并转换为声音,声音再由耳朵接收,声音信息与视觉信息一同进入大脑的意义建构中心;听读的路径为(3)→(4)→(6),即文字经由他人转换成声音,为读者接收,再进入大脑的意义建构中心;伴读的路径为(3)→(4)→(6)和(1)→(5),即在听读的同时,读者也可以看到文字,声音信息与文字信息同步进入大脑的意义建构中心(亦见表 4-1)。在四种阅读类型中,默读和朗读由读者一人完成,而在听读和伴读中,文字到声音的转换由他人完成,如收听有声书、亲子共读等。本节主要讨论朗读与默读。

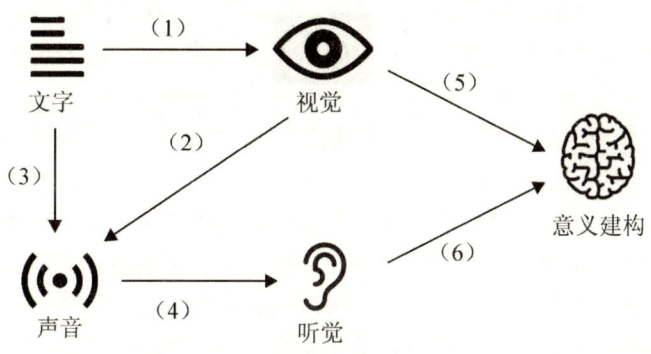

图 4-5 阅读路径示意图

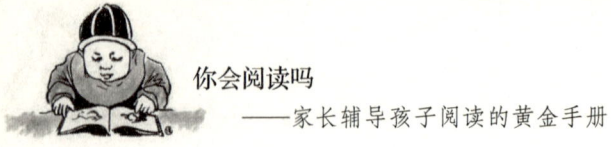

表 4-1　基于路径的阅读类型划分

声音	经过阅读者的视觉	不经过阅读者的视觉
经过阅读者的声音	朗读	——
经过他人的声音	伴读	听读
不经过声音	默读	——

朗读是人类社会的基本阅读形态。在西方，据称在公元 7 世纪以前，几乎所有的人在阅读时都会发出声音，圣奥古斯汀看到米兰大主教 Ambrose 能阅读而嘴唇不动，竟大为惊讶，他写道："当他阅读的时候，他的眼睛扫过页面，他的心找出意义，但他却没有发出声音，他的舌头是静止的……当我们拜访他的时候，我们会发现他以这种方式默默地阅读，因为他从未大声阅读过。"据学者研究，虽然存在诸如奥古斯汀看到的案例，但直到 10 世纪，默读才在西方社会变得普遍起来。在中国，直至 20 世纪白话文流行，朗读一直是学子们的主要阅读方式，人们甚至区分出了多种朗读方式，如"诵""读""吟""咏""叹""哦""念""讽""呻""背"等。欧阳修在《归田录》中记录了同僚宋垂公的朗读轶闻，"每走厕必挟书以往，讽诵之声琅然闻于远近"，朱熹要求他的学生"凡读书需要读的字字响亮，不可误一字，不可少一字，不可多一字，不可强牵暗记，只是要多诵读数遍，自然上口，久远不忘"，"大凡读书，且要读，不可只管思。口中读，则心中闲，而义理自出"。清朝桐城派古文家姚鼐也说，"大抵学古文者，必要放声疾读，又缓读，只久自悟"。(《与陈硕士札》)朗读在历史上占主流地位，一个重要原因就是记录手段的不完善。早期西方语言的单词与单词之间没有空格，而中国的文章采用文言文写作，文中缺乏有效的标点符号，阅读这样的文章是需要花费一些力气的，由此阅读过程多采用发声方式。同时，阅读材料的不易获得也使得人们在阅读时不必考虑时间和速度，可以从容吟咏。

语言是思维的外壳，而语言首先是听觉的，故而在人的思维中，听觉信息发挥着重要作用。"用耳朵听到的话容易在大脑里形成影像，所以精神自然而然就会集中"（斋藤孝《深阅读——信息爆炸时代我们如何读书》），"一篇文章，几段警句，经过讲坛上的老师或者演讲者郑重、清晰地朗读，作为听众的我们会受到震动，留下很深的记忆"（聂震宁《阅读

四　阅读方法

力》)。日本东北大学教授、脑机能影像技术专家川岛隆太认为,朗读能让大脑变聪明,由其领衔的研究发现,朗读能激活60%~70%的大脑皮质,出声朗读时,以前额叶皮质区为中心的广泛区域比默读时更为活跃,而大脑的前额叶皮质区是脑部的命令和控制中心,决策和自控等较高层次的思考在此进行,因此,川岛隆太指出:"大声朗读意义非凡!"为此,川岛隆太撰写了一本书《朗读让脑袋变聪明》,该书提出,朗读就是"大脑的全身运动",朗读可以维持大脑机能,促进大脑发育,甚至能改善自闭症儿童的沟通能力。读者在读到印刷符号时,把这些符号转化为声音,就好比自己跟自己说话,印刷符号以声音形式变成内在的话语信号,与视觉接收到的符号信息一起,共同参与大脑的意义建构,有助于大脑快速接受和理解文本,这与仅有视觉信息输入的默读相比,在促进大脑理解上更有优势。

在多种文体中,诗歌阅读更是离不开朗读,如哈罗德·布鲁姆在《如何读,为什么读》一书中宣称的"我想提醒读者,所有伟大的诗歌都应大声朗读出来,不管是在孤独中或读给别人听"《如何阅读一本书》也指出,在朗读诗歌时,"你的耳朵会抗议你的眼睛所忽略的地方","诗中的节奏或是有押韵的地方,能帮助你把该强调的地方突显出来,增加你对这首诗的了解"。我国古人也说过,三分诗七分读。朱熹在《读诗法》中说:"读诗之法,须扫荡胸次净尽,然后吟哦上下,讽咏从容。使人感发,方为有功。"沈德潜在《说诗晬语》中称:"诗者,以声为用者也,其微妙在抑扬抗坠之间。读者静气按节,密咏恬吟,觉前人声中难写、响外别传之妙,一齐俱出。"文字是用来记录语言的,诗歌本来就是一种语言艺术,因此对诗歌的欣赏只有将文字还原为有声语言,方能体会到作者通过或跌宕起伏或平静如水的声音体现的语言神韵。

正是由于朗读的价值,朗读成为儿童学习中不可缺少的一环。除非存在生理上的缺陷,一般情况下儿童是先听到语音,将声音刺激与情境联系起来,逐步建立语音与语义的联系。在取得一定的意义积累基础之上,儿童开始学习书面语言。他们首先要学会读视觉文本,再利用语音了解文本含义,通过将视觉文本归入已经建立的意义系统,使视觉文本获得意义。在对文本的掌握日益成熟的情况下,儿童会跨过语音环节,实现文本与意义的直接关联。因此,朗读是基础,即使在大力提倡默读的今天,儿童学习的过程仍然离不开朗读,对课文的熟读成诵是学校教育的基本要求。这

你会阅读吗
——家长辅导孩子阅读的黄金手册

从另一个侧面解释了古人采用朗读的原因——在古代，学与读是分不开的，而朗读是学习的基础。当儿童的阅读能力达到一定程度，朗读就可以"功成身退"。

尽管朗读有助于加深理解，但朗读也有局限。首先，朗读需要语音转换，由于人体生理机能的局限，转换过程会大大降低阅读速度，使其跟不上思维的进度，这就是为什么快速阅读提倡者大多反对朗读的原因。盲人阅读软件会设置阅读速度调节按钮，其速度可以提高到常人朗读速度的数倍，这也是考虑到音位转换在语速上的局限。其次，出声阅读会使阅读过程巨细无遗，不利于读者跳出细节，关注重点，把握整体。国外有观点认为，默读时文字符号不通过转化为音位就直接进入思维活动，而出声读却可能分散大脑的注意力，阅读能力不强者的阅读障碍之一便是一看书就不由自主地动嘴读。如果读者具备一定的阅读能力，通过默读就能把握文本主要含义，出声读确实会有画蛇添足之感，对阅读过程造成干扰，正如划分句子结构有助于初学外语者加深对句子的理解，但在熟练掌握了外语之后，如果仍然坚持对每一句话划分结构，势必会影响对整篇文章的把握。

因此，朗读与默读各有优劣，在阅读时应灵活掌握。朗读是基础，是"爬坡"式阅读的基本要求，但当一名读者具备了一定的阅读能力，对文本的理解有充分把握时，就可以抛开朗读的"拐杖"，采用默读。在儿童年龄尚小时，由于语言能力和语文素养都处在成长早期，应以朗读为主，尽量确保从一开始就采用正确的方式阅读，获得对文本意思的完整和准确理解。在小学中段之后，随着儿童阅读能力的提高，应逐步培养默读的能力和习惯，对于比较简单的读物，鼓励儿童以不出声的方式阅读，如《新课标》所要求的，从小学高年段开始，要让学生"养成默读习惯"。不过即使儿童拥有了一定的阅读能力，仍应注意阅读的节奏，灵活使用朗读与默读，因为不同文本的难度不同，同一文本中不同部分的重要程度也会有差异，对这些文本及不同部分的出声读能达到比默读更好的效果。总之，儿童阶段，每天都应让儿童花一定时间朗读优秀的文本。

8. 亲子阅读之"读"

在阅读的诸多形式中，由家长和儿童共同完成的亲子阅读具有特殊性，它既具有一般阅读的特点，也具有不同于儿童独立阅读之处。由于要

四 阅读方法

开展亲子分享，亲子阅读的形式只能是出声阅读——朗读，这正是吉姆将自己以亲子阅读为题的书称为"朗读手册"的原因。亲子阅读的速度也不宜太快，否则会造成家长与孩子在理解上的脱节。通常，亲子阅读是由家长读给孩子听，但也可以由孩子读给家长听，亲子阅读还可以采用家长与孩子对话的方式完成。了解亲子阅读的"读"有哪些特点，对于家长更好地与孩子分享图书有着重要的意义。

家长自己要先读一遍

家长在与孩子第一次分享图书前，自己最好先读一遍。钱伯斯说："如果不能掌握接下来的剧情，你常会在读故事时因局促不安而词不达意。还有，很少有人能在毫无准备的情况下第一眼看到书就流畅地读出来，即使你已经在心里默念过一遍还是不够的。因为，你可以在脑子里轻易地和自己对谈，但转换成语言传达出来时，就又需要进一步的技巧了。"如果阅读之前对图书一无所知，会严重影响与孩子的分享，甚至造成意外情况，如突然碰到自己不认识的字，这些情况会使孩子误认为家长对阅读不感兴趣，或者对与自己分享图书心不在焉，造成儿童对阅读的抵触，致使下一次家长在提议与孩子分享图书时遭到孩子的拒绝。同时，提前阅读一遍还可以防止亲子阅读中读错书现象的发生，因为一旦读到孩子不喜欢的书，或读到质量差的书，都会极大地挫伤孩子对阅读的热情。

对于幼小的儿童，阅读的图书一般不会太长，如绘本书、童话故事等，家长提前读几遍并不存在多少困难，但是对于较大的儿童，由于阅读的图书篇幅较长，家长提前读一遍确实存在难度，此时可以采用前文提出的"考查"图书的方式，有选择性地阅读一部分内容，使家长对图书的内容梗概、作者的行文风格等有所了解，或者在每次分享之前对打算分享的部分快速浏览几遍。分享过程采用朗读方式，速度相对较慢，但在提前阅读时可以采用默读方式，以减少准备时间。

读还是讲

亲子阅读采用"读"还是"讲"，实践中有不同做法。台湾出现了两派观点：一派以"小大读书会"为代表，认为在讲故事的过程中，讲故事的人要保持中立，忠实地将绘本内容"原汁原味"地传达给儿童，不必加入太多个人表现或情感；另一派以"毛毛虫儿童哲学基金会"为代

你会阅读吗
——家长辅导孩子阅读的黄金手册

表,认为图画书只是一个引发或引导思考和讨论的中介,说故事的人要调动自己的思维,注意儿童在听故事过程中关注的问题与产生的疑惑,并围绕这些问题和疑惑进行互动(阿甲《帮助孩子爱上阅读:儿童阅读推广手册》)。与第一种观点相联系的共读方式是朗读原文,虽然朗读者也会借助语速、腔调甚至肢体动作展现朗读者的情感,但这毕竟是一种原文再现策略,能保留原文大部分的表述。与第二种观点相联系的共读方式是"讲",分享者不会全部朗读原文,而是以自己的语言再现故事情节,在"讲"中融入讲述者的情感和诠释,并根据孩子的反应做出调整,比较接近传统的"讲故事"。也有人不太在意"读"与"讲"的区别,如学者林伟信就说,"当我们对儿童多说几次故事、多积累几次经验之后,你将会发现,只要'能说得自在,儿童也能听得快乐',那就是最好的说故事的方法了"。

本书认为,亲子阅读的"读"是基础,"讲"是扩充,即使采用"讲"的策略,在"讲"之前也应该先给孩子读一读。在儿童年龄尚小时,家长担心孩子听不懂,会尽量使用通俗的口语重述故事,虽然儿童听明白了,但却失去了接触书面语的机会。正确的做法应该是,从一开始就使用标准、规范的语言给孩子读故事,之后再用孩子能听懂的语言解释,使孩子尽早接触书面语。对于一个初识语言的儿童,口语与书面语对他们是没有区别的,但从小熏陶在书面语的氛围中,有利于孩子掌握丰富的语言知识。显而易见,语言能力的高低更关乎书面语,而不是口语。据一些学者研究,那些从小生长在知识分子家庭中的儿童,由于家长在对话中更多使用书面语,孩子们的语言能力会比在低学历父母家庭中的孩子要强。也许孩子一开始不理解被读的文字,但只要坚持,阅读书面语的优势就会显现出来。

如果不给孩子"读"故事,就会将孩子与优秀的语言"隔离"起来。许多童书的用语都非常凝练,是作家和编辑反复挑选和打磨后确定的,是优秀的语言艺术。特别是绘本,由于用语不多,且要与图画配合,书中所用文本更是作家和编辑精挑细选的结果。例如:

> 老屋是我们家最慈爱的老人,它看护着每一棵在瓦缝中发芽的小草,也会看护好妞妞的小牙,保佑妞妞长得高高的……(《牙齿,牙齿,扔屋顶》)

四 阅读方法

> 盛夏的清晨,在温暖的阳光下,古老的千年莲花轻轻地盛开了(《安的种子》)

这些动人的语句,是很难用"讲"表达出来的。据说绘本《安的种子》在创作过程中,每一个字、每一句话都经过了作者反复推敲和琢磨,而且在图文安排上,作者对画面的构成及图片与文字的处理都做了大量研究,作者甚至前往名山古刹寻找灵感。如果家长从一开始就以"讲"的方式给孩子们阅读绘本,就如同将精美的食物嚼烂后再喂给孩子,使孩子"绝缘"于高质量的语言。

"读"是基础,但必要时可以做些变通。并不是所有的书都适合亲子朗读,例如对话冗长的小说。吉姆就说过,"有些书的写作模式只适合静静地阅读,而不是用来朗读",阿甲也说,"并不是所有优秀的童书都适合为孩子大声读,即使是那些经典的或是获得大奖的作品也未必适合"。然而现实是,有些书虽然不适合朗读,但却可能是孩子喜欢的,有些书虽然适合朗读,但由于作者与读者在文化背景、语言习惯等方面的差异,会使朗读过程遇到困难,此时在与孩子分享图书时就应做出适度调整。英国作家狄更斯到美国向听众朗读他的作品,发现如果作品的字数太多,听众很难集中注意力,他就将故事内容精简,只保留最精彩的部分,从而使故事听起来简洁有力。如果与孩子分享的图书中出现了冗长的描述性段落,在不影响故事整体的情况下可以仅阅读关键部分。有些绘本的文字缺乏口语检验,不出声阅读是感觉不到的,但是在为孩子朗读时就可能感到不顺畅,此时可以在这些地方做些微调。有些图书会保留地方词汇,如在绘本《布娃娃来了》中有一句话:"今儿个是夏至。""今儿个"是典型的北方儿化方言,未必适合南方地区使用,家长在阅读时可以修改为"今天是夏至"。

尽管"读"是基础,尽管必要时可以采取变通措施,但仅有"读"却是不够的,有时还要辅以"讲"。例如,对于低幼儿童,并不总能找到适合他们的读物,而只能选择一些面向稍大儿童的读物,但这些读物的情节复杂,文字深奥,如果直接读给他们听,孩子势必会失去耐心,此时大人可以避繁就简,除了挑选少量优美的语句与孩子分享外,应用生动和孩子易于接受的语言将故事内容讲出来,或抓住孩子感兴趣的内容讲解。有些绘本的文字非常精练,仅阅读文字往往很难理解故事,如在日本作家铃

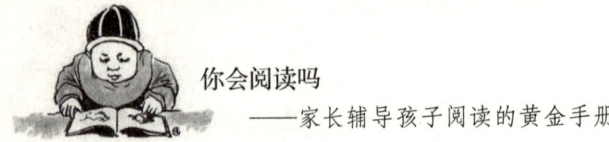

你会阅读吗
——家长辅导孩子阅读的黄金手册

木永子著绘的《我们去找狗狗》中，大部分页面仅有寥寥数语，对于图画能够说明的，作者一般不诉诸文字，例如第一页的文字是"早上醒来，妞妞发现小波波不见了"，第二页的文字是"啊，又是你"，妞妞掀开被子找小熊、小狗叼走小熊的动作都以图画表达。对于这样的绘本，大人不宜仅阅读被印出来的文字，而应在阅读过程中辅以必要的讲解，这样孩子听到的故事才是完整的。有些绘本的图画与文字之间存在某种"张力"，如差异、错位等，孩子对文字表述的情节与图画展示的内容有可能"对不上号"，此时也要辅以解释和补充。对于无字绘本，则只能采用"讲"的方式给孩子阅读。

指读法

在印度，为了解决在民众中存在的大范围低阅读能力的问题，一些机构尝试在电视节目与所谓宝莱坞电影插曲中添加同步播放的歌词，使观众一边欣赏歌曲一边观看歌词。由于印度歌曲中有大量叠句，因此添加字幕后，观众可以反复看到一些歌词。经过数年尝试，该试验收到了一定效果，不少人确实提高了阅读能力，如能够看懂路牌，能够阅读报纸。受此鼓舞，有人建议在全印度推广这一做法，并建议为所有电视节目配上字幕。在欧美等国，电视本身带有能打开字幕的按键，有学者建议，在孩子看电视时最好将字幕打开，这样可以将孩子的希望（看电视）与家长的希望（儿童阅读）结合起来，帮助他们提高阅读能力。这种为影视配置同步字幕的做法被称为 SLS（Same Language Subtitling）。SLS 对儿童阅读素养的促进作用得到了专家认可。如果将识读影视字幕看作阅读的话，这一阅读属于本书在上文提到的"伴读"，即一边看文字，一边听别人朗读。由于在 SLS 中存在着视觉和听觉的同步输入，有助于读者将文字与声音联系起来，提高识读能力。

理论上讲，亲子阅读应被归入伴读范畴，因为孩子们是一边听家长朗读图书，一边看图画或文字。但是，如果孩子不能将从声音得到的内容与图画或文字做出对应，伴读的效果就会受到影响。在这种情况下，借鉴 SLS 的做法，家长可以一边阅读一边用手指指着相应的图画或文字，即运用指读法，以提高伴读的准确性。指读法的对象可以是图片。来自萨塞克斯大学的研究人员发现，在阅读一页包含两张及以上图片的绘本时，多幅图片的同时存在会干扰儿童对故事的理解和对单词的学习，但是当研究人

四 阅读方法

员在与儿童分享故事时用手指指向文字所描绘的图片，多图带来的干扰就会被降低，儿童的学习情况得到改善。指读法的对象也可以是文字。针对儿童阅读，学者 Esme Raji Codell 提出了五条要领，其中第五条就是"阅读的时候，用手指按照自左至右的方向指着文字，这样有助于孩子识别字词"。国内学者韩映红等人的研究显示，自主阅读相比分享阅读更能提高儿童对文字的关注，但是在分享阅读中如果成人采用指读法，也能显著增强儿童对文字的关注。

在儿童年龄尚小时，如3～4岁之前，他们的主要任务是获得语言技能，丰富思维图式，建立声音与生活体验之间的联系，从而为声音赋予意义，而生活体验在阅读中的触发物为图片所代表的各类形象，此时在运用指读法时，图画应成为被指的对象，帮助孩子建立声音与形象（体验）之间的关联。随着年龄的增长，孩子的语言技能得到提高，声音与体验之间的关联获得丰富，此时在阅读中听到声音，即使家长不指向具体的事物，儿童也可以识别图片中的形象，甚至在脑海中产生图片中没有的形象，此时指读的对象可以改为文字，以加强文字、声音与图像（体验）之间的联系，提高儿童的语文水平和阅读能力。但也有学者反对指着文字阅读，认为这是"捡了芝麻丢了西瓜"，儿童对文字和词汇的学习完全可以留待以后。笔者认为这两种做法都是可以的，一方面要看家长引导儿童阅读的目的，另一方面要看儿童的阅读情况和阅读意愿，只是在指读文字时，不能读完就翻页，而应该给孩子留足欣赏画面的时间。

除此之外，指读法还可以带来其他好处。指读法可以提高儿童阅读的专注度，帮助他们克服注意力不集中的毛病，同时，指读法属于快速阅读中的标志法，有助于儿童提高阅读速度。

阅读中的互动

亲子阅读不应只是单纯的"读"，还可以包含丰富的内容，围绕阅读的互动即是其一。阅读能使我们获得不同于自我经历的体验，从多种视角观察生活和洞悉社会，因而阅读往往成为讨论的开启者，人们在读了一本书后经常感到"有话说"。亲子阅读亦是如此。图书为孩子们打开了一扇了解世界的窗口，是他们沟通个人内心与大千世界的媒介，成为他们表达个人观点的起点。家长要抓住孩子"有话说"的时机，积极与他们互动，给孩子提供充分的表达空间和自由的表达机会，而不是亲子分享一结束，

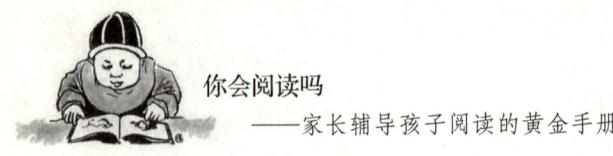

大人就有如释重负之感,"总算完成任务了"。

互动对儿童的阅读有积极的意义。一方面,阅读互动可以有效提高儿童的语言能力。儿童学习语言的过程中除了观察和模仿外,另一个重要途径就是互动,在与他人一来一往的对话中,儿童习得了交流技能,掌握了语言知识,特别是在亲子阅读中,互动能使儿童将从书中学到的语汇和表达"现学现用",并通过家长的强化使其内化为儿童语言生命的一部分。Hargrave 与 Senechal 的研究表明,为期 4 周(20 个工作日)、每天 10 分钟以上的对话式阅读(见下文)干预可以有效提升儿童的语言能力。王翩然、徐建华与 Brian W. Sturm 在美国开展的研究也表明,在多种形式的朗读中,由家长与儿童开展的对话式朗读对于提升儿童的表达能力具有明显的效果。另一方面,阅读互动可以提高儿童对故事的理解,促进儿童思考,增加阅读乐趣。亲子阅读的互动是在儿童与家长之间开展的读书交流,而交流对于加深理解的价值得到了学者认可,"国外的一些阅读经验表明,孩子经过聊书后常常发现在聊书的过程中似乎'重读'了书,甚至有孩子感叹'没有聊过就像没有读过一样'"(阿甲、徐凡、唐洪《中国父母最该知道的儿童阅读 100 个关键问题》),"一些地方自己阅读的时候并没有在意,但是经别人指出来以后,才发现那些地方的确很有意思"(斋藤孝《阅读的力量》)。

国外有一种比较流行的读书方法,即共享图书阅读(shared book reading),指成人与儿童共同阅读一本书,阅读过程中大量采用诸如讨论、手势、演绎等策略,以促进儿童思考。研究发现,在共享阅读中,是否有互动及互动多寡,例如成人(老师)围绕所读图书向学生发问,并根据学生的回答予以反馈,会影响共享阅读对儿童语言、阅读能力等发育的效果,特别是在互动中采用开放性问题并给予反馈(而不是回答"是"与"否"的问题),会明显提高儿童重述故事的能力。Perla B. Gámez 等人的研究表明,在共享阅读中,文本外的语言交流可以提高儿童重述故事的水平,而成人在分享过程中的手势提示则可以加强儿童对故事的理解。

根据阅读与互动的关系,本书将阅读互动划分为两种:以阅读为基础的互动,作为阅读的互动。以阅读为基础的互动指亲子互动围绕阅读展开,互动的前提是对图书内容的了解,通常是先阅读再交流,也可以是先做基本的交流,然后开展亲子阅读,之后再做进一步沟通。作为阅读的互动指阅读本身是通过亲子互动的方式推进的,故事内容是互动的重要对

四 阅读方法

象,在家长的引导和询问下儿童获得对故事的认知,家长的阅读只是在必要情况下给予的补充。以阅读为基础的互动是一种传统互动方式,特点是互动建立在儿童对故事的理解之上,互动是对故事内容的延伸和深化,但这种互动需要家长提前做些准备,因为很多在阅读中产生的互动念头会随着阅读的结束而消失,如果没有准备,很可能阅读过程中有许多话题想交流,阅读结束后却发现无话可说,只能做些无关紧要的讨论。作为阅读的互动又称为对话式阅读(Dialogic Reading),是 Whitehurst 与其同事在 1988 年推出的"家长—儿童"交互式绘本阅读,通过家长的询问、反馈,使儿童成为讲故事的主角。对话式阅读的适用对象只能是绘本书,因为只有绘本才能成为儿童在具备独立阅读能力之前主动识别的对象,提供由儿童作为第一故事人的线索。

在亲子阅读的互动中,由家长向孩子提问是一种重要的互动方式。问什么没有一定之规,只要孩子喜欢,并且在孩子的表达能力允许的范围内,任何问题都是可以的。一般来讲,可以考虑从以下几个方面组织问题:

关于故事内容的问题:这是对话式阅读中经常使用的提问方式,问题围绕故事基本内容展开,包括是什么、谁、在哪里、做什么、什么时间、什么地点、如何做等,例如,"在这张图片中你看到了什么?""这张图片中发生了什么?""故事主人公在做什么?"

解释性问题:主要是关于为什么的问题,家长可以就故事中的因果线索形成问题,请孩子解释,例如,在《三只小猪》中,家长可以问孩子"为什么三只小猪都感到害怕?"也可以就故事中未提供线索、但孩子可能感兴趣的内容形成问题,例如,"第三只小猪为什么要用砖石盖小房子?"

假设性问题:可以对故事中的条件做出改变,请孩子判断接下来会发生什么,例如,"如果那头狼拿了一把铁锹,结果又会怎样?"或者请孩子站在故事中某个角色的立场,思考自己在同样的情况下会采取什么办法,例如,"如果你是大灰狼,你会怎么办?"

预测性问题:可以在拿到一本书后,根据封面、题目、封底等内容,请孩子猜猜图书的内容,或者在讲故事的过程中故意做出停顿,请孩子猜测接下来会发生什么,也可以就书中未直接交代的内容请孩子预测。例如,在《7只老鼠学钓鱼》中,鼠妈妈与7只小老鼠在野外钓到了9条

你会阅读吗
——家长辅导孩子阅读的黄金手册

鱼,每只老鼠吃了一条烤鱼,最后一页显示的是鼠妈妈与 7 只小老鼠回家的场景,其中 1 只小老鼠手里拿着 1 条鱼,可以请孩子想想,这条鱼是留给谁吃的。

与经历有关的问题:对故事中与孩子的经历相仿或者可以联系起来的情节,可以请孩子谈谈自己的体会,例如,"这个故事发生在学校里,你通常在学校里做什么?""如果你的同学不遵守学校纪律,你们老师会采取什么办法?"

感想类问题:请孩子就故事中的角色、情节等发表看法,例如,"这样做好不好?""你最喜欢或不喜欢谁?""你是否喜欢这本书?为什么?""在这件事中,故事主人公是如何想的?""为什么你认为主人公会有此感受?""你是否有过这样的感受?"

回顾性问题:一般是在亲子阅读结束后,孩子在大人的提示下回忆图书的主要情节或细节。例如,"这个故事讲了什么内容?"

关于亲子阅读的提问-回答式互动,有学者提出了一个称为 PEER 的互动程式,即询问(Prompt,向孩子提出问题)、评价(Evaluate,对孩子的回答做出评价)、扩充(Expand,对孩子的回答进行补充)、重复(Repeat,重复回答来确保孩子通过对话习得了内容)。例如,在《7 只老鼠学钓鱼》中,可以采取如下互动过程:

询问:最后一页上的这条鱼是留给谁吃的?

(孩子回答:爸爸。)

评价:对!

扩充:爸爸今天要上班,没办法跟鼠妈妈和小老鼠来钓鱼。

重复:所以小老鼠要将这条鱼拿回家,好让爸爸也品尝一下美味的烤鱼。

需要注意的是,在互动环节,家长不要给孩子造成太大的压力。亲子阅读是兴趣阅读的一种,由亲子阅读引发的家长与孩子之间的互动虽然有重要意义,但也应以帮助孩子享受阅读、激发孩子的阅读兴趣为目的,而不应让孩子感到在接受家长的拷问。首先,要考虑孩子的互动意愿。当孩子喜欢问这问那或就书中内容发表评论时,家长应抓住机会与孩子沟通,但当孩子没有心情参加讨论,仅希望父母阅读自己喜欢的故事时,家长就不必逼着孩子回答问题。并不是每个孩子都喜欢大量讨论,过多的问题可能使孩子害怕与大人共读。其次,不论采取何种互动,都应建立在儿童的

四　阅读方法

语言表达能力及经验和知识之上,不要提超过孩子能力的问题或做出孩子难以理解的解释。一般来讲,阅读前与阅读后的互动对儿童的语言能力、互动技巧等都有一定的要求,适合较大的孩子,如果孩子的语言能力较弱,互动宜放到阅读过程中进行,使孩子根据眼前的线索与家长交流。许多绘本都可以从多个角度阐释,孩子有孩子的看法,大人有大人的理解,如果大人在互动中把自己对图书的理解一股脑地告诉孩子,而不管孩子是否能接受,互动未必能如家长所愿。最后,不要把亲子分享中的讨论变成测验,给孩子建立第二"课堂",否则就失去了讨论的意义。例如,有的家长在阅读后总是担心孩子记住了多少,掌握了什么道理,学到了什么知识,于是通过不断发问求证孩子的阅读效果,这只会让孩子感到厌烦。也有家长千方百计地诱导孩子说出自己预设的结论,将围绕阅读的交流变成"请君入瓮",导致孩子很辛苦地猜测家长的意图,这也不是真正的交流。

　　阅读互动还要注意适度,不能过于偏离故事主线。一些孩子不懂得正确互动的技巧,在阅读中总是由着自己的性子问东问西,甚至脱离了故事本身,打断了亲子阅读的思路。面对这种情况,家长既不能粗暴地干涉孩子,窒息孩子的好奇心和求知欲,也不能无原则地迁就孩子,而要让孩子学会正确倾听和参与讨论;否则,当孩子形成随意打断他人的习惯时,就会对自己今后的人生造成不利。一方面,不宜给孩子讲太长的故事,因为儿童的专注力有限,故事太长,孩子就会走神,思路可能跑到故事之外,而且愈走愈远;另一方面,可以跟孩子做好约定,例如一页书未读完,不能提问题,或者所提问题的数量不能超过若干个。如果是一两句话就能回答的问题,可以放在阅读过程中解答,但如果孩子的问题需要较多解释,停下来解答会打断阅读思路,而且可能向孩子示范一种不科学的阅读方法,可以先将问题记下来,待全书看完后再解释。

亲子阅读的"扩充"

　　虽然我们强调,亲子阅读的"读"是基础,但家长在"读"之上却可以通过"扩充"的方式,充分发挥想象,根据孩子的兴趣,延伸文字的表达空间,让孩子获得对故事的丰富和多维体验。如上文所述,这种"扩充"既可以应用于阅读互动之中,也可以应用于故事分享之中,是"读"与"讲"相结合的方式。特别是在讲述无字绘本时,"扩充"提供了家长与孩子对图画近乎无限的阐释空间。

你会阅读吗
——家长辅导孩子阅读的黄金手册

例一：

山羊妈妈回到了家，（她非常期待看到她的孩子们，给他们以温暖的拥抱，并给他们讲一个有趣的故事），但她（突然）发现门是开的，（她非常吃惊），于是走进家去，看看发生了什么。

例二：

狼（正在草丛里享受太阳浴，看到山羊妈妈出门去找食物，于是他）意识到山羊妈妈不在家，（他想，现在肯定只有小羊们在家里，这可是一个千载难逢的好机会，"真是太棒了！"）于是他跑到山羊家，开始敲门。

在上述例子中，如果没有括号里的内容，文字就只是描述了事件的经过，但借助括号中文字的扩充，故事就获得了丰富的表现，从干巴巴的描述变成了有血有肉的叙述。

亲子阅读的延伸

亲子阅读还可以衍生出丰富多彩的延伸活动。在亲子阅读结束后，家长可以与孩子围绕阅读的内容，从事一些令孩子感兴趣的活动，如把绘本中的人物画出来或用黏土捏出来，或用有关材料制作绘本玩偶。例如，在阅读日本作家宫川比吕的作品《四年级三班》后，家长可以和孩子一起学做书里提到的日本寿司，品尝日式点心，或者学说书里的日文问候语，学唱日语歌，等等。阅读推广人阿甲提出了阅读推广的"十字诀"，即："念、唱、说、做、画、演、吃、破、聊、想"。其中，"做""画""演""吃"就代表了不同形式的阅读延伸——"做"泛指各种可以动手做的活动，如做游戏、做运动、做手工等；"演"指邀请读者扮演书中角色，从简单的"分角色朗读"到复杂的"课堂剧""绘本童话剧"；"吃"指品尝图画书中提及的美味，将"读"与"吃"结合起来……上海师范大学教授、儿童心理学家吴念阳将积木带入阅读推广，在绘本分享过程中，请儿童将绘本中的场景或对绘本的理解用积木搭出来，使绘本内容更加形象化。广州图书馆亲子绘本馆建有一个小小的玩具图书馆，馆员也有意识地引导孩子利用玩具再现故事内容，将"读"与"玩"结合起来，并邀请孩子根据自己的"成果"重述故事，提高阅读的沉浸感。

延伸活动能丰富阅读的形式，深化阅读的内涵，增加阅读的乐趣。由

四　阅读方法

于缺乏生活经验和社会阅历及对事物的洞察力有限，儿童对故事的理解和感触未必会很深，阅读过程可能犹如浮光掠影，但是多姿多彩的阅读延伸活动调动了儿童的多感官参与，借助亲身体验的方式给孩子以立体化感受，突破了文本阅读的静态和须凭想象再现故事情境的局限，使儿童在现实生活中获得了对故事进行感受和"接触"的机会，这种感受和"接触"能将孩子置身于故事情境之中，在物我两忘的沉浸式体验中领略图书的内涵和作者的思想。更为重要的是，这种立体和多维的亲子活动能有效调动孩子的参与热情，阅读与乐趣被融铸成快乐的记忆，使孩子获得长久的阅读动力，而这正是亲子阅读的初衷。

在延伸活动的多种形式中，角色扮演以其生动性、趣味性和娱乐性而备受家长和儿童青睐，其中尤以绘本剧为主。角色扮演能使儿童获得对故事的代入感，使孩子站在故事角色的立场思考问题，这对于培养孩子的多维思考力、提高孩子的移情力具有积极的意义。家长可以与孩子及其他家人如爷爷、奶奶等一起排演绘本剧，也可以与孩子一起参与学校、图书馆等组织的绘本剧表演，给孩子一个展示自我的舞台。如果家里缺乏组织角色扮演的条件，也可以利用玩偶代表不同的角色，让孩子操控这些玩偶，以角色语气对话，排练儿童版的木偶剧。与以人扮演相比，以玩偶代表角色演绎故事具有更大的灵活性，一个人可以实现多个角色的掌控和转换。

延伸活动不一定都是阅读之后开展的，也可以在阅读前开展。例如，阅读前可以与孩子唱唱歌，玩一些小游戏，或做一些思维热身活动，如在阅读与交通工具有关的图书前，先让孩子想一想，看能想出多少种交通工具，也可以利用思维导图分析这些交通工具的异同。阅读前的活动可以称为逆向式延伸，如同运动前的热身活动一样，它可以使儿童更好地进入阅读状态，提高阅读效果。

9. 不要忽视碎片阅读的价值

成语"学富五车"主要用来说明一个人学识渊博，但其原义却是对战国时期惠施读书的描述，据称他每次出门都要携带五车书简，以便在路上阅读。虽然五车书简装不了多少书，但却代表了阅读的一种类型——随时随地阅读，利用零碎时间汲取知识，这不同于人们每天在固定时间里坐在书桌前的阅读（以下称"定时阅读"），其特点是每次阅读的时间都不

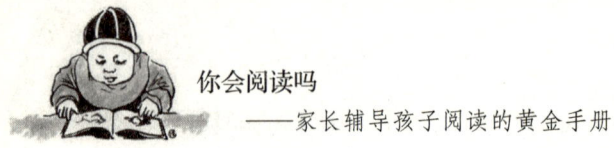

你会阅读吗
——家长辅导孩子阅读的黄金手册

长,或三五分钟,或十余分钟,当然也有长的,如坐火车期间的阅读。人们形象地将这一阅读称为"碎片阅读"。关于碎片阅读,最著名的莫过于欧阳修的"三上"阅读,即"马上、枕上与厕上"。司马光也说自己在出门的马背上,在半夜睡不着觉的时候,都会温习文章,思考文章的精义。2018年两会期间,朱永新教授提出了"高铁阅读"建议,希望国家出台措施,鼓励人们利用乘坐高铁的间隙读书,也是考虑到了碎片阅读的价值。

根据碎片阅读的时间特性,本书将碎片阅读划分为伴随型碎片阅读与间隔型碎片阅读两种。如同会议由多项议程组成,一个人一天的活动也包含多项"议程",如吃饭、通勤、上班、开会、做饭、就餐、睡眠等。在这些"议程"中,并不是每项"议程"的完成都需要人们集中精神,心无旁骛,如通勤、上厕所、候诊等,对于这些"议程",可以在执行的过程中分出部分精力用于阅读,由于此类阅读与主要任务同步执行,故本书将其称为伴随型碎片阅读。在美国,有一个"触手可读"阅读推广项目,项目内容之一就是将儿童的候诊室打造成适宜阅读的环境,并由志愿者向家长示范和孩子一起阅读的技巧。很多情况下,一个人一天的各项"议程"并非衔接得滴水不漏,而是存在着时间上的间隔,可能是由于人们需要适度的休息,也可能是由于人们一天当中需要完成的任务并不是很多,任务与任务之间存在着"空档",还可能是由于完成"议程"的实际时间少于预期时间,此时也可以利用不同"议程"之间的间隔阅读,本书将其称为间隔型碎片阅读,如"枕上"阅读就是在其他任务和睡眠的间歇完成的阅读。

碎片阅读有何价值

借助碎片阅读,我们可以留出一份属于自己的读书时光。《论语·阳货》中说:"日月逝矣,岁不吾与。"人生的时间不可能无限延伸,能够由我们自由支配的时间更是有限,如清代诗人张际亮所说:"夫人之生世也,其大约准之七十,前之为童子者凡十几年,后之老而耄老又十几年,其间可以笃志于学者约四十年耳;而仕宦、疾病、奔走、婚嫁、丧祭、酬应、嬉游之日又分之……"在当代,生活节奏加快,人们越来越感到来自各方面的压力,很多人都处于疲于应付的状态。许多阅读调查表明,导致人们不读书的一个重要原因就是"没时间",这并非如某些学者认为的

四 阅读方法

是人们给自己不读书找的"借口",在一定程度上确实是人们真实状态的写照。在这种情况下,即使有时间读书,人们大多也会只阅读跟自己的专业有关的书籍,而阅读那些所谓的"杂书"往往使人产生浪费时间的感觉,甚至被认为"不务正业"。然而,时间就像海绵里的水,只要愿意挤,总还是有的,碎片时间就是那可以被"挤"出来的时间,在坐车期间,在等人间歇,与其刷微信、侃大山,不如手持一本心仪的图书,来一次与作家的心灵对话,感受一段真正属于自己的读书时光。正因为如此,一些学者认为,经典著作进入寻常百姓家的最佳途径就是碎片阅读。雨果有次与朋友相约在河边见面,但友人因事迟到并致歉雨果,觉得自己浪费了他宝贵的时间,但雨果晃了晃手中的书,回答道:"你并没有浪费我的时间,我在等你的时间里已经读了好几章书呢。"

虽然每次碎片阅读的时间只有短短的数分钟乃至十余分钟,但聚沙成塔,集腋成裘,只要持之以恒,碎片阅读可以带来可观的效应。学者钱歌川说,"你不要以为五分钟做不了甚么事,把一百个五分钟集起来,就差不多等于一个整天……我们利用五分钟的余暇去读书,也就可以成为一个学者","要读书绝不可等待那种无尽悠闲的到来才开始,应该随时随地利用空余的时间来读,把那种读书的习惯,织入我们的生活中去,作为我们日常工作的调剂品",他特别强调,要养成"利用废时读书"的习惯。我国数学家苏步青教授说过,"我用的是零布头,做衣服有整料固然好,没有整段时间,就尽量把零星时间利用起来。天天二三十分钟,加起来可观得很"。如果一个人每天要在地铁上耗去30分钟,一个月就是11个小时(以22个工作日计),而11个小时足可以读完一本中等厚度的书,一年下来就可以读完12本图书,这样的阅读量已经超过了包括美国在内的大多数国家的人均阅读量。如果再利用其他碎片时间阅读,他还可以读得更多。雷巴柯夫说:"用'分'计算时间的人,比用'时'计算时间的人,时间多59倍。"诺贝尔奖获得者雷曼也说"每天不浪费或不虚度或不空抛剩余的那一点点时间,即使只有五分钟,果得其用,也一样可以有很大的成就。"

碎片阅读是浅阅读吗

近来一些学者对碎片阅读颇有微词,主要观点是碎片阅读造成了思维的中断,导致阅读由深阅读变成浅阅读,这些学者大多不提倡碎片阅读。

你会阅读吗
——家长辅导孩子阅读的黄金手册

然而,事情是否果真如此?

首先,碎片阅读未必会造成思维的中断。19世纪诗人William Ellery Channing认为,读过一本书并不意味着能理解它,人们需要借助已有的知识,采取类似"反刍"的策略思考,将旧知识与新知识联系起来,才能真正理解阅读对象。因此,成就阅读的关键是阅读中的思考,思考的多与寡、深与浅正是区分深阅读与浅阅读的关键。为拼凑一篇文章而读,远没有深入到小说主人公心中、和主人公共悲欢来得深刻。受阅读条件限制,碎片阅读中确实存在着注意力分散、阅读被打断的情况,人们可能会减少对思考的投入,但并不意味着不思考,也不意味着在不阅读的时候人们会中断思考,因为对一些关乎基本问题的思考,在占有一定资料的基础上,是可以暂时抛开资料、独立开展的。历史上利用碎片时间思考并获得重大发现的例子不胜枚举,如阿基米德在洗澡时获得比重灵感,门捷列夫在打牌时得到元素周期律灵感,甚至一位好莱坞演员在弹钢琴时也发现了改进鱼雷防干扰技术的办法。

其次,碎片阅读与定时阅读可以互相配合,形成有效的阅读生态。倘若碎片阅读与定时阅读处于二择一的选择情境,即人们只能选择一种阅读方式,是否开展碎片阅读确实需要慎重。然而事实并非如此。如果人们在乘坐地铁期间看书,是不是意味着他们回到家后在本该读书的时间里就不读书了?答案显然是否定的。古人云:"万物并育而不相害,道并行而不相悖。"碎片阅读是在定时阅读之外"额外"增加的读书机会,尽管存在诸多不如人意之处,但有胜于无,人们可以根据碎片时间的特点选取适合碎片条件下阅读的图书。受阅读条件限制(无书桌、缺乏查考资料、不方便记录等),碎片阅读更适合对图书的线性阅读,这比较符合浏览式阅读,而学习型阅读和精深阅读往往带有非线性的特点,如内容的前后对照、重点部分的研读、多种资料的查考与推演等,不适合在碎片时间完成。可以在碎片时间里读一些泛览性图书,以扩大知识面,获得思维灵感,发现材料线索,或将碎片时间用作对重点图书的初次浏览。尽管表面上看,这些阅读不是深阅读,但却是深阅读不可或缺的"前奏",是读者阅读生态的有机组成部分。

碎片阅读与定时阅读可以通过两种"以后再读"联系起来。第一种"以后再读"发挥的是碎片阅读的"发现"功能,即如果在碎片阅读中发现了有用的资料,希望做进一步研究,可以先做好记录,在固定阅读时间

四 阅读方法

里再细读。据蔡元培回忆,有段时期他见到胡适出门时常常带一两本线装书,在舟车上或其他忙里偷闲的时间翻阅,见到有用的材料就折角或以铅笔作记号,显然胡适先生是希望回去后再摘抄或研读。第二种"以后再读"发挥的则是定时阅读的"发现"功能,即在定时阅读中发现有意思或希望浏览的材料,但这些材料由于与个人的学习关系不大,不必占用专门的学习时间,且材料的阅读不必过多借助辅助资料,或者材料虽然重要,但在时间允许的情况下可以借助碎片时间先通读一遍,读者就可以将这些材料留待碎片时间阅读。

综上,将碎片阅读视作浅阅读,并拒绝碎片阅读的观点是难以自圆其说的。碎片阅读是一种重要的阅读方式,任何热爱阅读的人都不应对它视而不见。在欧美等国,许多人会随身携带一本书,及时利用各种时间阅读。国内学者一直对此羡慕不已,希望国人也养成手不释卷的习惯,但如果我们在羡慕的同时却反对碎片阅读,就会使自己陷于自相抵牾的境地。

场所的意义

可以根据场所选择适宜的图书。在不同场所,有的人会始终阅读同一本书,每次阅读都从上一次阅读结束的地方开始,这种阅读方式虽然能从量的推进上使人感受到碎片阅读的价值,但却可能因为场所的差异而影响阅读效果,例如对一本内容衔接紧密的图书,如推理小说,过于碎片化的阅读会破坏阅读的连贯性。可以从时间、环境、任务等角度考虑场所差异并选取适宜的图书。如果一次阅读的时间较短,可以选取一些单元篇幅不长的书刊,如期刊、报纸、短文集等,这样能在短时间内获得完整的信息。近年来,国外出现了一种称为 e-single 的电子书,篇幅介于单篇文章与图书之间,一般只有一两万字,比较适合碎片时间阅读。另外,早晨阅读与下午阅读也会带来不同的效果,除了受人的生物钟的影响外,也受一天当中其他事件的影响,如下班或放学后,人会感觉比较疲乏,此时应读一些轻松的读物。不同场所的环境特性也会影响人们的阅读选择。有日本人认为,如果在日本国内出差或外出,尽量选择新干线而不是飞机,因为飞机上气压低,大脑反应能力差,不适宜读书。虽然一般情况下读者还不至于由于读书而选择出行方式,但却可以根据出行方式选择读物,如考虑到飞机飞行的特点,在飞机上就不宜阅读难度较大、内容抽象的图书。与嘈杂的地铁车厢相比,空谷幽兰、燕雀相伴的山涧旅馆更适合吟诵描写大

211

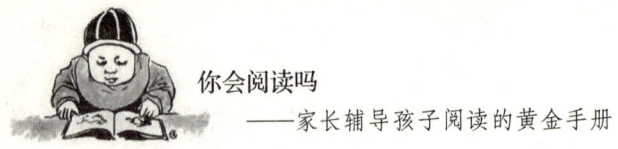

你会阅读吗
——家长辅导孩子阅读的黄金手册

自然的诗歌和散文,体会哲学家深邃和幽远的思想,这显示了阅读场所对读者与文本互动、对读者感受语言的方式所产生的效果。另外,还可以考虑碎片时间的任务特性,如在旅行期间选择一些与旅行有关的图书,这比较符合读者此时此地的心境,这就是为什么航空公司大多会在飞机的座椅上放置一些与旅游、地理、民俗及各地饮食有关的书报。

创造碎片阅读的条件

要为自己创造随时随地阅读的条件,一个办法就是随身携带一本书,一有空就拿出来翻阅。19世纪英国著名政治家格兰斯敦一生无论什么时候,身边总带着一本小书,这一习惯为他积累了丰富的知识。出门之前,应将是否带书作为检查内容之一,要使图书像钱包、手机、钥匙那样成为出门必备之品。如果外出时间较久,如旅行,若只带一本书,就可能出现中途看完而无书可读的窘境,此时可以多带几本。不过图书带多了会造成行李负担,特别是儿童图书篇幅较短,一般很快就会看完,但又不可能带得太多。可以考虑某些小巧、轻便的图书,如口袋书。最近,上海文艺出版社出版了一套"小文艺·口袋文库"系列丛书,以"轻量级风格、中量级篇幅、重量级阵容"为特色,开本轻巧,装帧简洁,同时又不失内容的深度,包含小说、社科随笔、传记等多种文学体裁,为读者外出携带提供了方便。还可以考虑电子阅读,携带一个平板电脑或电子书阅读器,读完一本后再下载一本。一些图书馆开发的移动App设置了电子书功能,如广州图书馆App提供了140万册电子书的下载和在线阅读功能,为碎片阅读提供了便利。

要在家里准备可以随时翻阅的图书。碎片阅读也可以发生在家里,在完成各项家庭生活任务的间隙,家长和儿童都可以拿起书翻一翻。为此,除了那些在固定时间阅读的书外,家里也要放置一些用于随手翻阅的图书,并且让图书在家里随处可得,如放在沙发上、饭桌上、电视柜上等,甚至可以放在厕所里和澡盆旁,因为人们越容易取得图书,阅读行为就越容易发生,如奥野宣之说的,"在卫生间放本诗集,在饭桌上放本有关食物的随笔,效果一定会让人惊讶"。有一种以非纸张材料制作的图书,不怕水浸,是专门用来给孩子洗澡时读的。一位美国母亲就别出心裁地将图书放在家里的不同角落,如更衣室、厨房、浴室外、玩具旁、地下室等。例如,在外出前,当家长忙着给孩子一个接一个地换衣服时,那些已经换

四　阅读方法

好衣服或还没轮到换衣服的孩子就不必等着，而是可以拿起更衣室里的书翻看；放在玩具旁的图书在孩子们玩"过家家"游戏时也会派上用场——如放在餐具玩具旁的菜谱书可以吸引孩子们在玩做饭游戏时查阅菜谱；而放在玩具动物旁的图书可以让孩子扮演"家长"角色，给玩具动物讲"睡前故事"。

不要将碎片阅读变成要求

在一个新的环境里，孩子们可能会比较兴奋，如果硬拉着孩子坐下来看书，势必会让孩子扫兴，不仅玩不痛快，读得也不舒服，孩子甚至会将兴趣与阅读对立起来。在广州一所学校举办的一场运动会上，孩子们在各班场地上兴高采烈地观看比赛或追逐嬉戏，但笔者发现，有一个班的学生却静静地坐在原地，人手一册书，这显然是老师的要求，从孩子们不时偷看其他班同学的羡慕眼神中，我读出了他们的无奈。在某些场所，如医院，孩子们未必会有心情读书，身体上的疾病可能让他们苦不堪言，家长完全没有必要再拉着孩子读书。碎片阅读是实现兴趣阅读的一种方式，而不是课堂教学的补充，只有在孩子们有兴致的时候才可以引导他们阅读，强迫他们在不想读的时候阅读只能适得其反。

要求孩子读书不落下一分钟的做法实际上是一种不希望孩子闲着的心态，这种心态是不利于孩子成长的。儿童的身心成长有自身的规律，它既需要承受压力的"紧张"时刻，也需要获得属于自己的"释放"机会，那种一心不希望孩子"闲着"，以为只有如此，孩子才会不断进步的心态虽然可以理解，但却会适得其反。孩子在读书和学习间隙是需要一段"空白"的，孩子可以用这段"空白"游戏，或者"胡思乱想"，甚至可以"发呆"。不要小看了这段"空白"，它是孩子的大脑恢复活力必不可少的，只有经过了思维的"休渔"，儿童在后续学习和阅读中才能迸发出更强的活力。借用朱自强先生的一句话："孩子的想象力需要用身心闲逛的时间来喂养。"孩子的阅读同样也需要用身心闲逛的时间来提供自我发育的机会。

对于那些希望将所有时间用来读书的人，唐诺认为他们"不晓得人偶然发呆的舒适美妙及其必要，不晓得思维和理解在我们意识不及的漫游之时仍有效发酵融通甚至扩散的有趣本质，不晓得美好事物无视时间冻结时间的亘古渴望，不晓得偶尔抬头看看天光云影，看看擦身而过不相识人

们的脸，看看市招街景和橱窗，不晓得人心偶如牛羊得让它野放自由"，这个人"也许是个有效率的人没错……他绝不可能是个好的阅读者"（《阅读的故事》）。没有放松便没有紧张，没有娱乐也不会有工作和学习，让孩子在自己的时间里撒撒野是没有坏处的，唯其如此，孩子们才会在该放松的时候放松，该专注的时候专注。

五　阅读深化

　　读书须知出入法。始当求所以入，终当求所以出。见得亲切，此是入书法；用得透脱，此是出书法。盖不能入得书，则不知古人用心处；不能出得书，则又死于言下。惟知出知入，得尽读书之法。

——陈善

五　阅读深化

1. 仅有阅读是不够的

　　有读者说，我一年读了数十本书，乃至上百本，为什么我仍然感觉不到自己有多大长进？在阅读推广活动中也有家长提及孩子很喜欢读书，但感觉成绩并没有显著提高的困惑，这涉及阅读效果的问题。事实上，阅读效果的获得是一个难以觉察的过程，它需要长时间的积累，可能是一年、两年，甚至五年、十年，不可能一蹴而就。不过，从阅读到阅读效果的获得又是可以人为干预的，通过采取有效的措施，可以促进阅读向能力转化，实现阅读深化。本书根据宋代学者陈善在《扪虱新话》中提出的读书"出入法"（"读书须知出入法。始当求所以入，终当求所以出。见得亲切，此是入书法；用得透脱，此是出书法。盖不能入得书，则不知古人用心处；不能出得书，则又死于言下。惟知出知入，得尽读书之法。"）将阅读深化划分为两个步骤——走进图书与走出图书。

　　阅读的第一步是"走进"图书。在拿到一本书的时候，读者首先要做的是"虚"其心智，放下成见，以谦逊的态度和无知者的身份跟随作者走入书中，对作者"言听计从"，度过一段忘却自我的迷失时光，以实现对图书的全面把握，正如以作家和读书人闻名的弗吉尼亚·伍尔芙（Virginia Woolf）说的："不应以自己的口味来指责作者，而应该尽量适应作品，设法进入作者的境界，就好像是他的合作者。"朱熹也说过，"惟是笃志虚心，反复详玩，以为有功耳"。对于年代久远的作品，读者要站在作者的时代看待问题，体会书中观点所产生的社会和文化背景，"对过时的著作恢复过时的读法"（库恩《必要的张力》），如此方能与作者心心相通。否则，如果从一开始就戴着有色眼镜对图书吹毛求疵，读者接受的只能是那些与自己观点一致的内容，而与个人观点相左、却闪现着作者智慧的内容则无法进入读者的视野，这样的阅读很难有所收获。只有走进书中，理解作者的思想，我们才能获得对图书的评判基础。《如何阅读一本书》中关于分析阅读的第九个规则即指出："在你说出'我同意'、'我不同意'或'暂缓评论'之前，你一定要肯定地说：'我了解了。'"因此，走进书中是阅读的第一步，也是阅读深化的基础。

　　走进图书之后，读者还要学会从书中走出来，因为读者不能老死书中，如果止步于走入而不谙走出之道，阅读就会从暂时的"迷失"变为

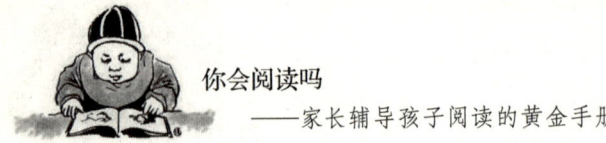

永久的"迷茫",一如旅游后的回归故里,阅读后读者的精神也要"回家"。我们要从作者构筑的知识大厦中走出,带着获得的"宝贝"建筑自己的精神家园,我们要重新发现作者,重新审视曾经的"迷途"。如何才能从书中走出?对此需要完成两方面的工作。

一是围绕图书展开思考。思考是人的一项基本活动。笛卡尔说:"我思故我在",从一个人翻开书本的那一刻起,他的大脑就处在不断地思考之中,否则谈不上阅读和理解,也无所谓能否"走进"和"走出"。本书的思考主要指读者在对图书理解的基础上站在图书之外,将其放在更广阔的个人和社会经验与知识背景下,对图书进行判断、分析和推理,或借由图书引发自己的思考,故本书又将阅读思考称为阅读反思,这也是多数学者在讨论阅读与思考关系时所持的立场。关于阅读与思考(反思)的关系,最著名的莫过于孔子的"学而不思则罔,思而不学则殆"。朱熹对"学而不思则罔,思而不学则殆"做了精辟的解释,他说:"学便是读,读了又思,思了又读,自然有意。若读而不思,必不知其意味;思而不读,纵使晓得,终是鹘崙不安。一似倩得人来守屋相似,不是自家人,终不属自家使唤。若读得熟,而又思得精,自然心与理一,永远不忘","如血气资饮食以养,其化也即为我之血气,非复所饮食之物矣;心知之资学问,其自得之也亦然……苟知学问犹饮食,则贵其化,不贵其不化。记问之学,人而不化者也;自得之则居之安,资之深,取之左右逢其源;我之心知,极而至乎圣人之神明矣"。只有经过思考,书上的知识才能与自我融为一体,犹如吃饭,"走进去"代表吃下去,思考意味着"消化",使食物的养分进入"血气",成为身体的一部分。知识渊博的人不只因为书读得多,更重要的是因为他们进行了有效的思考,提出了独出机杼的见解,将所读、所思融进了个人的知识生命。正如俄国文学家托尔斯泰说的:"知识,只有当它靠积极的思维得来,而不是凭记忆得来的时候,才是真正的知识。"学者易中天将散落在各种史料中的蛛丝马迹串联起来,得出刘禅并非如后人所认为的弱智的结论,这样的思考给人耳目一新的感觉。

二是在思考的基础上对阅读和思考的成果加以运用。阅读能获得知识,思考能使知识化为己有,而运用则是对阅读和思考的检验,是知识发挥价值的途径。如同饮食,即使食物被消化和吸收,但如果一个人不借助食物供给自己的"能量"去做事、去运动,这些食物就无法发挥价值,

五 阅读深化

甚至转化为身体的"垃圾"。同时,运用本身也是一种思考过程,它使之前的所读、所思更为条理,更加细致,也更深入,因为读者很可能在运用中发现之前疏忽的地方,经重新思考后使思想得到磨砺和升华。在运用方式上,最简单的如斋藤孝所说的向朋友"讲出来",最有效的莫过于将阅读与实践结合起来。但是,向朋友讲出来需要有愿意倾听的朋友,图书也并不总能与个人的生活体验取得直接的联系,因此读者还要找到其他可以运用阅读和思考成果的方式,例如写作、对他人的实践进行解读等。

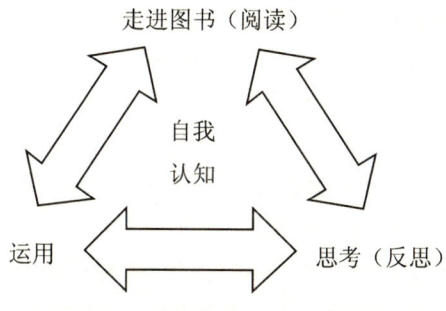

图 5-1 阅读循环构成三要素

综上,走进图书、思考(反思)与运用构成了阅读循环的三项要素(见图 5-1)。一方面,走进图书是第一步,在对图书理解之上产生对图书的思考(反思),而阅读和思考的结果又促成了运用。另一方面,思考加深了对图书的理解,运用则使思考更进一步,同时思考和运用会产生进一步阅读的需求。因此,通过走进图书、思考(反思)、运用的不断循环往复,就能实现阅读的螺旋式上升,推进阅读深化,提升个人对自然、社会和人生的认知。这一循环未必是读完后立即完成的,因为随着时间的推移,尽管已经远离了当初的阅读,但读者仍然会获得对图书的进一步认识和运用。

2. 坚持做读书笔记

做笔记是读书人的一项基本功,大凡有所成就者,均是做笔记的"高手"。马克思为了完成《资本论》,先后读了上千本书,留下了大量笔记,仅在 1843 年到 1847 年间,他就完成了 24 本经济学笔记,是《资本

你会阅读吗
——家长辅导孩子阅读的黄金手册

论》第一卷的两倍,1850年到1851年间,他又完成了18本读书笔记,1861年到1863年间,则完成了23本笔记。我国明朝药学家李时珍在撰写《本草纲目》时做的笔记竟达一千多万字以上。曾国藩也比较看重做笔记,他说:"熟读而深思之,略作札记,以志所得,以著所疑。"曾国藩要求他的儿子曾纪泽"手抄夹带小本",即随身携带一个小本子,将遇到的有价值的信息和个人想法及时记录下来。钱钟书的夫人杨绛女士写过一篇文章,专门介绍钱钟书如何做笔记。据杨女士讲,数十年间,从国外到国内,从上海到北京,钱钟书的读书笔记几乎未曾断过。钱先生做一遍笔记的时间通常是读一本书的时间的一倍。钱先生过世后,杨绛请学者对钱先生遗留下来的笔记进行整理,共整理出三类笔记:第一类是外文笔记,包括英文、法文、德文、意文、西班牙文、拉丁文,计34000多页;第二类是中文笔记,和外文笔记的数量大致不相上下;第三类是日札,即读书心得,计2千多页。商务印书馆曾将钱先生的笔记影印出版(《钱锺书中文读书笔记》《钱锺书手稿集:外文笔记辑》),在海内外产生了广泛影响。现代作家姚雪垠撰写的《李自成》淋漓尽致地再现了明清之际的政治经济、军事外交、地理山川、人物风情、宫廷内幕、民间风俗、衣服装饰、兵器盔甲等,这得益于姚先生的大量阅读和所做的15箱、2万多张笔记卡片。

笔记最重要的功能就是它的记忆辅助作用。面对大量材料,如果不做笔记,这些材料很容易被湮没在遗忘的汪洋之中,如清代学者章学诚在《文史通义》中所说:"札记之功,必不可少;如不札记,则无穷妙绪,皆如雨珠落大海矣。"没有笔记,在运用的时候即使能够记得,通常也只是一团模糊的印象,这对于应用,特别是写作的应用是远远不够的。关于笔记的记忆功能,梁启超有过一段精彩的描述,他说,"我们读一部名著,看见他征引那么繁博,分析那么细密,动辄伸着舌头说道:'这个人不知有多大记忆力,记得许多东西,这是他特有的天才,我们不能学步了。'其实哪里有这回事……大抵凡一个大学者平日用功,总是有无数小册子或单纸片,读书看见一段资料,觉其有用者立刻抄下(短的抄全文,长的摘要记书名、卷数、页数),资料渐渐积得丰富,再用眼光来整理分析它,便成一篇名著"。与仅仅看过不同,自己动手记一遍,能留下更深的印象,"当读一书时,忽然感觉这一段资料可注意,把它抄下,这件资料自然有一微微的印象印入脑中,和滑眼看过不同。经过这一番后,过些

五　阅读深化

时碰着第二个资料和这个有关系的,又把它抄下,那注意便加浓一度,经过几次后,每翻一书,遇有这项资料,便活跳在纸上,不必劳神费力去找了"。

因此,学会做读书笔记,我们将受益无穷。许多学者都有体会,每次翻阅之前的笔记都能获得不一样的感受,产生不一样的灵感,不管是在自己一筹莫展的时候,还是在思如泉涌的时候。儿童要从小养成做笔记的习惯,掌握正确的记笔记方法,使笔记助力于自己的阅读、学习和思考。

记录哪些内容

选择记录内容的一个原则是有用性,即只有那些对读者重要或读者感到有兴趣的内容,才能成为被记录的对象,这与作者的关注重点未必重叠。关于筛选记录对象,日本学者奥野宣之提出,做读书笔记要"彻底地专注于'对自己很重要的内容'","即使客观上很重要,如果眼前的信息无法与自己在感性层面上产生共鸣,那么再读多少次也不会有感想","一定要摘抄让自己心动的语句。至于其他的内容,不管是客观来讲很重要的段落,还是作者想强调的部分,只要没有共鸣,都不用摘抄"(《如何有效阅读一本书》)。如何判断内容对自己有用与否,这要看读者的阅读目的。例如,为考试而读与为兴趣而读,两者在评判标准上存在着较大的差别,如果以学习和考试的要求对兴趣阅读的内容进行判断和筛选,势必会影响记录的效果。

笔记至少要包括两方面的内容:来自图书的内容与来自读者的思考。学者万维纲提出笔记的四项内容,即总结全书的逻辑脉络、带走书中所有的亮点、大量自己的看法和心得、发现这本书和以前读过的其他的书或文章的联系。其中前两项来自图书,后两项来自读者的思考。对于图书内容的记录,读者可以采取几种方式:一是摘抄原文,如名言警句、资料、典故等,如果资料太多或太杂不便抄写,如篇幅较长的文字或结构复杂的图表,可以复制下来,剪切后贴在笔记本中;二是对内容进行总结,以原话或自己的话记录要点;三是做内容摘要,即将原文用自己的话提炼和凝缩。后两种适用于较长的段落和不需要直接引用的资料。对于图书内容的记录,一定要注明出处,如出自哪本书、第几页,或杂志的第几期,以便将来核对时能找到原文。对于网页信息,则要注明文章题名与链接,因为如果链接失效,还可以在搜索引擎中借助题名获得其他网页的转载。除了

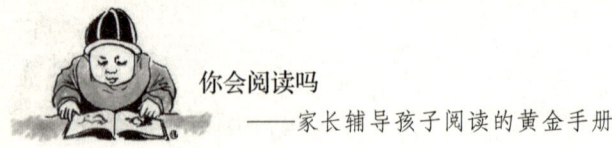

记录图书内容，读者也要将自己在阅读和思考中产生的想法记录下来。可以将图书内容与个人观点记录在同一个笔记中，也可以分开记录。如果合并记录，一定要区分哪些是图书的内容，哪些是个人的观点，否则容易混淆。关于将图书内容与个人观点记录在同一个笔记本中，奥野宣之称之为"葱鲔火锅式读书笔记"（具体见前文第四章图4-2所示）——放在同一个笔记本中的图书摘录和个人想法就好比放在同一个火锅中的鱼肉和大葱。

笔记的形式有哪些

笔记的形式有很多种，如笔记本、卡片、活页、纸条、便笺等，当代还有一种电子笔记，即利用电脑或移动设备如手机、平板电脑等做笔记。不同形式的笔记各有千秋，读者要根据自己的需要灵活选用。本书依据是否有独立的记录载体，将笔记划分为两类：独立笔记与非独立笔记。其中，独立笔记又可以划分为线性笔记与可插入笔记。

线性笔记的内容前后相继，顺序排列，笔记本是主要载体。笔记本是儿童学做笔记时最早使用的记录载体，并且一直延续到儿童的学业结束。除用作读书记录外，笔记本也是社会上应用最广的记录载体之一，用以记录各种资料，如业务数据、交易记录、工作日志等。以笔记本为代表的线性笔记之所以广受青睐，得益于它的易记录性和便携性。利用笔记本做记录不需要复杂的操作，只要在一个本子上按照由前往后的顺序记上自己要记的内容即可，记满后随时更换。借助笔记本，不同来源的资料被汇集到一起，方便翻阅，同时笔记本易于携带，可以随取随用。但笔记本也有不足：一是新笔记必须记录在旧笔记之后，如果与之前的笔记存在关联，只能通过标注等方式互见，不能将其归在一处；二是笔记本不易修改，对于错漏之处只能涂画或撕掉，不能更换；三是不容易查找，如果笔记本记多了，寻找资料就如同大海捞针。历史学家吴晗一开始采用笔记本做记录，他发现，随着记录的本子越来越多，各种资料抄在本子上，眉目不清，等到需要查找时，要在厚本子里翻上半天，即使这样也未必能找到。针对笔记本的缺点，人们发明了各种办法，如在笔记本封面或首页添加目录，在笔记本边缘粘贴标签，甚至建立独立的笔记索引，但这些措施都不能从根本上解决线性笔记的不足。

可插入笔记指可以将所记录的内容插入笔记中的任何位置的笔记类

五 阅读深化

型。可插入笔记的最大优点就是它的灵活性，读者可以根据需要，不受记录时间的羁绊，随记随插，并可自由地对笔记内容进行组织和整合，对笔记中存在错漏的地方进行增删或替换。可插入笔记最常见的载体是卡片，其形制与图书馆以前使用的目录卡片类似（见图5-2）。在电脑普及之前，做卡片是许多学者的一项基本功。作家姚雪垠使用的就是卡片笔记。历史学家吴晗在认识到笔记本的不足后，也开始使用卡片，他说，"一个人要在学业上有所建树，一定得坚持做卡片摘记，一发现有价值的资料，就要如获至宝，用卡片准确地摘记下来"。吴老随身携带多张空白卡片，一遇到有价值的材料，他就抄录在卡片上，并注明出处。吴老不仅使用卡片盒，还使用卡片柜，经他亲手整理的卡片就多达数万张。他的卡片包括三类：记载书刊名称和页码、记载内容提要、抄录原书。用卡片记录虽然灵活，但不足之处是操作麻烦，占用空间大，不方便携带。也有学者采用活页做笔记，如黑格尔就有记录活页的习惯，他将这些活页按照语言学、美学、数学、心理学、史学、神学和哲学等类别组织，放在贴有标签的文件夹里。目前市面上有一种可拆卸的笔记本，用特制的夹子将带孔活页穿起来，读者可以自由拆卸和重组，这种笔记本兼具可插入与便携的优点，但如果拆卸频繁或使用不慎，就会导致纸张的穿孔区受损，活页无法被固定。

非独立笔记指将笔记直接记录在书本上，即以划线、打勾、夹标签、写注释、粘便笺等方式，在书上勾划重点，添加个人见解。雷锋关于为人民服务的名言就是首先以注释方式写在书上的。在书上做记录的最大好处是方便，在不中断阅读的情况下就可以完成。同时，笔记与内容融为一体，保留了笔记的上下文信息，有利于读者加深对笔记的印象。特别是在重读一本书时，上次做的笔记可以使读者快速抓住重点及此时的想法。关于直接在书上做记录的好处，蒙提摩·阿德勒在《如何阅读》一书中做过说明，他说："书本上的空白处及书页的上面、下面、边上，书本的后面，甚至在行与行空隙的地方都可供作脚注……好处在你的脚注或摘记，可成为你读这部书的整体的一部分。你可以在下周或翌年展卷重读，而那里记满了你以前对这部书的同意、不同意、怀疑与疑问之点。你在忽略之处又能重加注意，你真好像是恢复了一次中断的谈话。"在书上做记录的缺点是笔记分散，查找起来费时费力，因为读者对资料的理解角度与作者的理解角度通常不同，事隔一段时间再查找，往往很难循着文本的结构

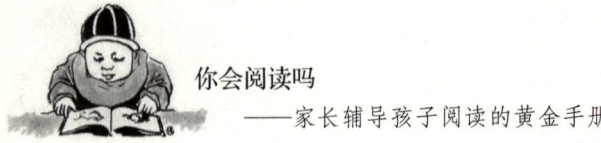

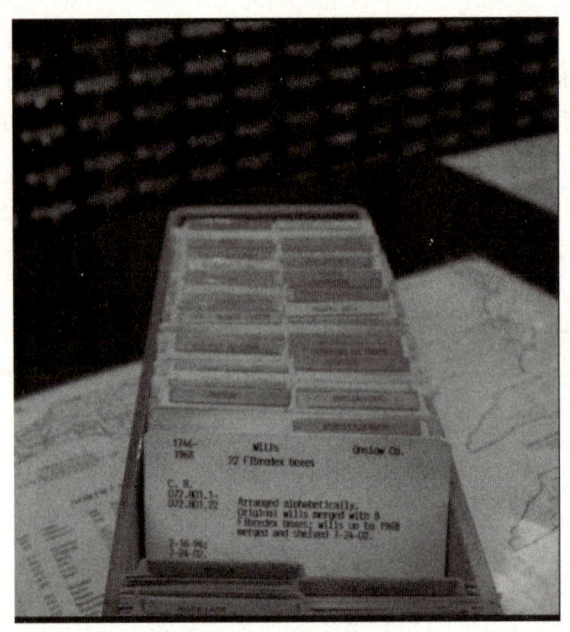

图 5-2 图书馆目录卡片

找到。

在书上做笔记时,读者可以用不同的符号或不同颜色的笔区分内容的重要性。朱熹就采用多种颜色的笔在书上做记录:先用红笔将有体会的地方勾出,第二次阅读时用青笔将又有体会的地方勾出,然后用黄笔、黑笔,直到得出全书最精要的部分。归有光在评点《史记》时也应用了不同颜色的笔进行圈点,他说:"朱圈点处,总是意句与叙事好处;黄圈点处,总是气脉。朱圈点者,人易晓;黄圈点者,人难晓。黑掷是背理处,青掷是不好要紧处,朱掷是好要紧处,黄掷是一篇要紧处。"奥野宣之在书上做标记时采用三种标记符号:直线用于"重要""客观上很重要""暂时先画出"的情况;波浪线用于"非常重要""主观觉得值得重视""想记住这里,以后加以运用"的情况;圆圈用来圈出重要的专有名词、关键词、关键句等吸引眼球的内容。斋藤孝还就用不同颜色的笔做记录写过一本书(《以三色原子笔读日语》)。不过,不论采用不同符号还是不同颜色的笔勾划重点,一个基本要求就是要保持符号与颜色用法的一致。

五　阅读深化

在当代，许多学者开始使用电子笔记。一般来讲，计算机的文档功能（如 Microsoft Office Word）即可满足电子笔记的大部分需要，但也有专门的笔记软件。考虑到移动环境中做笔记的需要，有机构推出了移动笔记 App，如印象笔记、为知笔记、有道云笔记等。许多电子书阅读器或 App 如 Kindle 本身就带有标记功能，方便读者勾画重点、添加标签和注释。电子笔记最大的优点是它的可插入性和可修改性，同时电子笔记提供了方便的查询功能，通过全文查找可以快速定位资料。一些电子书阅读器还提供了诸如非独立与独立笔记切换、云笔记等特色功能。例如，读者在阅读电子书时直接在书上勾划的重点和添加的注释可被一键导出，形成独立文件。但是电子笔记也有不足，如不方便使用、缺乏直观等，删除或修改后资料消失得无影无踪，需要提前备份。考虑到电子笔记的不足和儿童阅读与学习的特点，本书不建议初中及以下的儿童使用电子笔记。

主题笔记

可以将所有的笔记记在一个笔记文档中，一本本地积累下去，也可以分开主题，建立多个笔记文档，分别记录不同的内容。笔者建议读者尽量使用主题笔记，这样可以有侧重地搜集资料，否则大量笔记混在一起，容易失去做笔记的方向，而且内容庞杂，找起来也困难。我国明末清初思想家方以智每天做读书笔记，他会用多个笔记本分门别类地做摘录，如有的记录为人处世的道理，有的记录自然科学知识和社会科学知识，还有的记录哲学道理、地方风俗和奇闻轶事，每隔一段时间，他都会将笔记整理一番，分类归纳，编制索引。每个小读者都可以根据自己的爱好，建立个人的主题笔记，除功课笔记外，还可以建立诸如精彩词句笔记、论据笔记、名人名言笔记、学习和读书方法笔记等，前述待读书目就属于一种主题笔记。如有的儿童喜欢帮助父母做家务，可以建立家务小窍门笔记，有的儿童热衷于烹调，也可以建立菜谱笔记。

笔记的两种组织方法

做笔记不仅要对内容和个人想法进行记录，更要采取科学的方法组织。第谷观察行星三十年，积累了大量资料，但他没有对观察记录进行有效组织，这些资料充其量只是一堆废纸，但当这些资料被他的学生开普勒接收并合理组织后，就发挥了巨大的作用，开普勒从中发现了行星运行三

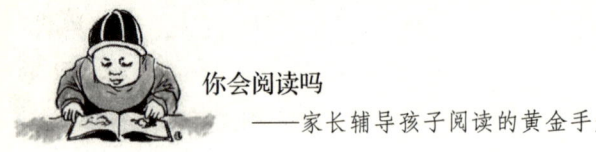

大定律。只有通过合理的组织，读者才能理顺材料之间的关系，并发现新的联系，发挥1+1＞2的效果。

根据组织角度，本书将笔记的组织方法划分为两种：作者角度的笔记组织与读者角度的笔记组织。

作者角度的笔记组织指根据作者在书中建立的材料结构和逻辑顺序对笔记进行组织。如果读者需要系统掌握图书内容，理解作者思路，就应将笔记内容按照图书本身的结构和逻辑顺序组织，如第一章，第一节，第二节……作者角度的笔记组织一般用于对教科书的学习，学生在校学习、在职人员考证等大多采用这种笔记组织方法，其优点是记录方便，操作简单，一般线性笔记即可满足记录需要。但该笔记的不足是各种材料的组合和排列是由作者设定的，读者不能按照自己的思路对材料进行重组。随着笔记内容的增多，大量的材料被图书、文章本身的边界天然"隔离"，形成一个个笔记孤岛，读者只能在头脑中把握材料之间的联系。这种笔记能较好地支持读者以诵记为基础的学习，却难于支持读者实施有效的探索和研究。

读者角度的笔记组织，指读者根据自己的理解对材料的组合和顺序进行二次安排。读者在选定一个主题之后，首先要对该主题设定一个提纲，在阅读中一俟有所发现或有所感悟，即将这些材料插入笔记的相应位置，并且随着材料的丰富和读者对主题及材料之间关系理解的加深不断修正原来的提纲。在阅读中对有用材料的发现带有跳跃性，读者很难按照某个既定的顺序按部就班地寻找到自己需要的资料，经常会邂逅许多资料，"你不知道在下一秒会遇见一首什么样的诗，一个什么样的故事"（朱煜《迷人的阅读——10位名师的秘密书架》），为此读者要未雨绸缪，提前确定好笔记框架，及时将有用的资料放进去，使分散的资料获得条理，最终成为对读者有用的知识体系，与零散的资料相比，这一体系更容易沉淀在记忆之中。

朱光潜就对读者角度的笔记组织推崇备至，他说："记笔记和做卡片有如植物学家采集标本，须分门别类订成目录，采得一件就归入某一门某一类，时间过久了，采集的东西虽极多，却各有班位，条理井然。这是一个极合乎科学的办法，它不但可以节省脑力，储有用的材料，供将来的需要，还可以增强思想的条理化与系统化。"李敖有一个"大卸八块读书法"。每当看到书中有用的内容，他就将其剪裁下来，如果一页书的正反

五　阅读深化

面都有用，他就将反面复印下来或者再买一本书剪裁。对于被剪下来的资料，他会贴到不同的资料夹里。经过长年累月的积累，他拥有了数千个这样的分类，这些资料为他的写作带来了极大的方便。笔者在撰写博士论文期间也建立了多个主题资料夹，一发现有用的资料即插入相应的主题之下，例如：

(1) 阅读文化变迁；
(2) 传统阅读与数字阅读；
(3) 数字阅读产业政策；
(4) 数字阅读与社会心理；
(5) 硬件发展；
(6) 软件发展；
(7) 内容建设；
(8) 用户体验；
……

读者角度的笔记组织打破了资料因来源边界而被"隔离"的现象，有利于读者发现材料之间的联系。例如，同样是讲陶渊明的"不求甚解"，有的资料讲的是"不求甚解"的内涵，有的资料阐释了"不求甚解"的当代意义，有的资料则提供了这一读书方法所产生的社会和文化背景，如果将这些资料集中到一起，相互印证，读者就可以对"不求甚解"读书法获得全面的认识。作为一种基本的笔记组织法，读者角度的笔记组织是一名读书人必须掌握的，儿童在课堂学习中可以采用作者角度的笔记组织，但在兴趣阅读中就有必要练习和使用读者角度的笔记组织。

双重笔记法

很多情况下，只做一次记录并不能保证获得高质量的笔记，我们至少需要做两轮笔记。奥野宣之在谈及自己做笔记的心得时指出，为了写出精练而深刻的读书笔记，读者应在读完一本书后认真回想需要摘抄哪一页、哪一行，思考怎样撰写读书笔记，然后严格筛选需要摘抄的内容。奥野宣之会采用通读、重读、标记的三步读书法筛选对自己重要的内容：在第一遍通读时把重要的内容折角；把折角的部分重读一遍，如果仍然觉得重要,则把同一页的另一角也折起来;再重新阅读折了两次角的内容,如果仍然觉得重要,就用笔做好标记,之后再将相关内容摘抄到笔记本上。我们可以把奥野宣之做笔记的过程总结为两个阶段:第一个阶段通过反复折角、用笔标注来注明对自己重要的内容,第二个阶段根据第一个阶段的标注结果,将重要的内容摘抄到笔记本上。本文将这种做两轮笔记的记录方式称为双重笔记法。如图5-3所示,双重笔记法需要用到两种形态的笔记,即过渡笔记与归档笔记。过渡笔记用来临时记录从各种来源获得的资料,形式包括便携式笔记本、纸条、便笺以及在书上做勾画、注释等,之后对过渡笔记进行筛选,将重要的内容记录在归档笔记中。

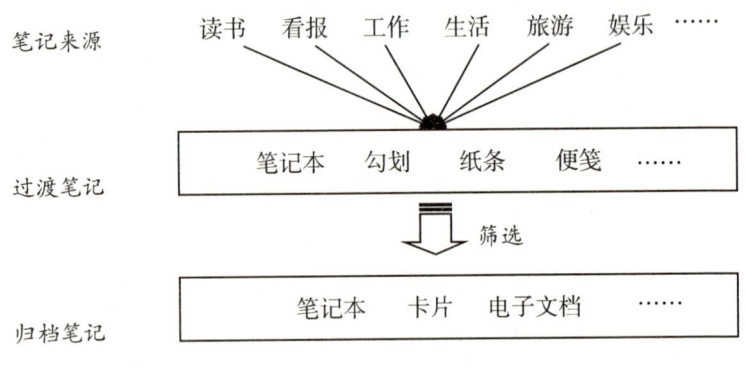

图5-3 双重笔记记录过程示意图

双重笔记具有多方面的功能。第一,双重笔记能满足随时随地做记录的需要。许多学者都有随时随地做记录的习惯,因为一些有价值的信息经常会突然"跃入"眼帘,需要及时抓住,在这种时刻,读者一般不会携带用以读书治学的笔记,只能将资料临时记录在活页、小本子上,回去再慢慢整理。据称,果戈理有一次和朋友去饭店,看到菜单后觉得很有趣,立即拿出随身携带的纸和笔抄写下来,后来这份菜单就出现在了他的小说里。我国学者、诗人邓拓随身携带一个活页小本子,随时记录有用的资料,他将其比喻为"拣粪",他说:"你看农民出门,总随手带粪筐,见粪就拣,成好习惯。专门出门拣粪,倒不一定能拣很多,但一成了随时拣粪的习惯,自然就会积少成多。"第二,双重笔记能减少对阅读过程的干扰。斋藤孝将做笔记比喻为钓鱼,他说:"好不容易钓到的鱼,如果不加处理,放置不管,就会腐烂。但若妥善处理,冷冻保存,以后就能随时享

五 阅读深化

用。"不过,任何人都不会每钓到一条鱼就立即拿回家冷冻保存,而是先储存在水桶等临时用具中并继续钓鱼,直到钓鱼活动结束后再回家处理。过渡笔记由于操作简单,如折页、划线、夹标签或简单记录(如页码)等,不会对阅读过程造成过多干扰,能保持阅读的连贯性,否则,如果一遇到有用的资料即认认真真地誊写到笔记本中,就会造成阅读的中断。第三,双重笔记的记录过程也是一种对资料的精选过程。如奥野宣之提到的,通过通读、重读、标记等环节,不断筛选有用的资料,直到最后将最有价值的内容保存在笔记中。许多读者都有这样的体会,在阅读时感到有用的资料,在阅读结束后重新查阅时却未必仍然觉得有用,过渡笔记就可以起到过滤器的作用,使最有价值的资料被记录在最终笔记中。

家长要引导孩子在阅读时学会做记录,但是也不能给孩子造成太大压力。许多学者都秉持"不动笔墨不读书"的原则,但学者的读书治学与孩子们的兴趣阅读属于两种不同类型的读书,不可强求一致。家长只要让儿童保持一定的笔记意识即可,不必刻意要求孩子做记录,只要他们积极阅读了,到该做笔记的时候自有欲罢不能的感觉。据说,钱钟书在清华大学读书时几乎从不做笔记,但是在其一生的读书生涯中,钱先生却留下了卷帙浩繁的笔记。有的儿童为了迎合大人的要求,故意将笔记做得非常漂亮,但外在动机一旦消失,孩子很可能就不再做任何记录;相反,如果家长不刻意要求,只是引导孩子认识笔记的重要性和学会做笔记的技巧,孩子会自己尝试做记录的。

资料:康奈尔笔记法

康奈尔笔记法(Cornell Notes)由美国康奈尔大学的教育学教授 Walter Pauk 于 20 世纪 40 年代提出。该笔记法提供了系统组织笔记的方式。如图 5-4 所示,笔记本被划分为三个区域:笔记区、回忆区、总结区。笔记区的宽度是回忆区宽度的两倍,总结区大约为 5 到 7 行的高度。笔记区记录通常的笔记内容,回忆区记录与笔记区内容有关的提纲挈领的问题或关键词,这项工作要在上完课后马上回顾,但不宜在做笔记时做。在完成笔记的 24 小时内,读者须在总结区写下对本页笔记的简要总结,包括自己的思考,这能帮助学生更好地理解主题,保留个人思想。在复习时,学生可以用手遮住笔记区,借助回忆区提供的线索回忆笔记区的内容。回忆区的内容也为读者提供了快速了解笔记区内容、查找资料的指引。

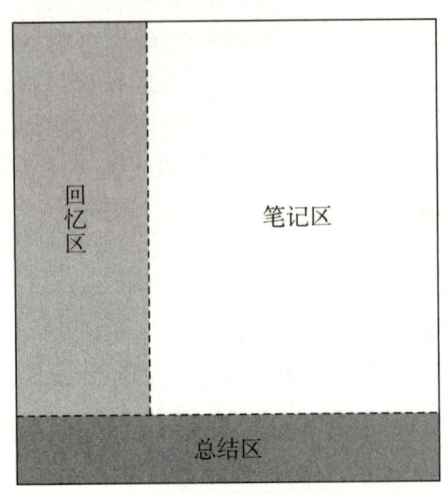

图5-4　康奈尔笔记法结构示意

3. 积极开展阅读思考

在阅读循环中,思考是一个核心环节,离开了思考的阅读很难有真正收获。俄国作家克尼雅日宁指出,"读书有三种方法:一种是读而不懂,另一种是既读又懂,还有一种是读而又懂得书上所没有的东西",第三种才是阅读的最高境界,它是读者发挥主观能动性,积极思考的结果。苏霍姆林斯基也说:"能够在阅读的同时进行思考和在思考的同时进行阅读的学生,就不会在学业上落后。"南北朝时期的陆澄整日手不释卷,"行坐眠食,手不释卷",走路、休息、吃饭都在读书,《易经》更是背得滚瓜烂熟,但是当朝廷召他写《宋书》时,他却一个字都写不出来。因此,阅读不是单向的信息传递,而是读者不断参与其中,不断与作者对话和加入个人思虑的过程。读书中缺少了思考,人就会变成像陆澄一样,"有书癖而无剪裁,徒号书橱",就会出现如下情况:①不知道读哪些书,随手

五 阅读深化

拿起一本书就翻,结果书读了很多,仍然理不出头绪;②书虽然读了,却不知道有什么收获,只把它当作谈资在别人面前炫耀;③不能将所读之书与之前的认识建立联系,读完就忘;④书是读了,但书是书,我是我,现实中仍然一如既往,原来犯的错误接着犯,直到有一天才意识到,书中曾经提醒过;⑤为了解决一个问题大量阅读,却始终不得要领。这样的读书就像学者 Wallas 注意到的:"勤奋而被动的阅读"(Industrious passive reading)。

如前所述,思考贯穿于一个人的所有阅读活动之中,本节主要围绕阅读反思展开,除另有提及,一般不涉及阅读过程中的理解。同时,思考是一个极其复杂的过程,为便于讨论,本书做了一定的简化处理。

阅读思考的两种类型

在对图书有一定理解的基础之上,阅读思考的第一步就是对图书内容做出判断。《如何阅读一本书》说,最能学习的读者,也就是最能"批评"的读者,此处的"批评"并非传统意义上的质疑和否定,而是评价的意思,"批评"的结果包括"同意""不同意"和"暂缓评价"三种。为便于讨论,本书将对内容的判断划分为两种:同意与不同意。

读者首先要看到同意作者的地方,如此方能体会到作者隐含在文本中的智慧,并从阅读中有所收获。1943 年,时任陆军少将的徐复观向熊十力请教读书,熊十力向他推荐了王夫之的《读通鉴论》,徐复观说自己早已读过此书,熊十力面露不悦之色,说你并没有读懂,应该再读。过了一段时间,徐复观再见熊十力,报告《读通鉴论》已经读完。熊十力让他谈谈心得,徐复观就谈了许多对此书与王夫之的批评,结果熊十力还没听完就对徐复观破口大骂,不先看好的地方,却专门挑不好的,这样读书,就是读了百部、千部,也不会有什么受益。由此可见,阅读时,尽管我们不反对批评,但批评是建立在肯定的基础之上,没有肯定,作者的思想就无法进入读者的心中,支持读者做进一步探索。儿童尚处于精神成长的阶段,对作者在一定条件下的同意是非常必要的,它能让儿童积累丰富的知识,奠定未来学习的根基。

同意,意味着对作者思想的认可。随着阅读量的积累,读者通常会发现,某些观点和材料似曾相识,读者虽然同意作者的看法,但阅读之后不会有太大收获,对于这部分内容,读者可以采用快速浏览或略读的策略。

你会阅读吗
——家长辅导孩子阅读的黄金手册

但是也有一部分内容，读者不仅同意作者的看法，读后还会感到收获满满，这部分内容应作为阅读和思考的重点，它又包括三类。一是改变类，指作者的观点和提供的材料与读者以往的认识不一致，读者阅读后改变了原有的看法。二是丰富类，指作者提供了读者没有体验过的经历，阐述了新的看法，这些经历和看法丰富了读者的认知。三是强化类，指作者的论述强化了读者已有的认识。例如，作者的论述与读者已有的经历或观点相互印证，使读者产生了与作者的共鸣，"原来这儿也有跟自己想法相同的人啊""原来别人也有同样的体验"（斋藤孝《阅读的力量》）。这种印证可以是作者澄清了读者的思想，使读者的认识由模糊变为清晰，"通过阅读才猛然醒悟到的事情实在太多"（斋藤孝《阅读的力量》）。如巴金在少年时代阅读克鲁泡特金的《告少年》一书时曾说："这里面全是我想说而没法说得清楚的话"，也可以是作者为读者提供了验证个人想法的材料，让读者更加确信自己的看法。有时表面上看作者的观点与读者的观点不一致，但仔细分析发现，两者并不矛盾，只是存在着诸如概念界定不一致或应用边界不同等差异，这种情况也可以归入"同意"的范畴，而这样的分析使读者加深了对图书的认识，也更好地理解了自己的观点。

所谓"不同意"，就是要敢于对图书提出质疑，表达与作者不同的见解。孟子说："尽信书不如无书。"不信就是表示怀疑和持有不同的见解，它既可以是阅读论说类图书对书中观点的质疑，也可以是阅读文艺作品对书中不足如人物刻画、情节渲染等的认识。明人陈献章在《白沙子全集》中写道："前辈谓学贵有疑，小疑则小进，大疑则大进；疑者觉悟之机也，一番觉悟一番长进。"清代学者俞樾的《古书疑义举例》就是将读书时的疑问整理和编纂而成的。有疑虑，才会有思考，经过思考，不仅能弄清楚为什么不同意作者的观点，还可以加深读者对相关问题的认识，澄清自身的疑惑并有所发见。所以宋代学者张载说，"读书先要会疑，于不疑处有疑，方是进矣"，"在可疑而不疑者，不曾学。学则须疑"。郑板桥也说："书从疑处翻成悟。"进化论的发展充分体现了质疑的力量。在达尔文之前，法国科学家拉马克就提出了"用进废退"学说，但是拉马克的理论很难解释一些现象，达尔文批判吸收了拉马克的成果，进行了大量的实地考察，最终写出了《物种起源》一书。

我们虽然提倡大胆质疑，但一定要保持客观性。苏格拉底与阿加顿有过一次对话。阿加顿说："我不能反驳你，苏格拉底，让我们假设你说的

232

五 阅读深化

都对好了。"苏格拉底却说："阿加顿，你该说你不能反驳真理，因为苏格拉底是很容易被反驳的。"从苏格拉底与阿加顿的对话中可以看出，在我们表示同意或不同意的时候，一定要区分清楚何为真相，何为意见，前者是站在客观立场上对知识和观点所做的判断，后者是站在自己的立场上对他人所做的主观肯定或否定。显然，在我们对作者表示质疑时，一定要客观，要有真实的理由，如美国哲学家、教育家艾德勒所说，"无论他（指读者，作者注）表示什么态度，他的动机只能是考虑知识的获取，即追求真理"，而不能仅仅因为作者所持的观点与我们的不一致，或者我们不喜欢作者，或为了显示自己的"博学"，找理由反驳作者，如培根说的"存心诘难作者"。在《论语》中孔子也说"不因人废言"，即不论读书还是与人交往，都不能因为人的缘故而武断地下否定结论。

寻找事物之间的联系

有效的思考往往需要找到事物之间的关联，即联系性思维。苏霍姆林斯基说："如果一个人在学习上遇到困难，那么产生这些困难的最主要的原因，就在于他不能看见事物之间的关系和相互联系，也就是说，他离开'事实'就不能进行思考。"由 Scott Young 撰写的《如何高效学习》（*Learn More, Study Less*）一书认为，如果读者只从一个角度理解事物，他就不能真正理解它，获得事物价值的秘诀在于将其与已知的事物联系起来。联系是获得发现的重要途径，也是建立个人知识体系的关键步骤，如朱光潜所说："每次所得的新知识必须与旧有的知识联络贯穿，这就是说，必须围绕一个中心归聚到一个系统里去，才会生根，才会开花结果。"（朱光潜《谈读书》）联系涉及多个层面，包括因果关系的发现、事物或理论的对比、类别的划分、理论与实践的印证、客观与主观的联系等。

许多学术创见和科学发现均发端于对事物之间联系的探寻。英国科学家华莱士与达尔文几乎同时提出了"适者生存"理论，《物种起源》是由达尔文和华莱士共同署名的，两人都承认马尔萨斯的《人口论》对他们的影响。华莱士在谈到自己的思想来源时说，在阅读马尔萨斯的《人口论》时他发现，书中认为，使未开化人群的人口大致保持不变的因素是战争、疾病、饥荒、灾难等，于是他将"未开化的人群"与动植物联系起来，认为这些因素也适用于动植物界，在这种情况下，一种类似适者生

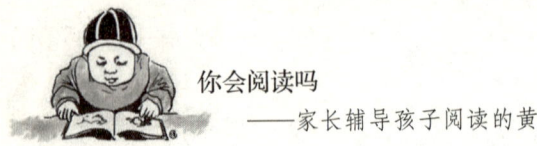

存的观念就在华莱士的头脑中形成。在统计分析中，经常要将不同指标的数值联系起来，实施交叉分析，用以探测指标值的联动变化规律。由苏州市教育质量监测中心发布的《2017年苏州市义务教育学业质量监测课外辅导情况专题报告》（以下简称《报告》）就大量采用了交叉分析。以课外辅导为例，《报告》将学生参加课外辅导的时间与家庭经济社会地位、父母亲受教育程度、生源地、性别、学习成绩、学习的计划性与主动性、心理压力、作业时间等进行了交叉分析，特别是与学习成绩的交叉分析表明，并不是参加课外辅导的时间越长，孩子的学习成绩就越好，过多的课外辅导反而可能干扰儿童的学习，造成成绩下降。

建立联系也是形成个人知识体系的前提。有的人在面临现实问题时会求助于图书，期待着某本书能提供针对个人问题的一揽子解决方案，然而多数情况下都会失望。因为每个人遇到的问题都是独特的，需要的知识和信息可能在这本书里有一句，在那本书里有一句，有的则必须靠自己的思考才能获得，"你想找想看的书，通常只有在极特殊的情况下，它才是特定的、独一无二的、恰恰好就是那本书；正常状况下，你遵循自己心中大疑想找到的那本理想大书，在现实世界的书架上，系散落成几十上百本不同的书籍，这本书里两句、那本书里一段的纷杂形式"（唐诺《阅读的故事》），读者必须将这些分散在各处、对自己有用的知识和信息撷取出来，发掘彼此之间的联系，借助个人的思考，使知识从芜杂进入有序，建立起自己的知识体系，如此，读者才能拥有"恰恰好就是"的那本书。

随时随地思考

善于思考的人不仅在读书和学习时思考，在其他时间里也在思考，思考对于他就像吃饭、穿衣一样，成为生活的一部分。据钱理群在《风雨故人来——钱理群谈读书》一书中记载，20世纪50年代初，著名建筑师杨廷宝、梁思成和他们的学生在北京东安市场一家餐馆吃饭，正在就餐的时候，杨廷宝突然从座位上站起来，又坐下，又站起来，审视着前面的桌椅，然后从怀中掏出卷尺，量好尺寸，并仔细在小本子上记下来。原来他发现，这套桌椅坐着极为舒适，但却只占用了很小的空间，这对于餐厅的建筑设计是有借鉴价值的。清代学者焦循说过："学有辍时，思无辍时也。食时、衣时、寝时、行路时、栉沐时、便溺时，凡不能学时皆当即所学而思之。"对于一名爱思考的城市儿童，上下学走在路上，在操场上做

五　阅读深化

运动,他都可能在思考,因为不论走路还是运动,都是低脑力投入的活动,都可以为思考留出一份空间。对于一名爱思考的农村儿童,锄草、剥豆荚、摘棉花等也能为他的思考提供时机。他们可能思考阅读与学习中的问题,也可能思考正在做的事情,后者如怎样提高运动效率,如何提高锄草、剥豆荚、摘棉花的速度。总之,思考已成为他们的一种生活方式。

随时随地思考不仅能增加思考的时间,更为重要的是,它似乎比坐在书桌前的思考更为有效。当我们被一些问题困住,坐在书桌前一筹莫展时,不妨放下书本,出去走一走,或做一些其他事情,如做做家务,在一种相对放松的状态下随意地想一想自己的问题,很可能过不了多久,我们就会豁然开朗,有"柳暗花明又一村"的感觉。历史上许多学者都有一边散步一边思考或讨论的习惯,最著名的莫过于由亚里士多德创建的"林荫道学派"。亚里士多德在与学生亚历山大因政见不合而分道扬镳后,回雅典创办了吕克昂学校,人们常常看到亚里士多德与诸多学子漫步在郁郁葱葱的林荫大道上,一边散步一边讨论,开创了一种逍遥自在的风格,故"林荫道学派"亦被称为"逍遥学派"。从《论语》的记载中可以看出,很多时候孔子发表自己的见解都是处于一种随意、自在的状态,而不是在学堂里正襟危坐,满脸严肃地与弟子们讨论。法国数学家潘嘉赉说他关于数学的发明大半是在街头闲逛中无意得来的。笔者对此也有同感,许多研究上的思路都不是在书房里想出来的,而是在地铁上、在菜市场突然迸现在脑海中,书房中的工作只是将这些思路整理出来而已。

随时随地思考还可以化约为一种更为简便的形式——让思考"沉潜",进入"后台"运作。当我们被一些问题困住,我们也可以暂时放下自己的问题,先去完成一些别的事情,过一段时间,当重新回到原来的问题时,我们就可能拥有不一样的思路,这些问题有可能迎刃而解。虽然表面上看,在此期间我们没有思考,但事实上我们的思考进入了一种"沉潜"状态,在潜意识里,以"后台"方式运作,类似发面团时酵母所起的变化。"理解在我们专注思考时剧烈地进行,但也在我们没刻意思考时自动且持续地默默进行。我们放进记忆里的思考材料,好像自己会渗透、比对、串组、分类和融通,在你发呆时,在你吃饭时,在你闲谈时,在你看风景时,当然也在你沉睡时……"(唐诺《阅读的故事》)笔者有一次辅导同学的孩子背诵英语单词,在读过两遍之后做了个简单测试,发现有三个单词仍然没有记住,但笔者没有要求孩子继续背诵,而是给了孩子几

你会阅读吗
——家长辅导孩子阅读的黄金手册

分钟的休息时间,接着与孩子一起讨论数学题,大概过了一个小时,笔者专门就那三个单词对孩子做了测试,意想不到的事情发生了,孩子竟然想起了两个。由此可见,在孩子做其他事情的时候,大脑仍然以"沉潜"方式工作。

对于沉潜式思考对于解决阅读疑惑的作用,作家伍尔芙给予了生动描述,她说:"我们还要对那些形形色色的印象和感受进行梳理和鉴别;我们要使那些变幻不定的东西成为明确和坚实的东西。不过不必操之过急,可以静观待变,等待阅读过程中的'尘埃落定',让你的冲突和疑问得到解决;到外面散散步,和朋友聊聊天,把玫瑰花叶上的枯败花瓣拣出来,或者上床睡上一觉。就这样,在不经意间,造化之神就会完成这些转变,于是这本书在我们蓦然回首间又带着新的意义回到我们这里。它带着完整的意义浮现在我们心际。这是一本完整的书,已经不同于过去常常通过只言片语去理会的那本书。书中的细节已各得其所,我们从头到尾看到它的脉络,有条不紊,就像一个谷仓,一个猪圈,一座教堂。此时我们可以把书和书进行比较,就像把建筑与建筑进行比较一样。"

在儿童的阅读生活中,家长要有意识地引导他们随时随地思考。儿童文学作家童喜喜提出了在生活中"反刍"的思考方式,即对于读过的书,家长要引导孩子结合生活情境及时加以运用和延伸。例如,在聊到某些事情时家长可以说:"我想起某本书中说过一个这样的观点……"促进孩子将书中的内容与现实结合起来,使思考与生活融为一体。对于孩子的思考成果家长要给予及时的肯定和鼓励,当孩子体会到思考的成就感后,自然会将其变成一种自觉行动。在孩子面对一些题目百思不得其解时,家长也不必急着给孩子帮助,不妨建议孩子放下题目,先完成其他作业或带孩子出去散散步,或许过一段时间孩子就能自己找到解决问题的办法。

收集发散性思维

人的思维带有发散性,经常在意想不到的场合产生意想不到的想法。苏霍姆林斯基说:"思维是大脑的一种离散性工作——大脑在瞬息间离开一个思想,转移到另一个思想上去,然后再回到原来的思想上去,如此往返不已。"(《关于全面发展教育的问题》)思维的这一特点使我们在阅读时,在走路时,在吃饭时,甚至在睡觉时都可能蓦然产生某个令自己眼前一亮的想法,人们给这些像火花一样迸发的想法起了一个形象的名字——

五　阅读深化

灵感。据说苏轼对杜甫《八阵图》中的一句"江流石不转，遗恨失吞吴"百思不得其解。一天晚上，苏轼做了一个梦，看到杜甫推门而入，向他解释了其中的含义：三国时，吴与蜀都是弱国，刘备死后，如果蜀国挂孝伐吴，魏国就会趁机攻击蜀国，坐收渔翁之利，从而铸成千古憾事。苏轼醒后，梦中杜甫的解释使他茅塞顿开。正如多元智能论者所说，每个人都是自己的天才，我们每个人都会在不经意间产生灵感，如果能够及时抓住这些像精灵一样昙花一现的思维之火花，我们就能获得丰厚的回报。

灵感为学者提供了无尽的思想源泉，诸如阿基米德在洗澡时发现浮力定律、牛顿因为树上掉下苹果发现万有引力定律、门捷列夫在打牌时发现元素周期律、化学家凯库勒因梦见一条白蛇将自己的尾巴咬住而发现苯环结构等例子早已家喻户晓。元代学者陶宗仪在田间耕作间隙，坐在树荫下读书或与他人讨论问题时，随手将读书和思考所得记在树叶上，回家后把这些树叶放在坛子里，十多年后积满了十几大坛子，后来他根据这些材料整理出了《南村辍耕录》。日本绘本创作家五味太郎说自己在生活中每时每刻都在创作绘本，日常生活总是能带给自己一些灵感，而这些灵感就像水中"噗通"冒出的水泡，什么时候以及为什么会产生这些想法，五味太郎自己也说不清楚，但由于他能及时将这些想法和灵感捕捉到，使他完成了许多作品的创作。《看不见的城市》的作者伊塔洛·卡尔维诺说，《看不见的城市》他先后写了许多年。他身上准备着多个文件夹，随时记录萦绕于头脑中的思绪，如关于动物、关于人物、关于历史和神话等，每次一小段，断断续续地写，"有时候只想象悲惨的城市，有时候只想象幸福的城市"，当它们被整理和丰富后，这本书也就应运而生了。据说屠格涅夫在写作《猎人笔者》时也采用了这种方式收集创作灵感，前后历经10年之久，作品出版后产生了广泛的社会影响，导致20年后农奴制的被废。

根据思维的这一特点，人们发明了多种方法，用以提高工作和学习效率。管理学中有一个著名的方法——头脑风暴法即是其一。参与头脑风暴的人数一般为5～8人，以某个话题为中心，主办方不提供思考路线，大家有任何想法都可以随时畅所欲言，但前提是不能反驳别人的观点，这样参加者在互相启发的情况下，充分"挖掘"自己的思想"宝藏"，汇集头脑中一闪而过的灵感，经过一段时间，主办方就能收集到大量的点子，之后再对这些点子进行整理和取舍。头脑风暴法在一项工作启动之初最能发

你会阅读吗
——家长辅导孩子阅读的黄金手册

挥作用,它能在制订工作规划时提供尽可能丰富的思路。国外有记者在撰写文章时,一开始不设置写作大纲,只围绕主题抓住任何出现在脑海中的词语阐发,所写内容带有很大的随机性,在获得一定的材料后再进行整理,做出增删后形成自己的文章,这是头脑风暴法在个人身上的应用。国内有学者提出了类似的写作方法,被称为"思考锚点"法:在写文章时,先不断地对文章涉及的内容如布局、结构、细节等进行思考,每想到一个点(即"灵感"),如确定了某个情景或结构,就立刻用简单的话记录在纸上,形成一个个"思考锚点",如此通过不断书写、记录以及对锚点的反复修改,就能大致确定整体思路,之后再参照这些"锚点"将文章组织起来。学者朱光潜亦采取了类似的写作方法:一开始自由联想,不拘大小,不问次序,想到一点就用三五个字的小标题写在纸条上,等到所有的意思都记录下来,再对这些小标题进行取舍和组织,建立文章的纲要,并在具体写作时,一有新思想涌现,马上修改。

思想的火花一旦产生就要尽快记录下来,否则灵感就如电光石火般在我们的脑海中迅即消逝,如苏霍姆林斯基所说的"在头脑里出现一次,就再也不复返了"。日本学者奥野宣之将思维的闪现比作迷雾,因为迷雾很容易消散,因此要及时记下来,好比将迷雾装入塑料袋并扎紧。喜欢写作的人大都有这样的经验,有时觉得之前想到过的某个不错的观点似乎就在手边,但怎么也想不起来,这即是不注意记录的结果。随时随地思考的结果就是随时随地都可能产生灵感,为此要善用过渡笔记。东汉学者王充在自己家的门窗边、书架、壁洞和墙柱旁等地方都放上了笔砚简牍,这样每当思考问题有所得,都可以及时记下来,以后再整理。经过30多年的不懈努力,王充终于完成了85篇约20万言的《论衡》。许多学者都随身携带一个便笺本,随时记录所感、所想,19世纪俄国文学家果戈理认为,"一个作家,应该像画家一样,身上经常带着铅笔和纸张。一位画家如果虚度了一天,没有画成一张画稿,那很不好。一个作家如果虚度了一天,没有记下一条思想、一个特点,也很不好"。这样的习惯成就了果戈里许多脍炙人口的作品。大脑中产生了灵感而不记录,这部分灵感会占用一部分认知资源,从而对思维造成抑制,使新灵感的产生受到影响,而只有记录下来,才能使这部分认知资源获得释放,进而产生更多的灵感,即:记得越多,想到的也越多。

对于由文本阅读触发的灵感,可以采用批注的形式在书上做记录。毛

五　阅读深化

泽东在阅读《伦理学原理》时，虽然图书只有 10 余万字，但他在空白处写下了一万二千余字的批注；在读《辩证法唯物论教程》时也在书页旁写下了一万多字的批注；在读李达著的《社会学大纲》时则写下了 3500 字的批注。毛泽东去世后，后人对他读过的《二十四史》进行统计，发现了 198 条批注，4000 余字（聂震宁在《阅读力》中说有万言），如"五帝三皇神圣事""一篇读罢头飞雪""几千寒热"，书稿上还有各类批画、圈点符号，几乎每一页都有，《二十四史》的毛泽东批注版已经作为一种特殊版本被出版（影印线装本《毛泽东评点二十四史》）。其他已经出版的毛泽东读书批注还包括《毛泽东哲学批注集》《毛泽东读文史古籍批语集》《建国以来毛泽东文稿》等。

4. 用写作深化阅读

阅读与写作一直是读书人的两种基本行为。清代名臣、著有《榕村全集》的李光地在《家训·谕儿》中引录韩愈《讲学解》中的一段话"口不绝吟于六艺之文，手不停披于百家之篇；纪事者必提其要，纂言者必钩其玄"，指出"其要诀却在'纪事、纂言'两句"，"纂言"不只是做读书笔记，也包括以书写阐发个人见解，"凡书，目过口过，总不如手过。盖手动则心必随之。虽觉诵二十遍，不如钞撮一次之功多也。况必要提其要，则阅事不容不详；必钩其玄，则思理不容不精。若此中更能考究同异，剖断是非，而自纪所疑，附以辩论，则浚心愈深，着心愈牢矣"。胡适在读书的"三到"（眼到、口到、心到）之上又添"一到"——"手到"，即除了做笔记外，更要有系统的著述，他将读书札记划分为四类，其中第四类就是"参考诸书，融会贯通，作有系统的著作"。阅读是对知识的吸收，写作是以所掌握的知识对未知领域探索的记录，是上述阅读循环中"运用"的重要形式。没有阅读的写作只能在原地打转，没有写作的阅读充其量只是实现了读书的一部分功能。

写作对阅读的价值

写作有助于加强读者对图书的理解。胡适认为，"发表是吸收知识和思想的绝妙方法"。而要"发表"，就必须先有"写作"，通过写作，读者能获得对文本的深入理解，充分"吸收"文本中的知识和思想。阅读可

你会阅读吗
——家长辅导孩子阅读的黄金手册

以不求甚解,但写作必须"求甚解"。在写作过程中,读者必须将材料"吃透",深入理解材料的内涵、边界和关联,如此方能在写作时得心应手,写出令人信服的文章。正如朱光潜所说:"比如看一部书,自以为懂了,可是到要拿笔撮要或加批评时,就会发现对于那部书的知识还是模糊隐约,对于那部书的见解还是不甚公平正确,一提笔写,就逼得你把它看仔细一点,认清楚一点。"在写作过程中,读者会建立新旧知识之间的联系,这些联系会将新获得的知识融入已有的知识体系中,从而加深对新知识的理解。有研究让儿童在阅读一段文章后针对文章中的问题写一篇小论文,简述自己的观点,结果表明,写作能使读者对文章获得更好的理解。另有研究表明,在孩子们阅读后,引导他们以阅读对象为题,借助思考表的帮助,回答与阅读有关的问题,或者总结自己对阅读文本的体会和感受,这些练习对于提高他们的阅读理解也能起到促进作用。

写作能激发读者进一步阅读。为了撰写文章,读者需要从阅读笔记中挖掘素材,然而读者在写作过程中通常会发现,现有素材在完成一篇文章时往往是不够的,或者虽然能支撑一篇文章的撰写,但读者会感到自己在某方面仍存在欠缺,或对某些问题的认识有限,为此读者会产生进一步阅读的欲望。与漫无目的的阅读不同,经由写作产生的阅读需求是有所指的,即通常所讲的带着问题读书。问题可以改变大脑的关注方式,使我们更好地注意到与问题有关的信息,而忽视关系不大的信息,从而提升阅读效率和阅读质量。例如,对于一张图画,如果不提任何要求,让读者观察10秒钟,然后问读者看到了什么,通常读者只记得一些零散的东西,甚至什么都不记得,但如果提出明确要求,如只看挂在墙上的东西,不需要10秒,读者就能说清楚看到了什么。如果不是因某种机缘(如写作)去阅读,要求读者提前形成能引导阅读的"问题",往往是很难做到的,即使读者形成了问题,这些问题通常也由于不够具体而无法起到引导阅读的作用。

写作对思考的价值

写作对于思考的价值已经得到学者公认。在谈到作家马塞多尼奥·费尔南德斯时,博尔赫兹曾说:"他不考虑出版。我们背着他出版他的著作。他只把写作当成一种思考方式。"沃尔特·翁认为:"写作能够提升人的思想意识……比其他任何东西都能够对人的思想意识施加影响。"具

五 阅读深化

体来讲，写作对思考的作用包括：

第一，写作能使思想更精确。许多人都有这样的经验，在动笔之前脑海中会浮现某个观点，很多时候自己都对其深信不疑，但是一旦动笔写下来，就会发现观点中存在许多漏洞，需要重新思考或查找更多的资料，有时甚至会在写作过程中推翻原来的观点。有国外学者认为，当我们把想法写下来时，那些模糊与抽象的部分会变得清晰与具体，当想法被呈现在纸上时，我们可以看清楚它们之间的联系，并产生更好的想法（Elbow P., *Writing without Teachers*），因为在写作中，我们"会去调查那些我们从未在意过的出处、资料，重新审视自己的观点，建立系统的知识体系……这个补充学习的过程就像从零学起一样，需要费不少工夫"（奥野宣之）。

第二，写作能增加思考的深度。正是有了文字，人类才能将过去的知识和经验保存下来，使后人在前人思考的基础上向前迈进，使人类的知识成果越来越丰富，对自然和社会的认识越来越深刻。对于个体的人，除了像苏格拉底这样的天才，大部分人也只有将自己的思想诉诸文字，才能使后来的思考建立在之前思考的基础之上，像攀登台阶一样一步步增加思考的深度。因为思考是一个需要调动多方面脑力的过程，包括记忆力、想象力、判断力等，在没有外物协助的情况下，人在某一时刻所能调动的认知资源是很有限的，因而"凭空"思考的局限性较大。只有借助纸和笔，人的记忆力、想象力和判断力才能得到扩展，思考也才能深入。正如数学计算，如果不借助纸和笔，只是口算，一般人能完成的题目不过是百位数以内的加减法，但是借助纸和笔的演算，人们就可以解答出复杂得多的题目。

第三，写作能增强思维的组织性。经过大量的阅读和思考，读者会积累丰富的材料，这些材料既有从文献中撷取的资料，也有读者自己的思考所得。如果没有写作，这些不同来源的材料就如同散落的珠子，没有秩序。为了能够写出一篇条理清晰、说服力强的文章，作者必须理顺这些材料之间的联系，并围绕写作目的对材料做出取舍和安排。这一过程的复杂程度远远超过一般性工作。因此，写作能很好地锻炼一个人的思维组织性，而经过锻炼的思维在完成非写作任务时也具有很大的优势。

有写作习惯的儿童，大多拥有较强的思考能力，这对于其他科目的学习也有着良好的促进作用，写作能使一个人变得更聪明，即使不是智商上的提高，也可以使儿童的智力潜能得到更大的发挥。国外有人做过实验，

你会阅读吗
——家长辅导孩子阅读的黄金手册

每堂课给儿童预留3分钟,要求儿童将本堂课的内容扼要写下来,仅此一点就能使儿童的学习成绩得到提高。家长要鼓励儿童养成勤于写作的习惯,多与孩子开展"亲子写作",逐步提高儿童的写作兴趣和写作能力。

实施 "亲子写作"

与由个人完成的写作不同,"亲子写作"带有亲子合作的特点。但是与亲子阅读不同,在亲子写作中,动笔的只能是一方,不是父母就是孩子,不可能是父母抓着孩子的手写或父母与孩子各完成一部分。亲子写作的形式之一是父母参与孩子的写作。在动笔之前,父母与孩子一起选择主题、讨论观点、构思结构,在父母的鼓励、支持和参与下,由孩子动笔将文章写出,再由父母提出意见。亲子写作的形式之二是孩子参与,父母执笔。围绕孩子感兴趣的话题,父母与孩子一起讨论,然后由父母代孩子写出,再由孩子对文章提出意见。亲子写作的第三种形式是"口头创作",即由儿童将想法组织成文后向大人讲出来。据说莫言小的时候,就是在给大人讲故事的过程中学会了如何发挥想象,如何创造属于自己的故事,奠定了以后的文学道路。有些故事,如《灰姑娘》《三只小猪》等,给讲述者留下了较大的空间,只要在讲的过程中保留故事的关键情节,其他均可以自由发挥。第一种亲子写作要求孩子具备一定的布局谋篇和独立撰写的能力,适用于年龄较大的孩子,第二种与第三种亲子写作适用于年龄较小、书写能力有限的孩子,或文章难度超出孩子的写作能力。

亲子写作一定要选择儿童感兴趣的话题。一些老师和家长要求孩子在读书后撰写读后感,但很多孩子都害怕写读后感。与有感而发的文章不同,读后感需要读者对图书的整体做出评价,即使是成人,除非是专业书评人或对图书涉及的领域有专门研究,一般人只是对书中的部分内容有想法,但这些想法不足以支撑起一篇读后感的撰写,因为它不能反映一本书的全貌。为了撰写读后感,读者必须全面了解这本书,这显然是困难的,读者也未必有兴趣。因此,本书不建议给孩子们的课外阅读布置读后感,这会给他们造成压力,使本来有趣的阅读变得索然无味。另外,大可不必要求亲子写作的话题一定要跟阅读有关,如阅读随感类。事实上,阅读所给予的有时候并不在当下,而是需要一段时间的发酵,在孩子刚刚阅读完就要求他们写下看法,无异于在孩子吃完营养品后立即检验身体是否有变化。笔者认为,只要是他们感兴趣的话题,不管与读过的书有没有关系,

五　阅读深化

都不妨让孩子们尝试一下。家长不必担心所读的内容能否在写作中派上用场，因为只要孩子理解了图书的内容，要想让他们不在写作中用到往往都是不可能的，或许是很久之前读过的一个观点，或许是刚读过的一个例子，大凡能加强文章的内容，他们都会自然而然地运用到自己的写作中。

　　写作的形式可以灵活多样，不必过于模仿学校的作文，拘泥于固定的套路，不要从一开始就用一个标准去"框"死孩子，而是要让写作当成孩子表达自我的一种方式。可以采用小论文的形式，让孩子们自由表达观点，也可以采用自编故事的形式，充分发挥孩子的想象力。童喜喜提出了以信代感的方式，即请孩子给图书作者或某个角色写信。广州图书馆借鉴港台地区做法，将绘本制作引入大陆，鼓励父母与儿童合作，创作属于自己的绘本。在这种绘本DIY的过程中，儿童自己编写故事，自己绘制插图，自己装订，亲自体验作为作家和出版人的快乐。这一活动吸引了大量儿童参与，广州图书馆先后组织或参与组织了多场国家、省、市级绘本创作大赛，涌现出了一大批优秀的作品，许多手工绘本宛若一件件制作精良的工艺品，令人叹为观止。

　　家长对孩子的写作要多鼓励和肯定。对孩子来讲，其之所以写作，最大的愿望就是爸爸、妈妈会看、想看和爱看。父母要积极回应孩子的写作，对于孩子在文章中流露出的某些不合常理或幼稚的想法，既不要大惊小怪，也不要冷漠蔑视，要珍惜孩子站在人生起步阶段对社会和人生的思考。孩子的文章经常存在这样那样的问题，如离题、段落不清、标点误用、病句、言之无物等，对此家长也不要苛责。写作是一个复杂的过程，即使在成人中，能写出优秀文章的人也是寥寥无几，更何况初学写作的孩子，成人要给予他们犯错的空间。随着孩子表达能力和思考能力的提高，自会写出生动、优美和有说服力的文章。孩子的心灵是敏感的，也是脆弱的，有时家长一个赞许的眼神、一个会心的微笑就能带给他们极大的鼓舞，但有时一个不经意的戏言则可能挫伤孩子的积极性。孩子写好后，如果文章有一定的质量，可试着向杂志社投稿，能在刊物上发表对于孩子的鼓励将是莫大的。

　　与亲子阅读一样，亲子写作也要营造良好的家庭氛围。一方面，家长在日常生活中，即使在口语会话中，应尽量使用成熟、标准的语言，使儿童从小沐浴在规范化的语言环境中，将来孩子在写作时就会减少从口语向书面语过渡的困难。另一方面，家长自己要养成多动笔的习惯。不论使用

电脑还是使用纸笔,家长本人都要坚持写作,这不仅是一种示范,更是一种态度传递。如果家长对写作表现出畏难情绪,就很难让孩子也拿起笔。即使不是写书、写论文,诸如记日记、写点小文章等都是家长应该经常做的。家长写好后,可以拿给孩子看,让孩子提提意见,让孩子也参与到家长的写作中。

亲子写作虽然有益,但也不能给孩子造成压力。本书的亲子写作是阅读深化的一种,而本书的阅读属于以兴趣引导的课外阅读,因此本书对亲子写作的定位仍然是乐趣,即孩子们能从写作中感受到愉悦。但是,当书写变成一种要求,成为一种负担时,孩子们就会失去兴趣。网传有家长每天逼着孩子写四篇作文,这不仅没有必要,而且是有害的,即使成人完成起来都有困难,更不用说孩子。一般来讲,写得多不如写得精,一周写作一篇就可以了。

5. 将阅读与实践联系起来

公元228年,面对来势汹汹的魏国大军,诸葛亮在紧急召开的军事会议上发问,谁愿意镇守街亭?马谡自认为熟读兵书,跟随丞相多年,见多识广,并屡献奇策,因此只要自己出马,必能狙魏军于当道。于是马谡挺身而出,勇挑大任,并立下军令状。然而事与愿违,街亭失守,使诸葛亮精心准备的第一次北伐以失败告终,也为后面多次北伐的无功而返埋下了伏笔。马谡的理由似乎很充分,将军队驻扎在山上,自上往下,势如破竹;山上没有退路,符合兵家"置之死地而后生"的理论。此前利用"置之死地而后生"最著名的战例就是韩信于公元前204年背水列兵而大破赵军一仗。然而,彼一时此一时,在不顾战争条件发生变化的情况下生搬硬套理论,只能落得兵败身死。马谡之败,败在不知道理论向实践转化的条件,败在只会死读书,读死书。

家长要有意识地引导儿童将读书与实践结合起来。从上述阅读深化模型可知,实践也属于"运用"的一种。如果说,写作是从理论到理论的运用,实践则是从理论到现实的运用,它不仅能使读者更好地理解和掌握所读之书,也能增强儿童解决实际问题的能力。

五 阅读深化

读书与实践不可分

认识论中有一个先验学派，同唯物主义反映论相对，其主要观点认为，人的知识先于感觉经验和社会实践，是与生俱来的，学习的目的在于"回忆"已经储藏在脑海中的知识。虽然先验论这一称呼是近代才产生的，但有关观点却很早就有学者提出。面对突然迸发的灵感，古人由于无法正确理解其来源，而认为这些灵感早已深藏于人们的内心，只待我们去"挖掘"。且不论先验论看似缜密的论证过程并非无懈可击，仅从常识上判断，其知识来源于"回忆"的观点就难于让人接受。一方面，即使先验论者也认为，在没有外物"刺激"的情况下，"回忆"通常无法进行，而很难不将"刺激"理解为一种由外而内的学习过程；另一方面，知识的"回忆说"无法有效解释学术争鸣和知识演进，因为既然回忆的是"知识"，而不是"意见"，理应不存在争执。事实上，"灵感"的获得并非什么神秘事件，现代心理学已经证明，它是人在潜意识中思考的结果。因此，个人获得知识的途径只能是向外界学习，这包括两种方式：从书本中或向他人请教学习，从实践中学习。在这两种方式中，凝结在书中或他人头脑中的知识究其最终来源只能是实践。因此，知识来源于实践，并接受实践的检验。

尽管知识来源于实践，但在现实中，理论脱离实践却是一种常态。列宁在《论策略书》中说："现在必须弄清一个不容置辩的真理，就是马克思主义者必须考虑生动的实际生活，必须考虑现实的确切事实，而不应当抱住昨天的理论不放，因为这种理论和任何理论一样，至多只能指出基本的和一般的东西，只能大体上概括实际生活中的复杂情况。'我的朋友，理论是灰色的，而生活之树才是常青的。'"列宁一再强调实践的重要性，反映出对理论脱离实践的忧虑。理论来源于实践，但理论一经产生是可以独立存在的，并成为进一步思考的基础。随着时间的推移，许多理论（特别是人文社科理论）产生之初的实践条件时过境迁，无法还原，人们只能用当代的思想和社会实践去阐释理论，导致产生理解偏差。即使能够还原理论产生之初的实践条件，但随着人类社会的发展，知识越来越丰富，人们只能还原一小部分理论，对大部分理论只能以思辨方式去认识或在想象中理解。文字可以保存人类文化的成果，但也可能使文化成果离当初的实践渐行渐远，自文字发明以来，理论脱离实践的问题就一直困扰着

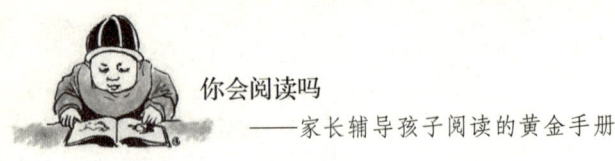

人类社会,成为文明挥之不去的阴影。

　　脱离实践会导致理论认识的绝对化。任何理论都是在特定的实践背景下产生的,不论提出理论的学者是否声明,但理论终归有它的边界,跨出这一边界,真理就会变成谬误,经典理论如牛顿力学亦概莫能外。如果缺乏与实践的接触,人们就不清楚理论的边界,强行应用往往导致不良甚至可怕的后果。欧洲中世纪思想家安瑟伦说过:"把一本书置于一个无知者的手中,就像把一柄剑放在一个顽童手中那样危险。"这对马谡的失误可谓一语中的。在实践阙如的情况下,理论中的错误往往很难被发现,因为除非那些有悖逻辑、不能自圆其说的理论,如循环论证、自相矛盾等,一般情况下从理论到理论的推演很难发现其中的谬误,致使脱离了实践的理论很容易被绝对化,如重物下落比轻物快的观点人们坚信了两千年,直到伽利略亲自试验才被证伪。另外,脱离实践的研究还会使研究偏离正确的轨道,使理论走入死胡同,如中世纪曾出现过研究魔鬼的学说——恶魔学,该学派得出了一些匪夷所思的观点,如魔鬼害怕亮光,喜欢夜间出没,等等。

　　在中国传统文化中,学者们强调"知"与"行"的统一,体现了理论学习(读书)与实践相结合的思想。"知"指通过学习掌握书本知识,"行"指施行、实施,是对"知"的再认识,"知行合一"就是要将学习与实践结合起来,以"知"促"行",以"行"践"知"。两千多年前的墨子就提出:"士虽有学,而以行为本","古之学者,得一善言,附于其身,今之学者,得一善言,务以人说,言过而行不及""古之善者则述之,今之善者则作之"。苏东坡说,"谁知圣人意,不尽书籍中",我们不仅要读书,更要将眼睛从书中抬起,到现实中学习。韩愈写过一首《劝学诗》,指出:"读书患不多,思义患不明。患足已不学,既学患不行。"读书最忌四体不勤,五谷不分,老死书宅之中。朱熹在《朱子语类》中也有大量关于"知"和"行"的见解,如"知行,常相须,如日无足不行,足无日不见""为学之足,固在践履,苟徒知而不行,诚与不学无异;然欲行而未明其理,则其践履者又未知其果为何事也""学之博,未若知之之要,知之之要,未若行之之实""论先后,知为先;论轻重,行为重"。李时珍为订正和补充医药书籍,撰写《本草纲目》,先后游历鄂、豫、皖、苏、赣等省,行程一万多里,充分践行了"知"与"行"的结合。例如,李时珍从南朝齐梁时期的医学家陶弘景的书中发现了对穿山甲

五　阅读深化

的描述，于是解剖了一只穿山甲，在穿山甲的胃里找到很多蚂蚁，确认了该书关于穿山甲捕食蚂蚁的结论。但是，李时珍对穿山甲的捕食行为进行了观察，发现穿山甲是通过扒开蚁穴来舔食蚂蚁的，而不是书中所描述的白天到岸上装死，引诱蚂蚁爬入张开的鳞片，然后潜入水中，待蚂蚁浮出后吞食。

歌德说，"经验丰富的人读书用两只眼睛，一只眼睛看到纸面上的话，另一只眼睛看到纸的背面"，叶圣陶说，"天地阅览室，万物皆书卷"，沈从文则说，"读一本小书，同时读一本大书"。我们不仅要读手上的这本"小书"，更要读自然与世界、社会与人生的这本"大书"。家长要围绕儿童阅读，为他们创设多样化的实践情境，加深他们对图书的理解。尽管儿童不可能验证每一本读过的书，但家长的引导和示范无疑给他们传递了一个重要信号——要重视实践，这对他们今后的研究、工作、学习和生活都将产生积极的影响。

从实践中再识图书

本书在前文中已多次谈及阅读与实践，如情境型阅读、亲子阅读的延伸活动等，根据儿童参与实践的方式，本书将读书实践划分为两类：参与型实践与解读型实践。

参与型实践指儿童直接参与实践的过程，即运用从书中学到的知识解决现实中的问题，独立或在家长的协助下创设实践情境检验书中所学。参与型实践最能体现理论与实践相结合的原则，它是儿童阅读后的"输出"，能使儿童通过自己的双手将书本知识赋形，一方面可以巩固书本知识，另一方面可以提高孩子的动手能力，避免眼高手低，还可以在运用中学到书中没有的知识。正如毛泽东所说，"读书是学习，使用也是学习，而且是更重要的学习"。家长可以从儿童的学习、生活或感兴趣的领域出发，如学校组织的文体活动、家庭聚会等，或围绕生活中的需求，如电器故障等，引导孩子查阅资料，解决问题，也可以依据孩子们读过的书，有意识地创设一些实践情境，如通过一些简单的实验验证书中所学。

在参与型实践中，儿童可以发挥想象，运用所学、所读，或借助图书的启发，发明某些富有创意的物品或进行富有创意性的活动，或重新发掘图书的价值，以实现对图书内容的创新型应用。国外一些学者把我国的《孙子兵法》《三国演义》运用到企业管理中，促进了企业发展，如日本

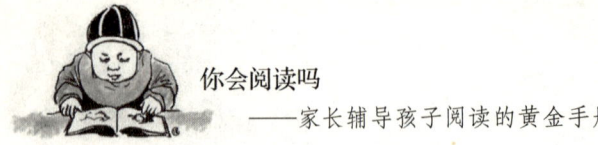

你会阅读吗
——家长辅导孩子阅读的黄金手册

专门研究兵法的大桥武夫就认为,"《三国演义》是一本探讨如何分析形势,调动有利因素,战胜对手,壮大自己的书,值得日本企业家好好研读",这是对图书的跨领域实践创新。创新型实践能使儿童从阅读到应用的直线式实践中跳出,运用立体和发散思维,实现对实践的突破,一方面能提高他们对图书的理解和对知识的综合运用能力,另一方面也有助于他们拓宽视野,开阔思路,甚至成为发现新知识的起点。

解读型实践指儿童不直接参与实践过程,而是利用从书中获得的知识对由他人完成的实践进行认知和解读。儿童能够实际参与的实践毕竟有限,在阅读后家长应寻找能够反映图书内容的实践,帮助儿童借助图书内容对实践进行解读,使儿童获得对图书的进一步理解。例如,当孩子读了有关地方文化的图书,可以利用节假日带孩子到博物馆,让他们通过实物、模拟场景等,近距离感受民情风俗。再如,在孩子看过关于海洋生物的图书后,可以寻找相关视频让他们观看。由于儿童不直接参与实践,解读型实践的范围要比参与型实践广得多,接触的途径也更为多样,除参观外,诸如看电视、看报纸、浏览网络,甚至聊天等都可以为他们提供接触实践的机会,大到国际与国家大事,小到生活琐事,只要留心观察,处处都能找到与图书内容有关的实例。明末东林书院曾悬挂一副对联,"风声、雨声、读书声,声声入耳;家事、国事、天下事、事事关心",反映了东林志士将读书与家国天下的社会实践相联系的悲天悯人的情怀。

许多阅读推广人建议,应引导孩子观看根据名著改编的影视剧,以促进对原著的阅读,这也可以视为一种特殊的解读型实践。在国外,诸如《战争与和平》《悲惨世界》等经典著作都已被改编成影视剧,在国内,四大名著均有影视剧推出。在读物匮乏的20世纪80年代,许多孩子正是通过影视剧首次接触到了名著。名著影视剧使抽象、枯燥的文字获得了血与肉,儿童以多种感官体验作品,深刻感受经典中蕴含的魅力和名著带来的震撼。但观看名著影视剧的一个前提就是影视剧的拍摄要有一定的质量保障,观看那些粗制滥造的影视剧不仅无助于儿童对名著的理解,甚至会损害名著在儿童心目中的形象。近年来,部分国内影视剧有刻意扭曲历史的问题,对此家长需要留意。另外,关于阅读图书与观看影视剧孰先孰后的问题,笔者建议,一般应将对图书的阅读放在首位,之后再观看影视剧,因为受媒体限制,影视剧的表达空间要比图书小得多,且不可避免地存在着对原书的改编,如果先看影视剧再读原

五　阅读深化

书，就可能对阅读造成干扰。

读万卷书，行万里路

我国古人提出"读万卷书，行万里路"，虽然本意并非将读书与旅行结合起来，但旅行对于阅读的意义却历来受到人们重视。一方面，旅行可以使旅行者接触到不同地区的地理地貌和民俗风情，感受各地丰富多彩的文化和思想；另一方面，在交通和信息不发达的古代，旅行又可以使旅行者发现新的文化资源，包括图书，从而扩大阅读范围。顾炎武在外出游历时随身携带不少图书，每到一个地方就请教当地人，以了解当地的风土人情和地理地形。如果当地人提供的情况与书上的不一致，他就利用所带书籍查考，如果所带书籍内容有限，他则到当地书铺查找。通过游历，顾炎武获得了大量的第一手资料，撰写出了《日知录》。著名地理学家徐霞客在30多年的时间里，先后游历北京、山西、云南、贵州、广西和广东等地，其记录涉及地理、地质、水文、植物、动物、农业、手工业、交通运输、民族宗教和风土人情等多个方面，被后人辑为《徐霞客游记》，成为一部重要的地理学和旅游文学著作。记载过活字印刷术的宋朝学者沈括也先后游历过多个省份，撰写出了《梦溪笔谈》，其《守令图》更是就地图制作进行了有价值的探讨。

随着交通的发展，人们的出行条件有了较大改善，与之前相比，孩子们有了更多外出的机会，这也为阅读与旅行相结合提供了方便。家长应将开阔儿童的文化视野作为旅行的目的之一，可以从如下方面着手。一是如上文所述，利用旅行的空隙时间开展碎片阅读，丰富孩子们的旅途生活，提高他们的阅读数量。二是围绕旅行进行有目的的阅读，这也是旅行与阅读相结合的主要方面。例如，如果孩子去云南旅行，可以阅读《大中华寻宝记·云南篇》，去香格里拉旅行可以阅读《消失的地平线》，去杭州旅行可以阅读描写西湖的诗歌和散文，去伦敦旅行则可以看看《雾都孤儿》。日本作家斋藤孝就很注重在旅行之际选择一些与当地作家有关的作品来读，"文学和思想，往往与创造出它的作者生长的自然风土关系甚深。如果置身于当地的那种氛围之中去阅读，我感觉会触摸到那种潜藏在作品深处的异常独特的感觉"。三是将参观目的地文化机构作为旅行活动之一，如作家的故居、图书馆、博物馆等，使孩子领略到多元的文化气质。

　　如果儿童生活的地区有较多的"故事",也可以就地开展"读"与"游"的结合,例如一个月去一个点,阅读一本与当地"故事"有关的图书。广州有个羊城读书会,读书会的一项重要活动就是每月至少组织一次广州城市旧貌考察,由一名专业考察导师带队,结合相关资料的阅读,加深会员对城市历史、文化的认识,这一活动被其创始人称为"考察中阅读"。广州越秀区图书馆举办"行走·阅图"系列活动,组织读者采用读书、听讲座、参观、摄影、交流等方式,对广州老城区之一——越秀区的文化遗址进行全方位考察,在社会上产生了广泛影响。在本地"旅行"容易实施,与外出旅行的走马观花式参观相比,更能使儿童获得对所生活城市的历史和文化的深入了解,提高对所在城市的归属感和热爱之情。

附 录

附 录

中国小学生基础阅读书目表[①]

1. 小学低段（一～二年级）
☆ **文学类**
(1)《蝴蝶·豌豆花》/金波 编；蔡皋等 画
(2)《稻草人》/叶圣陶 著
(3)《没头脑和不高兴》/任溶溶 著
(4)《小猪唏哩呼噜》/孙幼军 著；裘兆明 图
(5)《猜猜我有多爱你》/〔爱尔兰〕麦克布雷尼 著；〔英〕婕朗 绘；梅子涵 译
(6)《我有友情要出租》/方素珍 著；郝洛玖 绘
(7)《不一样的卡梅拉（我想去看海）》/〔法〕约里波瓦 著；〔法〕艾利施 绘；郑迪蔚 译

☆ **科学类**
(8)《第一次发现（濒临危机的动物）》/法国伽利玛少儿出版社 编；〔法〕雨果 绘；王文静 译
(9)《神奇校车（在人体中游览）》/〔美〕乔安娜·柯尔 著；〔美〕布鲁斯·迪根 绘

☆ **人文类**
(10)《千字文·三字经·弟子规》/周兴嗣、王应麟、李毓秀 著；罗容海、郝光明、王军丽 译注
(11)《中国神话故事》/聂作平 编著

[①] 本书目由朱永新教授主持制定。

2. 小学中段（三～四年级）

☆ **文学类**

（12）《千家诗》/谢枋得、王相 编选；李乃龙 译注

（13）《三毛流浪记》/张乐平 绘

（14）《宝葫芦的秘密》/张天翼 著；丁午 图

（15）《安徒生童话》/〔丹麦〕安徒生 著；叶君健 译

（16）《长袜子皮皮》/〔瑞典〕林格伦 著；李之义 译

（17）《亲爱的汉修先生》〔美〕贝芙莉·克莱瑞 著；柯倩华 译

☆ **科学类**

（18）《奇妙的数王国》/李毓佩 著

（19）《让孩子着迷的77×2个经典科学游戏》（日本）后藤道夫 著；施雯黛、王蕴洁 译

☆ **人文类**

（20）《林汉达历史故事集》/林汉达 著

（21）《书的故事》/〔苏联〕伊林 著；胡愈之 译

3. 小学高段（五～六年级）

☆ **文学类**

（22）《西游记》/吴承恩 著

（23）《城南旧事》/林海音 著；关维兴 图

（24）《草房子》/曹文轩 著

（25）《我的妈妈是精灵》/陈丹燕 著

（26）《夏洛的网》/〔美〕E·B·怀特 著；任溶溶 译

☆ **科学类**

（27）《科学家故事100个》/叶永烈 著

（28）《昆虫记》/〔法〕法布尔 著；陈筱卿 译

（29）《地心游记》/〔法〕凡尔纳 著；杨宪益、闻时清 译

☆ **人文类**

（30）《孔子的故事》/李长之 著

（31）《少年音乐和美术故事》/丰子恺 著

附 录

"中国小学生基础阅读书目"
推荐书目表①

1. 小学低段（一～二年级）
☆ 文学类

（1）《百岁童谣》/山蔓 编著

（2）《寻找快活林》/杨红樱 著；大青工作室 绘

（3）《熊梦蝶 蝶梦熊》/郝广才 著；〔俄〕欧尼可夫 绘

（4）《月光下的肚肚狼》/冰波 著

（5）《格林童话选》/〔德〕格林兄弟 著；魏以新 译

（6）《让路给小鸭子》/〔美〕麦克洛斯基 著；柯倩华 译

（7）《青蛙和蟾蜍》/〔美〕阿洛·洛贝尔 著；潘人木、党英台 译

（8）《木偶奇遇记》/〔意大利〕卡洛·科洛迪 著；徐调孚 译

（9）《了不起的狐狸爸爸》/〔美〕罗尔德·达尔 著；代维 译

（10）《我和小姐姐克拉拉》/〔德〕迪米特尔·茵可夫 著；陈俊 译

☆ 科学类

（11）《一粒种子的旅行》/〔德〕安妮·默勒 著；王乾坤 译

（12）《鼹鼠博士的地震探险》/〔日本〕松冈达英 著；蒲蒲兰 译

（13）《动物王国大探秘》/〔英〕茱莉亚·布鲁斯 文；兰·杰克逊 图；杨阳、王艳娟 译

☆ 人文类

（14）《笠翁对韵》/李渔 著

（15）《人》/〔美〕彼得·史比尔 著；李威 译

2. 小学中段（三～四年级）
☆ 人文类文学类

（16）《武松打虎》/刘继卣 绘

（17）《孙悟空在我们村子里》/郭风 著

（18）《让太阳长上翅膀》/金波 著

（19）《小英雄雨来》/管桦 著

---

① 本书目由朱永新教授主持制定。

你会阅读吗
——家长辅导孩子阅读的黄金手册

(20)《戴小桥全传》/梅子涵 著
(21)《舒克贝塔航空公司》/郑渊洁 著
(22)《我是白痴》/王淑芬 著
(23)《雪花人》/〔美〕马丁 文；阿扎里安 图；柯倩华 译
(24)《父与子》/〔德〕卜劳恩 绘；洪佩琪 编
(25)《丁丁历险记》/〔比利时〕埃尔热 编绘；王炳东 译
(26)《爱丽丝漫游奇境记》/〔英〕刘易斯·卡罗尔 著；王永年 译
(27)《柳树间的风》/〔英〕肯尼思·格雷厄姆 著；任溶溶 译
(28)《彼得·潘》/〔法〕巴里 著；杨静远 译
(29)《时代广场的蟋蟀》/〔美〕赛尔登 著；傅湘雯 译
(30)《窗边的小豆豆》/〔日本〕黑柳彻子 著；岩崎千弘 绘；赵玉皎 译

☆ 科学类

(31)《生命的故事》/〔英〕维吉尼亚·李·伯顿著 绘；刘宇清 译
(32)《最美的科普·四季时钟系列》/〔德〕雅各布 著；顾白 译
(33)《有趣的科学》/〔英〕温斯顿 著；刘建湘 译
(34)《101个神奇的实验》/〔德〕安提亚·赛安、艾克·冯格 文；夏洛特·瓦格勒 图；谢霜 译
(35)《我的第一本科学漫画书》/〔韩〕洪在彻等 著；林虹均 译

☆ 人文类

(36)《成语故事》/李新武 编
(37)《图说中国节》/大乔 编
(38)《讲给孩子的中国地理》/刘兴诗 著
(39)《希腊神话故事》/聂作平 编著
(40)《儿童哲学智慧书（第一辑）》/〔法〕奥斯卡·柏尼菲等 著；乐迈特等 绘；李玮 译

3. 小学高段（五～六年级）

☆ 文学类

(41)《绘本聊斋》/蒲松龄 著；马兰、王育生等 改编；吴明山、叶毓中 等绘
(42)《寄小读者》/冰心 著

（43）《有老鼠牌铅笔吗?》/张之路 著
（44）《四弟的绿庄园》/秦文君 著
（45）《我要做好孩子》/黄蓓佳 著
（46）《狼王梦》/沈石溪 著
（47）《狼獾河》/格日勒其木格·黑鹤 著
（48）《铁丝网上的小花》/〔意大利〕克里斯托夫·格莱兹 著；罗伯特·英诺森提 绘；代维 译
（49）《鲁滨孙漂流记》/〔英〕笛福 著；徐霞村 译
（50）《汤姆·索亚历险记》/〔美〕马克·吐温 著；刁克利 译
（51）《福尔摩斯探案全集》/〔英〕柯南·道尔 著；俞步凡 译
（52）《小王子》/〔法〕圣·艾克絮佩尔 著；周克希 译
（53）《永远讲不完的故事》/〔德〕米切尔·恩德 著；李世勋 译
（54）《哈利·波特与魔法石》/〔英〕J.K.罗琳 著；苏农 译
（55）《不老泉》/〔美〕纳塔莉·巴比特 著；肖慧 译
（56）《牧羊少年奇幻之旅》/〔巴西〕保罗·柯艾略 著；丁文林 译

☆ 科学类

（57）《飞向人马座》/郑文光 著
（58）《潘家铮院士科幻作品集》/潘家铮 著
（59）《安德的游戏》/〔美〕奥森·斯科特·卡德 著；李毅 译
（60）《森林报》/〔苏联〕维·比安基 著；王汶 译
（61）《万物简史（少儿版）》/〔英〕布莱森 著；严维明 译
（62）《科学家工作大揭秘》/〔英〕理查德·斯皮尔伯利、路易斯·斯皮尔伯利 著；王庆 译

☆ 人文类

（63）《我们的母亲叫中国》/苏叔阳 著
（64）《老子说 庄子说》/蔡志忠 编绘
（65）《世纪三国》/罗伯英潘 绘；钟孟舜 漫画；罗吉甫 撰文
（66）《中国孩子的梦》/谷应 著
（67）《莎士比亚戏剧故事集》/〔英〕查尔斯·兰姆、玛丽·兰姆 改写；萧乾 译
（68）《希利尔讲艺术史》/〔美〕希利尔 著；李爽、朱玲 译

你会阅读吗
——家长辅导孩子阅读的黄金手册

(69)《诺贝尔奖获得者与儿童的对话》/〔德〕贝蒂娜·施蒂克尔 编；张荣昌 译

(70)《居里夫人的故事》/〔英〕杜尔利 著；二栗 译

附 录

中国中学生阅读书目推荐[①]

☆ **文学类**

(1)《论语译注》/金良年 编

(2)《三国演义》/罗贯中 著

(3)《西游记》/吴承恩 著

(4)《水浒传》/施耐庵 著

(5)《红楼梦》/曹雪芹 著

(6)《鲁迅作品精选》/鲁迅 著

(7)《子夜》/茅盾 著

(8)《家》/巴金 著

(9)《骆驼祥子》/老舍 著

(10)《围城》/钱钟书 著

(11)《男生贾里全传》/秦文君 著

(12)《花季·雨季》/郁秀 著

(13)《射雕英雄传》/金庸 著

(14)《汪洋中的一条船》/郑丰喜 著

(15)《挪威的森林》/〔日〕村上春树 著;林少华 译

(16)《钢铁是怎样炼成的》/〔苏联〕奥斯特洛夫斯基 著;梅益 译

(17)《哈利·波特与魔法石》/〔英〕J.K.罗琳 著

(18)《堂吉诃德》/〔西班牙〕塞万提斯 著;刘京胜 译

(19)《简·爱》/〔英〕夏洛蒂·勃朗特 著;吴钧燮 译

(20)《巴黎圣母院》/〔法〕雨果 著;陈敬荣 译

(21)《红与黑》/〔法〕司汤达 著;郝运 译

(22)《复活》/〔俄〕托尔斯泰 著;汝龙 译

(23)《欧也妮·葛朗台》/〔法〕巴尔扎克 著;张冠尧 译

(24)《匹克威克外传》/〔英〕狄更斯 著;莫雅平 译

(25)《老人与海》/〔美〕海明威 著;吴劳 译

(26)《麦田里的守望者》/〔美〕塞林格 著;施咸荣 译

---

① 本书目由朱永新教授主持制定。

你会阅读吗
——家长辅导孩子阅读的黄金手册

(27)《莫泊桑短篇小说选》/〔法〕莫泊桑 著；赵少侯 译
(28)《契诃夫短篇小说选》/〔俄〕契诃夫 著；汝龙 译
(29)《马克·吐温中短篇小说选》/〔美〕马克·吐温 著；叶冬心 译
(30)《欧·亨利短篇小说选》/〔美〕欧·亨利 著；王永年 译
(31)《唐诗选》/中国社会科学院文学研究所 编
(32)《宋词选》/胡云翼 选注
(33)《元曲三百首译析》/李淼 编注
(34)《泰戈尔诗选》/冰心等 译
(35)《普希金诗选》/卢永选 编
(36)《繁星·春水》/冰心 著
(37)《莎士比亚悲剧四种》/莎士比亚 著；卞之琳 译
(38)《中国古代四大名剧》/俞为民 校注
(39)《中华散文百年精华》/丛培香等 编
(40)《外国名家散文经典》/于文心 编

☆ **人生修养类**

(41)《美学散步》/宗白华 著
(42)《美德读本》/〔美〕威廉·H.麦加菲 编；张丽雪等 译
(43)《中外影视经典》/倪祥保 编
(44)《中外美术经典》/中央美术学院 编
(45)《世界三大宗教》/黄心川等 编著
(46)《希腊的神话和传说》/〔德〕斯威布 著；楚图南 译
(47)《音乐的故事》/〔德〕保罗·贝克·马立 著；张雪燕 译
(48)《人类征服的故事》/〔美〕房龙 著；常莉 译
(49)《东方哲学的故事》/〔英〕L.A.贝克 著；傅永吉 译
(50)《文明的溪流》/〔美〕H.G.威尔士 著；袁杜 译
(51)《产生奇迹的行动哲学》/〔日本〕德田虎雄 著；李玉莲、李其泰 译
(52)《孙子兵法》/孙武 著；余日昌 注评
(53)《史记选》/司马迁 著；王伯祥 选注
(54)《中国大历史》/黄仁宇 著
(55)《新编世界五千年》/夏国梁、夏冰 主编

(56)《傅雷家书》/傅雷 著

(57)《知识改变命运》/刘县书、潘燕 编

(58)《本领恐慌》/王小平 著

(59)《妈妈的心有多高》/赵定军 著

(60)《杰出青少年的七个习惯：美国杰出少年训练计划》/〔美〕肖恩·柯维 著；陈允明等 译

(61)《培根人生论》/〔英〕培根 著；何新 译

(62)《致加西亚的信》/〔美〕阿尔伯特·哈伯德 著；赵立光、艾柯 译

(63)《法律的故事》/〔美〕约翰·麦·赞恩 著；刘昕、胡凝 译

(64)《人文知识读本》/陈思和 主编

(65)《英文名篇诵读本》/顾佩娅、苏晓军 编译

(66)《苏菲的世界》/〔挪威〕乔德坦·贾德 著；萧宝森 译

(67)《成功之路》/〔美〕拿破仑·希尔 著；张书帆、王明华 译

(68)《学习的革命：通向21世纪的个人护照》/〔美〕珍妮特·沃斯、〔新西兰〕戈登·德莱顿 著；顾瑞荣、陈标、许静 译

(69)《地球上最美丽的花朵——心理学及其应用》/燕国材等 编

(70)《伟大的励志书》/〔美〕奥里森·马登 著；吴群芳、余星 译

☆ **名人传记类**

(71)《居里夫人传》/〔法〕艾夫·居里 著；左明彻译

(72)《拿破仑传》/〔德〕艾密尔·鲁特维克 著；梅沱等 译

(73)《我的父亲邓小平》/毛毛 著

(74)《五体不满足》/〔日本〕乙武洋匡 著；郅颙译

(75)《林肯传》/〔美〕戴尔·卡耐基 著；叶维明 译

(76)《梵高传》/〔美〕欧文·斯通 著；常涛 译

(77)《毛泽东传》/中共中央文献研究室 编

(78)《名人传》/〔法〕罗曼·罗兰 著；傅雷 译

(79)《杨振宁传》/徐胜蓝、孟东明 著

(80)《微软的崛起》/〔美〕丹尼尔·伊克比亚，苏珊·纳珀 著；吴士嘉 译

(81)《经营之神王永庆》/赵贤明 著

(82)《邓肯自传》/〔美〕伊沙朵拉·邓肯 著；张敏 译

你会阅读吗
——家长辅导孩子阅读的黄金手册

（83）《激情岁月：郎平自传》/郎平、陆星儿 著
（84）《永远的乔丹》/章宜 著
（85）《中外名人的青少年时代》/林乾 主编

☆ **科技读物类**

（86）《中国科普佳作百年选》/绕忠华 主编
（87）《科学发现纵横谈》/王梓坤 著
（88）《魔鬼出没的世界：科学，照亮黑暗的蜡烛》/〔美〕卡尔·萨根 著；李大光 译
（89）《时间简史（插图本）》/〔英〕史蒂芬·霍金 著；许明贤、吴忠超 译
（90）《中国：发明与发现的国度》/〔美〕罗伯特·K·G·坦普尔 著；陈养正等 译
（91）《过去2000年最伟大的发明》/〔美〕约翰·布罗克曼 著；袁丽琴 译
（92）《人之书——人类基因组计划透视》/〔英〕沃尔特·博德默尔等 著；顾鸣敏 译
（93）《数理化通俗演义》/梁衡 著
（94）《六大洲动物考察记》/〔德〕维托斯·德吕舍尔 著；吴永初等 译
（95）《暗淡蓝点：展望人类的太空家园》/〔美〕卡尔·萨根 著；叶式辉、黄一勤 译
（96）《中国古建筑二十讲》/楼庆西 著
（97）《寂静的春天》/〔美〕蕾切尔·卡逊 著；吕瑞兰、李长生 译
（98）《发明启示录》/龚镇雄、宋丹 著
（99）《你知道吗——现代科学中的100个问题》/〔美〕艾萨克·阿西莫夫著；暴永宁等 译
（100）《科技英语阅读》/金焕荣 主编

影响中国历史的三十本书[①]

☆ **根源篇**

(1)《尚书》

(2)《周易》

(3)《诗经》

(4)《孙子》

(5)《老子（附〈庄子〉）》

(6)《春秋（附左丘明〈左传〉）》

(7)《论语（附孟轲〈孟子〉）》

(8)《孝经》

(9)《韩非子》/韩非 著

(10)《礼记》

(11)《黄帝内经》

☆ **创变篇**

(12)《史记》/司马迁 著

(13)《论衡》/王充 著

(14)《太平经》

(15)《坛经》/慧能 著

(16)《唐诗三百首》

(17)《资治通鉴》/司马光 著

(18)《四书集注》/朱熹 著

(19)《明夷待访录》/黄宗羲 著

(20)《红楼梦》/曹雪芹 著

☆ **维新篇**

(21)《海国图志》/魏源 著

(22)《新学伪经考》/康有为 著

(23)《盛世危言》/郑观应 著

(24)《天演论》/严复 著

[①] 来源于王余光等编《影响中国历史的三十本书》（武汉大学出版社，2007）。

你会阅读吗
——家长辅导孩子阅读的黄金手册

(25)《建国方略》/孙中山 著
(26)《尝试集》/胡适 著
(27)《阿Q正传》/鲁迅 著
(28)《独秀文存》/陈独秀 著
(29)《社会学大纲》/李达 著
(30)《新民主主义论》/毛泽东 著

附 录

国家新闻出版署全国青少年百种优秀出版物（2018年）

☆ **思想励志、人文历史类**

(1)《习近平讲故事（少年版）》/人民日报评论部 著

(2)《中国共产党人的故事（第一辑）（青少年版）》/欧阳淞 主编

(3)《伟大也要有人懂：小目标 大目标 中国共产党一路走来》/陈晋 著

(4)《点亮民族精神之魂：社会主义核心价值观青少年读本》/韩震、吴玉军 编著

(5)《红色家书》/《红色家书》编写组 编

(6)《红色延安的故事：精编版》/中国延安干部学院 编

(7)《马克思画传：马克思诞辰200周年纪念版》/中共中央马克思恩格斯列宁斯大林著作编译局 编

(8)《我的伯父伯母周恩来邓颖超》/周秉德 著

(9)《长征书简：重温我们先辈的长征记忆》/罗平汉 主编

(10)《腾飞之歌：一个飞机设计师的回忆》/程不时 著

(11)《中国蓝盔》/黎云 著

(12)《中国创造故事丛书》/李炳银 主编

(13)《试飞英雄》/张子影 著

(14)《院士怎样读书与做学问》/方正怡、方鸿辉 编

(15)《唐诗与宋词》/莫砺锋 著

(16)《最美中国画100幅》/赵力、阮晶京 编

(17)《朗读者（青少版）》/董卿 主编

(18)《百年巨匠——鲁迅》/黄乔生 著

(19)《理想的阅读》/张炜 著

☆ **科学科普、百科知识类**

(1)《中国古代重要科技发明创造》/中国科学院自然科学史研究所 编著

(2)《中国儿童地图百科全书·世界遗产（中国篇）》/《世界遗产》

你会阅读吗
——家长辅导孩子阅读的黄金手册

编委会 编著

(3)《数学简史》/蔡天新 著

(4)《给孩子讲相对论》/李淼、王爽 著

(5)《本草纲目(少儿彩绘版)》/王秋玲 著;斯琴 图绘

(6)《汉字里的中国:咬文嚼字精选一百篇》/陈璧耀 著

(7)《海错图笔记·贰》/张辰亮 著

(8)《高铁出发了》/曹慧思、董光磊著;王莉莉 绘

(9)《奇妙的古希腊数学历险记》/雷勇、刘毅 著

(10)《"科创之光"书系(第一辑)》/上海科学院组 编

(11)《种子的奇幻之旅——航天育种简史(少儿彩绘版)》/郭锐、李军 著

(12)《漫画植物的智慧:草木生存策略大观》/祁云枝

(13)《中国天眼》/王世杰 主编

(14)《趣味力学现象》/胡宁生 著

☆启蒙益智、图画绘本类

(1)《翼娃子》/刘洵 文 图

(2)《我是谁》/陈玲玲 文;杨伟佳 图

(3)《小青虫的梦》/冰波 文;周翔 图

(4)《敲门小熊》/梅子涵 文;田宇 图

(5)《旅伴》/粲然 文;马岱姝 图

(6)《礼物》/刘玉峰、薛雯兮 著绘

(7)《娜娜快乐成长系列·自理能力培养立体手工书》/陈长海 主编

(8)《抽屉里的糖》/刘娟 著绘

(9)《不服气的皮皮鼠》/苏梅 著;春鱼秋鸟 绘

(10)《节日体验立体绘本:中秋节》/巨英、贠杨 编著

(11)《桃花鱼婆婆》/彭学军 文;马鹏浩 图

(12)《尾生与金鱼》/席璟 著

(13)《萤火虫女孩》/彭懿 著;李海燕 绘

(14)《柠檬蝶》/曹文轩 著;〔巴西〕罗杰·米罗 绘

(15)《蜘蛛先生的葬礼》/李姗姗文;毛微微 图

(16)《其实我是一条鱼》/孙玉虎著;布果 绘

☆儿童文学、青春文学类

（1）《蝙蝠香》/曹文轩 著

（2）《腰刀的歌》/张琳 著

（3）《布罗镇的邮递员》/郭姜燕 著

（4）《纸飞机》/左昡 著

（5）《因为爸爸》/韩青辰 著

（6）《冰冻星球》/马传思 著

（7）《雪精来过》/汤汤 著

（8）《宝塔》/秦文君 著

（9）《驯鹿六季》/格日勒其木格·黑鹤 著

（10）《米小圈上学记·四年级》/北猫 著

（11）《南村传奇》/汤素兰 著

（12）《雾里青花泥》/王勇英 著

（13）《非常地图》/张品成 著

（14）《豆子地里的童话》/刘海栖 著

（15）《寻找蓝色风》/龙向梅 著

（16）《蒲河小镇》/王立春 著

（17）《一个人的绿龟岛》/刘先平 著

（18）《南飞的苜蓿》/赵菱 著

（19）《请叫我莫大》/王秀梅 著

（20）《与兽为邻》/韩开春 著

（21）《尼克代表我》/常新港 著

（22）《唢呐王》/小河丁丁 著

（23）《开学第一课》/许文广 主编

（24）《湾格花原 砖红色屋顶》/马原 著

（25）《如画》/徐玲 著

（26）《老土豆》/周公度 著

（27）《时间之城》/马嘉恺 著

（28）《晚霞中的红蜻蜓》/徐鲁 著

（29）《故宫里的大怪兽》/常怡 著

（30）《淘气大王董咚咚 灾难求生》/许诺晨 著

你会阅读吗
——家长辅导孩子阅读的黄金手册

(31)《小熊包子系列（第二季）》/宇志飞翔 著

(32)《树精灵和雪人》/魏晓曦 著

(33)《幸福列车》/刷刷 著

推荐阅读书目

1. 《亲近图画书》，朱自强 著，明天出版社，2016
2. 《经典这样告诉我们》，朱自强 著，明天出版社，2016
3. 《迷人的阅读——10位名师的秘密书架》，朱煜 编，华东师范大学出版社，2013
4. 《朱子读书法》，朱熹 著；张洪、齐熙 编，中国致公出版社，2018
5. 《谈修养》，朱光潜 著，广西师范大学出版社，2004
6. 《谈读书》，朱光潜 著，中国青年出版社，2015
7. 《给青年的十二封信》，朱光潜 著，广西师范大学出版社，2004
8. 《故事、儿童和作家的秘密——走近儿童阅读》，周益民 著，中国轻工业出版社，2016
9. 《读书的方法与艺术》，中国图书评论学会 编，人民出版社，2017
10. 《读书这么好的事》，张新颖 著，复旦大学出版社，2012
11. 《中华读书之旅·三星卷》，徐雁、钱军 编，海燕出版社，2002
12. 《给阅读一点时间：我们时代的阅读迷思》，吴靖 著，上海大学出版社，2016
13. 《喜阅读出好孩子》，童喜喜 著，湖北教育出版社，2014
14. 《让孩子爱上阅读的幸福密码》，陶小艾 著，广西科学技术出版社，2015
15. 《阅读的故事》，唐诺 著，上海人民出版社，2010
16. 《中华读书之旅·一星卷》谭华军 主编，海燕出版社，2002
17. 《阅读方法指导论》，乔桂英 著，语文出版社，2013
18. 《绘本书——阅读与经典》，彭懿 著，二十一世纪出版社，2007
19. 《阅读力》，聂震宁 著，生活·读书·新知三联书店，2017
20. 《舍不得读完的书》，聂震宁 著，商务印书馆，2015
21. 《绘本阅读时代》，方素珍 著，浙江少年儿童出版社，2013
22. 《培养天才儿童的第一法：教会孩子阅读》，储晋 著，华东师范

大学出版社，2008

23.《中国父母最该知道的儿童阅读 100 个关键问题》，阿甲、徐凡、唐洪 著，北京出版社，2006

24.《帮助孩子爱上阅读：儿童阅读推广手册》，阿甲 著，少年儿童出版社，2007

25.《阅读的力量》，〔美〕斯蒂芬·克拉生 著，李玉梅 译，新疆青少年出版社，2012

26.《如何阅读一本书》，〔美〕莫提默·J. 艾德勒、查尔斯·范多伦 著，郝明义、朱衣 译，商务印书馆，2014

27.《朗读手册：大声为孩子读书吧》，〔美〕吉姆·崔利斯 著，沙永玲、麦奇美、麦倩宜 译，南海出版社，2009

28.《如何读，为什么读》，〔美〕哈罗德·布鲁姆 著，黄灿然 译，译林出版社，2015

29.《正确阅读》，〔美〕蒂·泰德罗克、朗达·斯通 著；鲁刚伟、何伟 译，中国社会科学出版社，2010

30.《阅读的力量》，〔日〕斋藤孝 著，武继平 译，鹭江出版社，2016

31.《深阅读——信息爆炸时代我们如何读书》，〔日〕斋藤孝 著，程亮 译，江西人民出版社，2016

32.《幸福的种子：亲子共读绘本书》，〔日〕松居直 著，刘涤昭 译，明天出版社，2007

33.《我的图画书论》，〔日〕松居直 著，季颖 译，湖南少年儿童出版社，1997

34.《如何有效阅读一本书》，〔日〕奥野宣之 著，张晶晶 译，江西人民出版社，2016

35.《关于全面发展教育的问题》，〔苏〕苏霍姆林斯基 著，王家驹等 译，湖南教育出版社，1984

36.《给教师的建议》，〔苏〕苏霍姆林斯基 著，杜殿坤 编译，教育科学出版社，1984

37.《书与你》，〔英〕威廉·萨默塞特·毛姆 著，刘宸含 译，译林出版社，2016

38. 部编教材指定阅读《谈读书》，〔英〕培根 著，江苏凤凰文艺出

版社有限公司，2018

39.《书·阅读》，〔英〕霍尔布鲁克·杰克逊 著，吴永贵 译，武汉大学出版社，2008

40.《打造儿童阅读环境》，〔英〕艾登·钱伯斯 著，许慧贞 译，北京联合出版公司，2016